Vid@ en el Trabajo

Éxito empresarial para gente de fe

John C. Maxwell

Stephen R. Graves
Thomas G. Addington

Grupo Nelson
Una división de Thomas Nelson Publishers
Desde 1798

NASHVILLE   DALLAS   MÉXICO DF.   RÍO DE JANEIRO   BEIJING

Líder Latino es una división de Grupo Nelson
© 2006 por Grupo Nelson
Una división de Thomas Nelson, Inc.
Nashville, TN, Estados Unidos de América
www.gruponelson.com

© 2006 por Maxwell Motivation y JAMAX Realty

Título en inglés: *Life@Work*
© 2005 por John Maxwell
Publicado por Nelson Business, una división de Thomas Nelson, Inc.
P.O. Box 141000, Nashville, Tennessee 37214.

A menos que se señale lo contrario, todas las citas bíblicas
son tomadas de la Versión Reina-Valera 1960
© 1960 Sociedades Bíblicas Unidas en América Latina.
Usadas con permiso.

Traducción: *Hubert Valverde*

Tipografía: *Grupo Nivel Uno, Inc.*

Todos los derechos reservados.

ISBN: 0-88113-960-2

ISBN: 978-0-88113-960-0

Impreso en los Estados Unidos de América

3ª Impresión

Grant Nelson
Bill Towsend
Grez Spencer

Tres hombres que rehusaron dejar que la *vida en el trabajo* fuera sólo otra simple frase que se guardara en el archivo de las ideas sin desarrollar. Sus recursos fueron la plataforma de *Vida en el trabajo*, y sólo Dios sabe cuál será el alcance de su inversión. Han pasado los años y todavía seguimos estupefactos por su visión y su energía en seguir sus instintos.

Reconocimientos

David Scott
Andrew Brill

Gracias por encausar su tiempo para investigar, planear, escribir y editar. La habilidad que tienen ambos de combinar su llamado y talento con el servicio y el carácter fueron una exhibición diaria de la *Vida en el trabajo* realizada de la manera correcta.

David, este fue nuestro primer proyecto juntos y, debo decir que, como pensador eres sumamente talentoso. Tengo un agradecimiento infinito y una gran expectativa por ver a dónde te lleva el Señor.

Gracias, también, a los cientos de hombres y mujeres de fe que nos han ayudado a moldear el concepto de este libro. Aun cuando las historias son verídicas, algunos detalles en varios relatos han sido cambiados para mantener su privacidad.

Tabla de contenido

La evaluación de Vida en el trabajo   *vi*

1. Volvamos a forjar nuestra fragmentada *vida en el trabajo*   1

2. Trabaje en el paraíso   12

   Sección uno: La habilidad en el trabajo

3. La habilidad es importante para Dios   29

4. Dios es importante para la habilidad   42

5. Descubra su grandeza   57

   Sección dos: El llamado en el trabajo

6. ¿Llamado por quién y para qué?   75

7. Llamado por nombre   87

8. Llamado por un deseo   96

9. Llamado por un sendero   110

10. ¿Cuál plan de llamado tengo?   123

    Sección tres: El servicio en el trabajo

11. Sirva de nueve a cinco   135

12. No se trata de mí   148

13. El samaritano diario   162

    Sección cuatro: El carácter en el trabajo

14. El arte del carácter forjado   183

15. El carácter no surge de un día para otro   198

16. Construya una bodega moral   213

    Conclusión: La iglesia en el trabajo   226

    Notas   240

    Acerca de los autores   242

La evaluación de la *vida en el trabajo*

Evalúe cuán afilados se encuentran los dos filos de su espada de la *vida en el trabajo* afirmando o negando las siguientes declaraciones:

- Mi conjunto de habilidades son más agudas actualmente que lo que eran hace tres años, y mi jefe estaría de acuerdo con ello.

  Sí _____ *No* _____

- Mi fe me ha hecho «más valioso» para la compañía, no «menos valioso».   *Sí* _____ *No* _____

- Tengo una reputación en el trabajo de ayudar de manera sacrificial a que los demás triunfen sin necesidad de recibir algún mérito por ello.   *Sí* _____ *No* _____

- Mis compañeros de trabajo me ven como una persona estable, de principios y realizado con mi trabajo.   *Sí* _____ *No* _____

- Siento la misma cantidad de energía en mi trabajo tanto como en mi ministerio.   *Sí* _____ *No* _____

- Soy la misma persona los lunes en el trabajo que los domingos en la iglesia.

- He aprendido a defender mis convicciones sin importar el ambiente o las circunstancias.   *Sí* _____ *No* _____

- Mi vida tiene la suficiente sal y luz para que mis compañeros de trabajo o mis vecinos se encuentren con Jesús. *Sí* _____ *No* _____

- Aunque pudiera ser independientemente próspero, seguiría trabajando.   *Sí* _____ *No* _____

- Estoy ayudando al liderazgo de mi iglesia de manera activa de tal forma que comprenda mejor y pueda dar un mejor rendimiento en mi trabajo.   *Sí* _____ *No* _____

Si respondió afirmativamente a:

9-10 Su espada de la *vida en el trabajo* tiene una presencia penetrante de doble filo.

6-8 El acero de su espada no tiene filo.

3-5 El acero de su espada sigue quebrado.

0-2 El enemigo le ha robado su espada.

Volvamos a forjar nuestra fragmentada vid@ en el trabajo

Verdaderamente, no es el trabajo lo que está dividido; es la humanidad: Dividida en simples segmentos de seres humanos, rotos en pequeños fragmentos y migajas de vida.

—John Ruskin

Charles Antonio Bordini III se estaba comportando como es: con un gran espíritu, transparente y con un gran hambre de aprender.

Conocí a Charlie la noche anterior, durante la cena. Para Charlie, la vida estaba llena de sentimiento y se movía a toda velocidad. Había llegado recientemente a Chicago y también al cristianismo. Su reputación estaba creciendo rápidamente en los círculos cristianos de la misma forma que en el mundo corporativo.

Si había una gran reunión de personas emocionadas por su fe, allí estaba Charlie. Si se estaba suscitando algún gran contrato, Charlie estaba allí. Charlie era un jugador de equipo. Lo era en los negocios y ahora se estaba convirtiendo en uno en el mundo de la fe también.

Si usted viera a Charlie en acción, comprendería por qué lo digo.

Andar con él lo describiría como comer en mi restaurante italiano favorito. Es ruidoso, caótico, pero a la vez sabroso. El nivel de energía, de entusiasmo y de vida que se siente en el ambiente es asombroso. Tal como lo dijo Carlos Santana: «No existe nada más contagioso en este planeta que el entusiasmo». Charlie es así. Él es todo un clan italiano. En una palabra, estar junto a él es un festín. Su mente siempre está activa, y lo que esté pensando siempre lo lleva bajo la manga.

En ese momento, se encontraba sentado en frente de mí en la mesa ejecutiva. Acababa de terminar un discurso ante varios jóvenes ejecutivos y me habían pedido que me quedara para reunirme con los directivos de la organización que patrocinaban el desayuno. Deseaban que contestara unas preguntas que ellos tenían acerca del movimiento de la fe y el trabajo. Para nadie era sorpresa que Charlie había sido nombrado recientemente como parte de la junta directiva.

A la mitad de la conversación, hubo una pausa. Charlie, sin poder contenerse, tomó la palabra: «Tengo una pregunta», dijo con confianza. «No estoy seguro, pero creo que tengo un dilema. Algunos de mis empleados me han dicho últimamente que hay dos Charlies diferentes que vienen a trabajar. Dependiendo de cuál sea el Charlie que llega esa mañana, los empleados saben cómo va a ser el día».

Me explicó sonriendo: «Me dicen que Charlie Amor, se aparece a veces. Charlie Amor es el Charlie cristiano. Tiene mucha paciencia y comprensión, se interesa por las cosas importantes de la vida. Cuando Charlie Amor llega, los empleados saben que ese será un buen día».

Pero, también me dicen que a veces el que se aparece es Charlie Dinero. Según ellos, Charlie Dinero solo tiene una cosa en mente: los negocios. Camina con el látigo del faraón, empujando a la organización para que haya resultados y demandando el desempeño. Nada más que la excelencia lo satisface. Charlie Dinero, como lo pueden suponer, no es muy popular. Cuando se aparece en el trabajo, los empleados se esconden».

Con vergüenza, Charlie admite: «Mis padres creen que soy esquizofrénico. Y para ser honesto, a veces pienso que tienen razón; pero no sé que hacer al respecto».

Mike le respondió rápidamente. Él era uno de los colegas cristianos en los negocios. «Charlie, sé exactamente lo que necesitas hacer. Charlie Amor necesita agarrar a Charlie Dinero por el cuello y arrastrarlo hasta el sótano. Y cuando esté allí, ¡que lo mate!»

Con una convicción obvia, Mike siguió su sermón: «Si no lo puedes matar, al menos encadénalo en el sótano y no lo dejes salir. Esa es la única forma de sobrevivir». Para demostrar su punto, citó dos pasajes de la Escritura.

Los que estaban allí se empezaron a ver los unos a los otros. El salón quedó en total silencio. Uno podía escuchar el sonido que hacían las manecillas del reloj. Charlie había quedado anonadado con una mirada de asombro. Su mente estaba corriendo, tratando de procesar lo que había escuchado.

Entonces, todas las miradas se posaron en mí. Después de todo, a mí me habían invitado para contestar preguntas.

Titubeé, porque no estaba seguro si estaban preparados para escuchar lo que yo estaba pensando. Finalmente, ya que este era un grupo de personas que valoraban más la verdad que el tacto, me atreví.

Haciéndole un ademán a Mike dije: «No te ofendas, pero pienso que estás equivocado. Tengo otra alternativa.

Charlie Amor necesita conocer a Charlie Dinero y ambos necesitan unirse. Dios desea que aprendas a venir al trabajo con los zapatos de la fe y con el mejor traje de negocios que tengas. Ambos combinan, pues fueron diseñados para combinar. Necesitas de ambas cosas, todo el tiempo, para ser el Charlie que Dios creó. Necesitan convivir juntos. El anteproyecto original del hombre nos capacita para vivir en el mundo del reino *y* en el mundo de lo comercial, en una concordancia hermosa y poderosa».

Charlie Amor y Charlie Dinero se encontraban en un "punto muerto". Charlie Amor se sentía llamado a ser una persona de fe y Charlie Dinero a ganarse la vida. Ninguno de los dos sabía cómo descubrir el secreto de ser simplemente «Charlie», una nueva criatura hecha instintivamente para vivir para la gloria de Dios y la excelencia en cada área de la vida.

¿Se le hace Charlie conocido? Supongo que aunque usted no haya conocido a Charlie, ya lo conoce. Probablemente lo ha visto en su espejo. Aunque Charlie Bordini es un ejecutivo, otros Charlies trabajan en todas las áreas del ambiente laboral.

Existen Charlies en los departamentos de ventas, algunos son supervisores. Otros trabajan en negocios propios y muchos trabajan en casa.

Algunos son hombres, otros son mujeres. Su común denominador es una crisis de identidad en el trabajo que actualmente ha alcanzado niveles epidémicos. Cada vez sentimos más que nuestro trabajo no está sincronizado con quienes somos. Es un predicamento compartido. En un momento u otro sentimos una tensión entre nuestros trabajos y nuestras almas. Y domar ambos apetitos en una sola persona no es una tarea fácil.

Con seguridad, todos estamos en diversos lugares de nuestros propios peregrinajes espirituales. ¿Se considera usted una persona de fe y un seguidor de Cristo, como Charlie? Las encuestas revelan que cuatro de cada diez estadounidenses responderían afirmativamente a esa pregunta. Eso significa que somos aproximadamente cien millones de nosotros en ese país. Todos nosotros asistimos los sábados o los domingos a la iglesia para luego, el lunes, chocar con la pared de la realidad de la *vida en el trabajo*. Usted y yo conocemos muy bien la incomodidad de Charlie. Vamos con ella al trabajo todos los días. Para nosotros la cuerda floja de «estar en el mundo pero no ser de él» es una rutina diaria.

Constantemente nos vamos del Charlie Amor al Charlie Dinero o viceversa, sin saber exactamente cuándo apagar uno y encender el otro.

¿Analizo esta situación como cristiano o solamente como un simple negocio?

La pregunta, ¿Qué haría Jesús? no siempre sirve de ayuda, porque nuestra respuesta con frecuencia es: «Me encantaría saberlo».

Tal vez, sin embargo, usted no se considera «cristiano» por sí mismo, pero a su manera, usted también valora su espiritualidad como una faceta importante de su vida. Usted también conoce la tensión personal que viene con este territorio. Alguna vez ha sentido como si le hubieran pedido vender su alma por un trabajo. Usted desea ser tan ético como la persona a su lado; no obstante, se enfrenta constantemente a decisiones potencialmente comprometedoras. Le gusta pensar que es amable, que se interesa por las personas. De lo que no está seguro es dónde poner la raya en este terrible mundo de los negocios.

Usted no está solo, muchos se sienten igual que usted. La proliferación de libros, artículos y seminarios acerca de la ética de los negocios y el lado amable del liderazgo es una muestra clara de esa necesidad. Usted también se puede identificar con Charlie, y apreciarlo. Usted busca respuestas. Aunque este libro se basa en mis convicciones cristianas, pienso que las siguientes páginas le servirán de mucha ayuda en su propia jornada.

Sin importar cuáles sean sus creencias, todos somos seres espirituales. La realidad material y difícil del trabajo no nutre, exactamente, el lado espiritual que tenemos. Con mucha frecuencia, percibimos las demandas de nuestro empleo como una piedra de tropiezo para el balance personal y para los asuntos del corazón. Escribimos este libro con el deseo de que Charlie Amor y Charlie Dinero se comuniquen.

LOS CINCO SENTIMIENTOS DE CHARLIE

Charlie vive en todos nosotros. Todos vivimos con la misma tensión que Charlie. Lo que nos une es que tenemos los mismos factores de tensión. Estamos cansados de que las faltas se crucen en nuestras vidas.

Este cisma entre Charlie Amor y Charlie Dinero se manifiesta en una cantidad de sentimientos comunes. ¿Con cuáles de las siguientes frases se identifica más?

«Estoy cansado de hacer malabarismos entre dos mundos».

Ninguno de los dos mundos parece comprender o valorar quien soy yo en su totalidad. El trabajo me dice que mi fe es algo estrictamente personal ¡Que se quede en casa!

Mi cultura cristiana dice que trabajar para el mundo es un desperdicio. ¡Que lo deje! Ambos se excluyen mutuamente. La iglesia y la oficina se mantienen en dos lugares diferentes, hablan lenguajes diferentes. No obstante, ambos demandan mi alianza. Me siento como el hijo de un divorcio, en medio de ambos padres: con dos diferentes casas y con diferentes partes de mí viviendo con cada uno de los padres. Deseo una vida que sea completa de nuevo. Deseo que ambos mundos conversen mutuamente.

«Necesito mi trabajo para tener un mayor significado».

Deseo que mi vida valga la pena. ¿Quién no? No quiero desperdiciarla.

Con frecuencia, sin embargo, cuestiono el valor de lo que hago. Termino la semana reflexionando que casi nada me impactó y aun mucho menos que durará por la eternidad.

Algunas veces me siento como si estuviera luchando por una causa perdida. ¿Importa realmente mi trabajo en este universo? Estoy invirtiendo cuarenta, sesenta y tal vez hasta ochenta horas a la semana de mi mejor tiempo y energía, pero ¿para qué? ¿Solo para tener una fiesta de despedida y un viaje totalmente pagado a una casa de ancianos? Si al terminar el día eso es todo lo que tengo, entonces me han estafado. Eso sería muy pero muy decepcionante. Yo no estoy trabajando por eso. Deseo trabajar por algo que sea más significativo. Tiene que haber algo más. Catherine Graham comentó: «Amar lo que uno hace y sentir que vale la pena… ¿Qué otra cosa podría ser mejor?» Lo que sí sé es que hacer algo que usted sienta que no tiene importancia no es nada emocionante.

«Necesito una imagen clara de lo que es ser un cristiano en el trabajo».

Sé que mi fe debería moldear mi trabajo. Lo que me cuesta entender es cómo es eso. Hablamos de una «vida cristiana en el trabajo», pero ¿qué significa eso en realidad? Algunas veces se siente y se ve como una contradicción. Sé lo que significa ser un seguidor de Jesús; también conozco mi profesión. Sé quien soy. Sé lo que tengo que hacer y lo que hago bien. Solo deseo saber lo que ambos tienen que ver mutuamente.

Soy una persona práctica, necesito que alguien me lo explique claramente. Si no sé lo que es ser cristiano en el trabajo, ¿cómo espero que los que están a mi alrededor sepan lo que es ser un cristiano desde mi perspectiva laboral? Tal como lo dice el sabio ministro Howard Hendricks: «¿Cómo convenzo al mundo de que Dios está vivo? Por Su vitalidad en mi vida, mediante Su obra para producir una realidad en mi experiencia». Pero si no sé cómo es Dios en mi trabajo, ¿Cómo lo verán los demás a través de mi trabajo?

«Necesito una fe que marque una diferencia en mi vida y en mi trabajo».

Creo que seguir a Jesús, debe afectar cada área de mi vida. Estoy entregado a Su señorío. Trabajo en un ambiente en la oficina que, en el peor de los casos, es hostil al evangelio y, en el mejor, indiferente. Cada día enfrento los retos desalentadores de caminar en un campo minado de obstáculos, sabiendo que uno de ellos puede hundir toda mi carrera. No los puedo sobrepasar por mí mismo. Francamente, mi vida laboral necesita de toda la ayuda que pueda obtener. Si mi fe no me puede ayudar, entonces, ¿qué esperanza tengo?

Deseo que mi vida sea íntegra, pero no he podido visualizar cómo. Ese es el problema, ya que como el teólogo Matthew Henry dijo: «Aquellos que enseñan con sus doctrinas deben enseñar con sus vidas, o si no estarán derribando con una mano lo que construyen con la otra».

«Siento que no estoy recibiendo ninguna ayuda
para unir mis dos mundos».

Pareciera como si estuviera solo en esto. Desearía que mi iglesia me ayudara más, pero mi vida laboral sencillamente está fuera de su radar. Con frecuencia, no tiene idea de los verdaderos problemas que enfrento de lunes a viernes. De vez en cuando, escucho un sermón que me invita a ser más como Cristo en mi trabajo o que me anima a ser un testigo más activo, pero rara vez es algo profundo.

Las veces que oigo hablar del trabajo en la iglesia, por lo general es acerca de trabajar con ella, pero no es allí donde laboro diariamente. Necesito ayuda de alguien que haya caminado por esta senda. Al igual que Charlie, siento que tengo un desorden de doble personalidad. ¿Cómo construyo el puente entre estas dos partes significativas de mi vida?

CAMINE EN AMBOS MUNDOS

Conectar estos mundos es la esencia de este libro. Lo que le dije a Charlie ese día es una de mis convicciones más firmes: Las personas de fe deben aprender a sentirse *cómodas*, *valiosas* e *intencionales* en los dos mundos, el del reino y el laboral. De eso se trata *Vida en el trabajo*.

Debemos aprender a sentirnos cómodos en estos mundos porque fuimos creados para vivir en ambos. Ellos son nuestros hábitats naturales. Este mundo en el que vivimos fue creado como un lugar de trabajo y de adoración. La pura verdad es que Adán y Eva se sentían en casa trabajando bajo la presencia de Dios.

Con frecuencia las personas de fe tienen un sentimiento de inquietud que se traduce de la siguiente manera: «No me siento satisfecho ni cómodo en que mi llamado y mi misión se conecten con mi trabajo». Siempre están mirando a la ventana, soñando con el trabajo perfecto. Naturalmente, siempre es algo diferente a lo que están haciendo en ese momento.

Kate Clinton mencionó que no hay contradicción entre una vida que se disfruta y una que tiene significado. Ella escribió: «Un amigo me dijo que cada mañana, cuando nos levantamos, tenemos que decidir si vamos a salvar o a saborear al mundo. Tenemos que hacer ambas cosas». Lo que ella dijo es cierto en el trabajo también. Es muy reconfortante ver a alguien relajado en un ambiente comercial empresarial, caminando con paso determinado que exprese: «Sé por qué estoy aquí».

En la actualidad la tensión entre la fe y el trabajo es una lucha, un tire y afloje sobre *los valores*. El comercio se define a sí mismo en términos de salario, ganancia, valor en la bolsa, valor neto, valor añadido, flujo de caja, entrada generada y lo que yo aporte a la organización. La iglesia rechaza esta economía enfatizando más bien acumular significado eterno, desarrollar un monopolio de almas y ampliar la ganancia celestial.

La vida de Cristo, sin embargo, deja ver una contribución al progreso material de la vida en la tierra y al progreso espiritual del reino eterno de Dios. Él trabajó en el área laboral, como carpintero y satisfaciendo las necesidades humanas; y en el área espiritual, proveyendo una solución a las necesidades espirituales de la humanidad en una cruz de madera. Aunque suene extraño, Dios valoraba ambos aspectos de la vida de Jesús de igual manera. Para vivir como Él lo hizo, necesitamos una lógica convincente a favor de nuestros valores en ambas esferas también.

Sin embargo, esta clase de recomposición, requiere de *intencionalidad*. Debemos ser claros en cuanto a nuestra participación en el reino y en el comercio. Nuestra fe no es un compromiso al azar y tampoco lo debería ser nuestro trabajo. Una vida integral intencional significa ser todo lo que soy y lo mejor de lo que puedo ser en la iglesia, la casa y el trabajo.

LA VIDA EN EL TRABAJO DE DOBLE FILO

Si Charlie hubiera vivido en la época imaginaria del medioevo de J.R.R. Tolkien, estoy seguro que hubiera sido reclutado para ser miembro de la Comunidad del Anillo. Su personalidad vistosa era el tipo adecuado que encajaría con la colección de enanitos, duendes, hombres y magos.

En la película, *El Señor de los Anillos*, la maldad estaba encarnada en el anillo, una cinta dorada maldecida que Frodo trata de destruir durante la trama. Los símbolos más potentes de la esperanza, sin embargo, eran los fragmentos rotos de una espada ancha de doble filo que una vez le perteneció al último rey justo de Gondor. Saurón, el malicioso espíritu tenebroso, lo había matado. Luego rompió la espada y sembró terror en la tierra desde ese entonces.

No obstante, las piezas resquebrajadas de esa famosa espada fueron recobradas y preservadas por los duendes hasta la batalla final del Anillo.

Cuando la comunidad de guerreros de Frodo comenzaron a avanzar contra las fuerzas de Saurón, los duendes soldaron los fragmentos hasta que la espada quedó como era antes.

El amigo de armas de Frodo, Aragorn, era el último heredero sobreviviente de la línea real de Gondor y por tanto el único calificado para empuñar la legendaria espada. Fue hasta el momento en que Aragorn aceptó la espada reconstruida, reclamando así su verdadera identidad, que pudo dirigir las fuerzas que se necesitaban para vencer a Saurón. Al final, la espada triunfa, el anillo es destruido y Aragorn es restaurado al trono de Gondor, restableciendo la paz entre los hombres.

Todos nosotros somos los justos herederos de una realidad robada. Un cazador hurga en nuestras tierras, tratando de coartar nuestra primogenitura dada por Dios a esta tierra. Para destruir ese poder hemos sido llamados a entrar en una comunidad con el único, verdadero, soberano y la personificación de todo lo que es bueno, Dios mismo.

Dios nos ha dado a cada uno de nosotros una espada. Es una espada de dos filos que representa nuestros dos destinos. Uno es el filo de nuestra fe, nuestro llamado a conocer a Dios íntimamente y luego hacer que esa creencia controle los detalles de nuestras vidas. El otro filo es nuestro trabajo. Al ir utilizando mis músculos comerciales con un corazón de fe, encarno la presencia efectiva de Dios donde trabajo, haciéndola por ende una espada doblemente afilada.

Vivir una vida laboral que corte por ambos lados nos hace lo que nuestro difunto amigo, Bob Briner, llamaba una «oveja rugiente». Briner decía: «Es el momento para que los creyentes lleven confiadamente su fe al lugar de trabajo de tal forma que nuestra propia cultura sienta la diferencia». Se necesita de ambos, de Charlie Amor y de Charlie Dinero para hacer eso.

¿RUGE SU VIDA LABORAL?

Este libro está diseñado para ayudarle a hacer eso. El objetivo es que tenga una vida de doble filo en el trabajo, una vida que sea como una navajilla filosa, espiritualmente y profesionalmente. Abraham Lincoln dijo una vez: «Si tuviera una hora solamente para cortar un árbol, me pasaría los primeros cuarenta y cinco minutos afilando el hacha». Este libro le ayudará a que cada intento valga la pena.

Las personas de fe deben aprender a sentirse cómodas, valiosas e intencionales en los dos mundos. En estas dos arenas suceden todas las batallas del corazón. Entre ellas se encuentran la mayoría de los asuntos importantes de la vida. Charlie tenía razón de hablar. Él puso el dedo en una llaga fatal de la vida. Las verdades contenidas en las siguientes páginas le ayudaron a Charlie a moldear nuevamente su vida laboral y a empuñar su espada de doble filo con gran habilidad. Estas verdades también tienen el poder de transformar la *Vida en el trabajo*.

CAPÍTULO 2

TRABAJE EN EL PARAÍSO

MEDIANTE UNA APLICACIÓN CONSTANTE E INTELIGENTE DE PROPA-
GANDA, SE PUEDE HACER QUE LAS PERSONAS VEAN EL PARAÍSO
COMO EL INFIERNO, O VICEVERSA, HASTA CONSIDERAR LA VIDA
MÁS DESDICHADA COMO SI FUERA EL PARAÍSO.

—ADOLFO HITLER

Cuando usted piensa en la palabra *paraíso,* ¿qué es lo primero que le viene a la mente?

Quizás se vea usted mismo sentado en una playa, con una bebida fría en la mano, el sol en su cara, la brisa moviendo su cabello, un buen libro en su regazo, y aguas azul turquesa de allí hasta el horizonte.

Tal vez sea más bien acostado bajo las estrellas en las montañas Rocosas, el ruido de un río cercano, lleno de las truchas que serán la pesca de mañana, su familia dormida, una fogata y una luna llena.

Un intento más: lunes por la mañana, detrás de su escritorio con un teléfono sonando, una computadora con problemas y una asisten-te de pocas pulgas, si es que tiene la suerte de tener alguna, y que en ese momento le está pidiendo tiempo libre, mientras los papeles se desparraman en el suelo y su jefe desea ver la presentación terminada en exactamente cincuenta y siete minutos y treinta y tres segundos.

Para la mayoría de los estadounidenses, los conceptos de trabajo y paraíso son tan similares como un trineo de nieve y Jamaica. Podrían ser antónimos, resonando con la energía opuesta de una contradicción: *un congelador quemado, un camarón gigante* y *un paraíso laboral.* De hecho, la mayoría de las percepciones culturales acerca del paraíso son claramente delineadas por la *ausencia* del trabajo: folleto de viaje, revistas para pensionados y anuncios publicitarios de lotería. Hemos sido llevados a creer que el trabajo, en el mejor de los casos, es una tarea o una manera de pagar las deudas.

UN NUEVO INICIO

El trabajo, tal como lo diseñó Dios, no era solamente algo que los hombres y las mujeres tenían que *hacer,* algo así como una clase de aeróbicos cósmica obligatoria. Lo diseñó para que fuera una participación profunda en la vida y la obra de Dios mismo. El propósito era «cuidar» de la tierra para administrarla. Se nos ha confiado el cuidar los recursos de Dios de la misma manera que Él lo haría. Ese mandato de trabajar no cambió después de la caída. La administración continua del hombre es el eje para comprender una teología del trabajo.

Eso no significa, por supuesto, que todos los días de trabajo se sientan como un «paraíso». Todavía tenemos que lidiar con los cardos que han crecido desde la caída del hombre en el jardín. Hasta la *vida en el trabajo* más llena de energía tiene sus martes difíciles y sus viernes frenéticos. No son las circunstancias de mi día, sino la forma en que tomo ese día de trabajo como un señalamiento de Dios, lo que hace que tenga un nuevo interés para regresar al paraíso.

CUATRO PAISAJES AMPLIOS DE LA VIDA O CUATRO REGIONES AMPLIAS DEL PARAÍSO

Si la sociedad humana es un jardín, entonces existen cuatro instituciones que deben ser vigiladas para tener una salud integral. Desde las primeras escenas de la creación vemos a Dios diseñando estructuras separadas para las personas con el objetivo de explorar la vida. ¿Cuáles son esas cuatro? Además de los mundos de la *familia*, el *gobierno* y la *iglesia*, Dios ha creado el *trabajo* para que lo descubramos, lo exploremos y lo cultivemos para Su gloria.

Muchos seguidores de Jesús tienen acceso a una gran cantidad de información acerca de tres de esas instituciones: la iglesia, el gobierno y la familia. Entendemos que la iglesia no es otra cosa sino el cuerpo de Cristo, dirigida por Dios para que lo amen a Él, se amen mutuamente y amen al perdido.

La necesidad de tener familias fuertes ha recibido una gran cantidad de atención en años recientes con el crecimiento de ministerios invaluables tales como Enfoque a la Familia, Cumplidores de Promesas y Vida Familiar Actual. Claramente, Dios nos manda invertir nuestras vidas en las vidas de nuestro cónyuge y nuestros hijos.

Los cristianos, también, tienen una responsabilidad cívica. En su libro, *La abrumadora influencia de la Iglesia* (Editorial Vida, Miami, 2003), Robert Lewis presenta un caso persuasivo para que los cristianos y sus iglesias se vuelvan a involucrar con sus comunidades y sus culturas. El desempleo, el analfabetismo, el embarazo en adolescentes, la falta de vivienda, la salud, las familias disueltas, son algunos de los asuntos que le ruegan a la iglesia que se involucre, allí donde usted y yo vivimos. Por demasiado tiempo, los cristianos evangélicos en Estados Unidos han sido ciudadanos pasivos, beneficiándose de la sociedad pero sin hacer una contribución constructiva en ella.

La política, por supuesto, sería una excepción. Muchos creyentes se mantienen activos en el gobierno, trabajando diligentemente para que haya leyes y tengan el apoyo protector del estado. Existen muchos asuntos en los cuales las voces cristianas deben ser escuchadas y tomadas en cuenta. Un gobierno democrático efectivo es un regalo que la civilización cristiana le ha dado al mundo.

Pero ¿y qué hay del trabajo? ¿Cuáles sermones hemos escuchado últimamente acerca del valor intrínseco y de la belleza del trabajo? ¿Qué libros ha leído usted últimamente que celebren la «bendición» de un buen día de trabajo por un buen día de pago?

Misteriosamente, un silencio desconcertante rodea a la institución del trabajo ordenada por Dios, dejando frecuentemente desorientados y confundidos a los exploradores modernos. «Dios me ha creado para hacer un servicio determinado para Él», escribió el pensador católico John Henry Newman, «Él me ha dado un trabajo que no le ha dado a nadie más». Si eso es cierto, entonces, ¿por qué la iglesia habla tan poco al respecto?

Debido a que este territorio ha sido ignorado por tanto tiempo, en muchas maneras ahora es una selva tupida. La jornada hacia la *vida en el trabajo* eficaz y satisfactoria no es para el débil de voluntad y el pusilánime. Tal como Charlie Bordini lo descubrió, puede ser un terreno implacable.

Por desdicha, las fuentes tradicionales para obtener respuestas basadas en la fe a los dilemas de la vida con frecuencia fracasan. Cuando se menciona, el trabajo generalmente tiene una connotación negativa, algo que nos impide utilizar nuestro tiempo y energía en asuntos verdaderamente *importantes*: la familia y la iglesia.

EL TRABAJO ES UN TERRITORIO INCOMPRENDIDO

Fernando Magallanes vivió en una época en la que muchas personas todavía creían que la tierra era plana. Según esa mentalidad, si navegaba por mucho tiempo en una sola dirección, usted y su barco llegarían al borde y caerían al abismo lleno de fuego del infierno. Neil Armstrong puso su pie en la Luna en una época en que muchos pensaban que explorar el espacio era una violación al mandato divino de «habitar la tierra». La *vida en el trabajo* que llevamos no está menos que atada a las cadenas de una mala concepción. Considere los siguientes mitos comúnmente aceptados con respecto al trabajo:

MITO 1: EL TRABAJO ES UNA MALA PALABRA

El trabajo tiene una mala reputación.

La sabiduría convencional dice que el trabajo es un mal necesario para las comodidades del sueño norteamericano. Fue Ronald Reagan quien bromeó diciendo: «Es verdad que el trabajo nunca ha matado a nadie, pero ¿por qué arriesgarse?» A regañadientes damos nuestro tiempo para que podamos salir remunerados al final de la semana o del mes. El premio son todas las gratificaciones que nuestra economía consumista nos vende.

Esta actitud popular tiene una versión espiritualizada también. La suposición de que el trabajo es parte de la maldición de la caída. Los cristianos lo ven como una sentencia de castigo que Dios descargó en su ira después de que Adán y Eva lo desobedecieron en el Jardín del Edén. Esos que aceptan este mito ven el trabajo como un castigo a largo plazo que todos nosotros, en el pasado, el presente y el futuro, debemos aguantar porque Adán y Eva cayeron en la gran mentira de Satanás. La verdad es que el trabajo fue una de las primeras tareas de Dios para Adán. Era parte de la creación, de lo que Dios dijo que «era bueno».

Dios ya había ordenado el trabajo antes de la caída. Génesis 2.15 dice: «Tomó, pues, Jehová Dios al hombre, y lo puso en el huerto de Edén, para que *lo labrara y lo guardase*» (el énfasis es mío). La cronología es vital, eso sucedió en el capítulo dos, y el pecado no entró sino hasta el capítulo tres. El trabajo era parte de la creación original de Dios. Al igual que la familia, el trabajo es «una ordenanza de la creación», una bendición potencial y una asignación divina.

Mito 2: El trabajo es territorio enemigo

De acuerdo a esta presuposición, el trabajo es mundano. Es parte del sistema secular, es lo opuesto al mundo sagrado en el cual deberíamos estar. «Lo de Dios» incluye cosas como orar, estudiar la Biblia, los servicios de adoración y nuestras donaciones del tiempo y el dinero a los «ministerios» dignos. El trabajo es una búsqueda sucia y secular.

Esta perspectiva contradice totalmente a la Escritura. Esta dicotomía, esta división entre lo sagrado y lo secular, no ocurre en la palabra de Dios. De hecho, la Escritura dedica una gran cantidad de tinta y papel aclarando que estos dos deben ir unidos, que el trabajo es parte de la participación diaria de Dios con las personas.

MITO 3: EL TRABAJO SALVA

Para las personas que creen en este mito, el trabajo se convierte en Dios. No van a trabajar, van a Trabajar. No buscan el éxito, buscan el Éxito. No tienen ambición; tienen Ambición. Su identidad total se envuelve en sus trabajos.

Este es un aspecto particularmente peligroso de esa cultura que afirma que «el trabajo es la familia», el cual es parte enorme de la Nueva Economía. Muchas organizaciones, religiosas o no, venden la cultura corporativa estilo familiar como un beneficio. Y lo puede ser. Las personas que llevan esta idea al extremo pueden convertirse en prisioneros espirituales y emocionales de sus trabajos. La diferencia entre lo que llamábamos adicción al trabajo en los ochenta y el sentimiento apasionado por el trabajo en el nuevo milenio se encuentra en la motivación. La adicción laboral no tiene ningún lugar en la *vida en el trabajo* eficaz. La verdad es que el trabajo es un gran ambiente para descubrir a Dios y glorificarlo, pero *no* es Dios.

MITO 4: EL TRABAJO ES LA ÚLTIMA PRIORIDAD

Muchos seguidores de Cristo, cuando se les pide que mencionen sus prioridades, las ordenan de la siguiente manera: Dios, la familia, yo y el trabajo. Teddy Roosevelt dijo: «El mejor premio que la vida ofrece es la oportunidad de laborar en un trabajo que valga la pena». Al hacer de nuestro trabajo nuestra última prioridad, estamos insinuando que no vale la pena. No es de extrañar por qué muchos de nosotros nos sentimos mal por no haber sido llamados al ministerio. El hecho es que una perspectiva integral de la vida *incluye* al trabajo. Dios nos ofrece el premio de un trabajo que vale la pena, aun si la iglesia no lo hiciera.

Considere una nueva lista de prioridades para su vida: Dios. Eso es todo. No existe un número dos, o número tres o número cuatro. Al vivir consagrados a esa prioridad, debemos hacerlo una parte integral de todo lo que hacemos, la familia, yo y el trabajo. Él se convierte en el centro del flujo y la fuente de alineación de todas las partes de nuestra vida.

Relegar el trabajo a una condición de vagón es algo impráctico sin base bíblica. Si realmente hiciéramos que fuera lo *último*, no iríamos a trabajar cada día sin antes haber terminado *todo* lo que deberíamos hacer para Dios, para la familia y para uno mismo. ¡Nunca ganaríamos un salario! No, la verdad es que el trabajo es parte de una perspectiva balanceada de la vida y de Dios, de Su Espíritu, Su Verdad, y Su Amor. Cuando vamos a trabajar, Dios no debería quedarse atrás, en la Biblia de la mesita junto a la silla donde tenemos nuestro tiempo de comunión con Él.

Mito 5: El trabajo que es ungido siempre significa éxito

Existen muchas historias de hombres y mujeres habilidosos que avanzan rápidamente en la escalera del éxito. Esos individuos viven en los libros de la Biblia y en las páginas de la revista *Wall Street Journal*. Tiene sentido ver la habilidad y el éxito asociados mutuamente.

Pero existen otros relatos, historias que también aparecen en la Escritura y en las vidas de hombres y mujeres que conocemos: personas de habilidad genuina que no viven con el brillo de una carrera exitosa. Trabajan arduamente y lo hacen bien, pero parecen avanzar muy poco. Necesitamos enfatizar un punto importante al comenzar nuestro estudio sobre la *vida en el trabajo*.

Lo que Charlie está buscando no es una llave cristiana para abrir el éxito mundano, sino la llave de Dios para abrir su diseño para nuestro trabajo, sin importar las circunstancias o los resultados.

CUATRO INSTRUMENTOS PARA LA VIDA EN EL TRABAJO

Nunca olvidaré la conversación. Estaba sentado junto a una docena de hombres de negocios en un restaurante local famoso por sus omelets y sus buenos precios. Nos juntábamos cada semana para conversar sobre asuntos de la vida y del trabajo y para llenar nuestras barrigas.

Teníamos toda una gama del ambiente de trabajo representado allí. Un joven, apenas comenzando en su carrera de dentista hizo la siguiente pregunta: «¿Cómo es exactamente eso de un hombre de negocios cristiano?» Y luego, sin que nadie pudiera responder hizo otra pregunta de seguimiento: «Quiero decir, más específicamente, ¿qué significa para mí ser un dentista cristiano?» Para ese momento la pregunta ya tenía vida y se movía en la mesa. Él no conocía a Charlie Dinero ni a Charlie Amor, del capítulo uno, pero estaba planteando la misma pregunta de otra manera.

¿Significa que debería solo poner música cristiana mientras estaba en el consultorio? ¿Su decoración debería ser una combinación de arte bíblico y de cristiano moderno? ¿Debería pagarles a los empleados más que el promedio para mostrar una apreciación profunda de su trabajo? O ¿debería pagarles menos del promedio para que aprendieran a vivir por fe? ¿Debería perdonar todas esas cuentas que llevaban más de noventa días ya que era obvio que esas personas tenían problemas financieros y él, como buen samaritano, estaba allí para ayudar? O ¿debería contratar a un abogado e ir en busca de «su» dinero por asuntos de mayordomía?

Ese fue el año cuando comencé a buscar seriamente un modelo de la Escritura que presentara la imagen de lo que sería una persona activamente involucrada en ambos lados de la vida: el comercial y el del reino. Una de las personas de la Biblia que más influyó en mi propia *Vida en el trabajo* fue David, el rey pastor. La vida de David fue tan significativa en la historia de la redención que alcanzó varios libros del Antiguo Testamento y hasta se mencionó un par de veces en el Nuevo Testamento también.

La sabiduría convencional de los negocios de la actualidad le dice que busque un mentor en su trabajo que lo pueda llevar a donde usted desea ir. David tenía esa característica. Él hizo lo que nosotros queremos hacer: vivir una vida de éxito. Y la vida de David fue un éxito porque encontró y realizó la misión que Dios tenía para él.

Desde un punto de vista estrictamente humano, David tenía un currículum impresionante. Era tan colorido y variado como el de cualquier escalera corporativa que he conocido. Él venció obstáculos significativos. Comenzó como mequetrefe en una familia rural de pastores. En las sociedades antiguas el menor recibía los menores recursos. Tenía el menor privilegio, pero tenía más trabajo. Su educación era lo último en la prioridad familiar. Se le daba la herencia más pequeña. En muchas maneras, casi estaba solo para progresar. La riqueza de la familia y las conexiones se utilizaban en los hermanos mayores. Nadie esperaba mucho de él, excepto que trabajara, sin quejarse, en aquellas tareas que nadie más quería hacer. David tenía una lucha cuesta arriba desde el principio.

A pesar de las limitaciones de esos orígenes humildes, la vida de David causó revuelo en la historia del mundo. Él solo mató al terrorista y enemigo número uno de su pueblo; fue vitoreado por su valor; se convirtió en rey, y unió a un reino dividido.

David, sin embargo, no era un superhéroe de una sola dimensión. Él era humano, como usted y como yo, y experimentó los extremos de la vida. Desde ser el niño a quien molestaban en la familia, hasta ser un héroe nacional y luego ser el hazme reír nacional. De pastorear ovejas, a pastorear una nación, hasta esconderse con las ovejas. De favorito del rey, a fugitivo, huyendo del rey. Era un poeta que conocía el gozo de la unción del Señor y el dolor de una familia segregada. Uno de sus hijos se convirtió en rey y fue el hombre más sabio del mundo; otro violó a su hermana, y otro trató de matar a su propio padre.

David conocía las alturas de adorar a Dios en Jerusalén tanto como la oscuridad personal y el arrepentimiento del adulterio y el asesinato.

Aun así, David se mantuvo fiel volviendo a su Dios. Aunque su vida estaba llena de fracasos y golpes, al igual que las nuestras, Hechos 13 dice: «David era un hombre conforme al corazón de

Dios y después de que logró el propósito que Dios tenía para él, David dejó la escena». Ese es un gran elogio.

¿Cuáles podrían ser los ingredientes detrás de tal vida llena de logros en medio de circunstancias tan reales? En el Salmo 78 se nos da una breve imagen de la vida laboral y la carrera de David. Este pasaje revela cuatro características que contribuyeron al éxito de la *vida en el trabajo* del rey David: su llamado, su servicio, su carácter y su habilidad.

> [Dios] Eligió a David su siervo, y lo tomó de las majadas de las ovejas; de tras las paridas lo trajo, para que apacentase a su pueblo, y a Israel su heredad, y los apacentó conforme a la integridad de su corazón, los pastoreó con la pericia de sus manos (Salmo 78.70-72).

El llamado, el servicio, el carácter y la habilidad no le pertenecían solamente a David, sino que son eternos y aplicables en cualquier contexto laboral. Son las bases que cada hombre o mujer pueden llevar a su trabajo. Cada uno de ellos es la intersección crucial donde la fe debe ser empleada intencionalmente para formar nuestro trabajo.

DAVID UTILIZÓ SU HABILIDAD

«Los pastoreó con la pericia de sus manos», así dice el Salmo. David tenía pericia en lo que hacía. Él era un líder capaz, era un soldado talentoso y era un músico consumado. David fue llamado a ser rey y lo hizo muy bien. Probó ser fiel para pastorear ovejas y para pastorear una nación. A David se le recuerda porque usó sus talentos para el bien. Construyó una nación. Hasta este día, a Israel se le llama «la casa de David». La reputación de David fue edificada hasta un grado significativo sobre su habilidad.

La fe tiene un corolario que raramente asociamos con ella: la eficiencia. La fe es incompatible con la mediocridad. Ser mediocre es ser acomodadizo. Un corazón acomodadizo es contrario al corazón de la fe. La fe da lo mejor de sí, porque la fe es un compromiso total. La fe trabaja utilizando la habilidad.

La *habilidad* y la *fe* son dos palabras que comúnmente no pondríamos en la misma oración. Su yuxtaposición resulta en varias preguntas relevantes a una vida laboral de doble filo. ¿Qué es habilidad? ¿Qué dice la Biblia al respecto? ¿Qué tiene que ver Dios con la habilidad? ¿Necesita realmente la habilidad a Dios? ¿Cuál es la relación entre la fe y la excelencia? La sección uno de este libro explora estos asuntos, porque la *vida en el trabajo* exitosa significa que usted debe llevar su habilidad al trabajo.

DAVID EVIDENCIÓ EL LLAMADO

El salmista observaba que Dios «eligió a David» (78.70). La obra de David estaba dirigida por la evidencia del llamado de Dios. Sin el llamado, lo único que uno tiene es un trabajo. Por cuarenta extraños años, usted hará lo posible por hacer una gran carrera. Usted espera lograrlo, espera que valga la pena, espera estar yendo en la dirección correcta. Es un tiro al aire.

En contraste, trabajar por un llamado, le da confianza en su misión. David siguió su vida laboral con el sentido de una comisión divina. Saber quién lo envía y qué diligencia va uno a hacer, realmente marca la diferencia. David sabía qué era lo que tenía que hacer y quién lo había hecho para eso. Él se dio cuenta desde muy temprano de la relación que había entre luchar contra los osos y pelear contra los gigantes, y rápidamente conectó la capacitación de Dios en ambas tareas.

¿Qué es un llamado? ¿Cómo conozco mi llamado tal como lo hizo David? ¿Tengo solo un llamado? ¿Realmente llama Dios a las personas para trabajos *comunes*? ¿Y qué si tengo que cambiar de carrera? ¿Existe un llamado mejor que otro? ¿Cómo cambia mi mundo una vez que encuentro mi llamado? La sección dos se refiere a esas preguntas, porque la *vida en el trabajo* exitosa significa que debemos llevar nuestro llamado al trabajo.

DAVID EJEMPLARIZÓ EL SERVICIO

El texto de los salmos describe a David como un siervo de Dios (78.70). Cuando David iba a trabajar, asumía una postura de servicio. Sirvió a su padre en la granja de la familia. Sirvió a las ovejas, atendiéndolas y protegiéndolas en el campo. Sirvió a su pueblo, encargándose de, y venciendo al enemigo amenazador. Sirvió al rey Saúl, ministrándole por medio de su lira. Sirvió a su nación, gobernándola fielmente como su rey.

En cada uno de esos papeles, sin embargo, estaba sirviendo fundamentalmente a Dios. Este era el instinto del trabajo de David. Él sirvió. Eso fue lo que hizo, pero lo hizo por una razón. No fue al azar. La identidad de David como siervo era una función de su fe. En otras palabras, su relación con Dios se definía por su relación con otras personas.

Para David, las personas no sólo eran gradas para el éxito, que podrían ser pisadas. No, las personas eran los receptores de su corazón de siervo. Su trabajo no era sólo una carrera para obtener sus propios intereses. Por el contrario, su trabajo era servir a los demás en beneficio de ellos. La fe de David significaba que el servicio definía su trabajo. La *vida en el trabajo* de David ejemplarizaba su servicio.

¿Qué significa ser un siervo en el trabajo? ¿Por qué el servicio es un asunto central en la *vida en el trabajo*? ¿Cómo desarrollo un corazón de siervo? ¿Cómo se representa el servicio en mi trabajo? La sección tres trata con el servicio por una sencilla razón: La *vida en el trabajo* exitosa significa que debemos llevar el servicio al trabajo.

DAVID DEMOSTRÓ EL CARÁCTER

La *manera en que* David trabajaba es significativa. El trabajo siempre tiene significado e importa. La Escritura es específica acerca de las características morales del historial de David. Dice que pastoreó a la nación «conforme a la integridad de su corazón» (Salmo 78.72). Nos guste o no, nuestro trabajo es un tubo de desagüe de nuestros corazones. El corazón de David estaba unido totalmente a su trabajo. Él tenía «integridad». La integridad es la sustancia del buen carácter. El carácter de su corazón y su trabajo era bueno.

Ese fue un contraste muy claro con respecto al predecesor de David, Saúl. Este tenía un corazón dividido. Decía seguir a Dios, pero se encubría, permitiendo las prácticas paganas también. El reinado de Saúl fracasó porque a él le faltaba constancia interna. Le faltaba carácter.

David, por otro lado, vivió una vida transparente. Todo era público, su trabajo era público, su adoración era pública. Hasta cuando pecó David, lo confesó en público. Su vida estaba expuesta. Su vida privada y pública era monolítica. Él era el mismo cuando se cerraba la puerta de la oficina o cuando estaba abierta. Su fe alineaba todo lo que hacía. El espectro completo de la vida de David mostraba el mismo carácter de integridad todo el tiempo.

¿Cómo desarrollamos el carácter? ¿Cuáles son los resultados del factor carácter? ¿Puede el abismo entre nuestra vida privada y pública tener un puente? ¿Qué hay de mis fracasos? ¿Me descalifican de lo que Dios tiene para mí? ¿Cómo puedo cambiar mi carácter? La sección cuatro confronta el asunto de la integridad, ya que es imperativo que las personas de fe que deseen tener éxito en la *vida en el trabajo* lleven el carácter a sus trabajos.

Vemos a la habilidad, el llamado, el servicio y el carácter como cuatro instrumentos universales que ayudarán a las personas de fe a aumentar su influencia del reino en cualquier ambiente comercial. Es nuestra opinión después de ver la intersección de la fe y el trabajo por casi treinta años que estos cuatro son los instrumentos que Charlie Amor y Charlie Dinero necesitan para comunicarse. En otras palabras, les estamos sugiriendo a todas las personas de fe que: el *llamado*, lo lleven al trabajo; el *servicio*, lo lleven al trabajo; la *habilidad*, la lleven al trabajo, y el *carácter* lo lleven al trabajo.

Una vida laboral que está guiada por un sentido del llamado de Dios, que es reconocida por su habilidad, que tiene un carácter irreprochable y que constantemente busca servir a los demás, esa clase de vida laboral es transformadora. Produce olas, tendrá influencia, será notada, y marcará una diferencia.

TRABAJE EN EL TRIUNFO

Hace cien años, dos hermanos de Dayton, Ohio, se pararon en una colina de Carolina del Norte. Orville y Wilbur llegaron a las colinas Kill Devil para probar una idea. Su artefacto de madera y tela yacía en un riel de hierro, sobre una cadena de bicicleta para una rueda improvisada. No era mucho más que una cometa glorificada.

Previamente habían lanzado una moneda para ver quién iría primero. Wilbur había ganado y lo había intentado el día anterior, ahora era el turno de Orville. Su público eran únicamente algunos curiosos pueblerinos que no tenían nada mejor que hacer, un chico y su perro, y algunos socorristas.

Orville se subió y revisó los controles. Wilbur le dio vuelta a la hélice. El motor encendió. Lentamente la máquina de los Wright se deslizó por el riel hacia el viento, ganando velocidad. Wilbur corría al lado, tratando de equilibrar el ala. Para cuando había llegado al final del riel, ya estaba en el aire. Voló por doce segundos, unos cuatro metros [ciento veinte pies]. El hombre había volado. Los hermanos Wright habían inventado el aeroplano. Eso ocurrió el 17 de diciembre de 1903.

Darrell Cillons, un guardabosque del parque nacional Kitty Hawk dijo al respecto: «Antes de los hermanos Wright, nadie en la aviación había hecho algo fundamentalmente correcto. Después de los hermanos Wright, nadie ha hecho algo fundamentalmente diferente».[1]

Lo que Orville y Wilbur hicieron fue perfeccionar los cuatro problemas que quedaban del vuelo a motor: la propulsión, el balance, la tensión y la dirección. El ala ya había sido innovada, resolviendo así el problema de la elevación. El hombre ya había estado volando cometas por años, pero era otra cosa que un papalote volará por sí mismo. Se necesitaba poder, una fuente de propulsión. Los hermanos Wright tenían una ventaja sobre el aspecto de la propulsión, ya que eran mecánicos habilidosos. Utilizaron su experiencia y sus recursos en el negocio de las bicicletas para diseñar y construir un motor que funcionara. Si usted no tiene un motor funcionando lo suficientemente ligero, no tendrá una máquina voladora de motor, tendrá un planeador.

Los tres problemas que quedaban tenían que ver con el control direccional. Habían probado ser los más desalentadores en los anteriores intentos por volar. Un aeroplano tiene que controlar tres ejes de movimiento al mismo tiempo. La inclinación, lo hace el movimiento hacia arriba o hacia abajo de la nariz. La rotación, la produce el ladeado de las alas de arriba hacia abajo. Y la dirección era el control horizontal para girar hacia la derecha o hacia la izquierda.

La inclinación y la dirección eran relativamente directas. Al igual que en un barco, el timón era utilizado para controlar la dirección hacia la izquierda o hacia la derecha. Un alerón, un timón dirigido hacia los lados, podría ser empleado para controlar la inclinación hacia arriba o hacia abajo. Lo más difícil era la rotación. ¿Cómo se podían mantener las puntas de las alas niveladas para que el avión no se volteara?

El triunfo llegó un día cuando Wilbur tenía en su mano una caja larga y delgada. Notó que cuando dobló una de sus esquinas, al mismo tiempo se doblaba la otra esquina. Ver cómo ambos lados se ladeaban le dio una idea. ¿Qué pasaría si se pudieran ladear ambas alas paralelas de la misma forma? ¿Se podían distorsionar intencionalmente las alas para compensar y controlar la tendencia de un avión a descontrolarse? Utilizando alambres, los hermanos descubrieron una forma de distorsionar las alas en direcciones opuestas coordinadas, resolviendo consecuentemente el problema de la rotación.

Al igual que en un vuelo, existen cuatro variables cruciales en la *vida en el trabajo*: el llamado, la habilidad, el servicio y el carácter. El llamado es su comprensión de la tarea y de su empleo dado por Dios. La habilidad es el conjunto especial de talentos que Dios le ha dado para realizar su llamado. El servicio es la postura fundamental de su trabajo hacia los demás. El carácter es lo que une a esa necesidad vital de integridad y constancia en todo lo que usted es y en todo lo que hace. Nunca encontrará realmente sus alas hasta que perfeccione esos fundamentos. Sígalos y aprenderá a volar. Su vida laboral nunca será igual.

LA HABILIDAD EN EL TRABAJO

LAS PERSONAS DE FE DEBEN DEMOSTRAR HABILIDAD EN SU TRABAJO.

Un buen amigo mío disfruta el programa *The Yankee Woodshop [La maderería yanki]*. Él es un carpintero asombroso y hasta podría ser el anfitrión del programa. Me asombra ver cómo un poco de madera se puede convertir en una reliquia de caoba en los treinta minutos del programa.

Durante un episodio alguien le preguntó al carpintero cuánto tiempo le tomó aprender a hacer eso. El carpintero le respondió: «Cualquier niño puede hacerlo, si tiene veinte años de experiencia».

Lo mismo sucede con la excelencia en nuestras habilidades laborales. Todos queremos ser lo mejor en lo que hacemos, pero son pocos los que están dispuestos a pagar el precio para llegar allí. La fe, sin embargo, nos llama al parámetro más alto en todos los aspectos de nuestra vida y nuestro trabajo. La Escritura habla mucho acerca de la habilidad, pero por alguna razón casi no oímos de ella. Es interesante saber que Jesús era un artesano y, sin embargo, la habilidad se asocia raramente con la fe cristiana.

Tristemente, el resultado es que, aunque los cristianos tengan una reputación de buenos y honestos en la oficina, no se les considera los mejores en el área del trabajo.

No obstante, la Escritura desafía a los seguidores de Cristo a ser mejores en su trabajo, no a minimizar las expectativas. Esta sección le mostrará cómo mejorar su trabajo.

HABILIDAD

*es comprender algo completamente
y transformar ese conocimiento en
creaciones maravillosas y excelentes.*

CAPÍTULO 3

La habilidad es importante para Dios

Es Dios el que da la habilidad, pero no lo hace sin la ayuda del hombre. Él no podría hacer los violines Antonio Stradivarius sin Antonio.

—George Eliot, alias Mary Ann Evans (1819-80)

Aterrizar un Boeing 747 en Hong Kong fue una de las pruebas más grandes de la habilidad de un piloto de aerolínea. Rodeado de agua por tres lados, el antiguo aeropuerto Kai Tak era lo más cercano que la aviación comercial tenía para hacer un aterrizaje. Aunque en este caso era peor, porque estaba rodeado de montañas. Ningún otro aeropuerto del mundo era tan difícil como el de Kai Tak.

Entre más se acerca uno al aeropuerto más entiende el porqué. Por la ventanilla se ve la inmensa masa urbana de rascacielos y una pequeña franja de tierra entre los picos de alrededor y el mar del sur de China. Al igual que el césped en una rajadura de concreto, Hong Kong, con sus seis y medio millones de personas, no tiene a dónde crecer sino hacia arriba.

Cuadras de edificios de apartamentos se encuentran alrededor del aeropuerto. Encajado en la ciudad, el aeropuerto tuvo que utilizar tierra del océano para poder hacer una pista lo suficientemente larga. Se extiende a más de mil cien pies [casi cuatrocientos metros] hacia la bahía. Rodeando la escena se encuentran varios picos precipitados que hacen que Hong Kong se encuentre dentro de lo que pareciera un tazón.

Aterrizar en ese tazón significa que un avión tiene que bajar de 1800 [seiscientos metros] a 675 pies [doscientos setenta metros] en dos minutos. Las ruedas de aterrizaje están en posición y los alerones extendidos. Al principio pareciera que el avión va a estrellarse en una montaña. De pronto, el piloto tiene que hacer un giro de treinta grados, haciendo una espiral. Si usted se encuentra en el lado derecho del avión, verá las ventanas de los apartamentos.

En los últimos treinta segundos de vuelo, el piloto debe nivelar el aeroplano, centrarlo con la pista de aterrizaje, tocar tierra y detener las 540,000 libras [doscientos cincuenta mil kilogramos] que pesa el avión antes de que caiga en la bahía Victoria.

Cuando vivía en Hong Kong, me encontraba a dos millas [tres kilómetros] de la pista de aterrizaje de Kai Tak, exactamente en la senda de vuelo. Unas luces de aterrizaje se encontraban en el techo de un edificio de apartamentos junto al nuestro. Era ilegal volar cometas, porque se podían enredar en las ruedas del avión. Un amigo mío que tenía un buen brazo decía que podía golpear aeroplanos con bolas de béisbol desde nuestro techo.

Era algo asombroso, ver, oír y sentir esos grandes aviones por encima de nosotros. Uno tras otro venían, con unos pocos minutos de diferencia. No importa cuántos miles vi, siempre tenía que observar al siguiente. Sólo los pilotos más habilidosos pueden volar en Hong Kong.

LA MARAVILLA DE LA HABILIDAD EN ACCIÓN

La habilidad en acción es algo maravilloso de observar. Los seres humanos son asombrosos. Thomas Edison dijo: «Si todos hiciéramos las cosas que podemos hacer, nos asombraríamos literalmente».

Piense en todas las cosas increíbles que la mente y las manos humanas han podido lograr: las pirámides de El Giza en Egipto, la Gran Muralla China, los huevos de Pascua de Faberge en la Rusia zarista, los logros humanos de las Olimpiadas, el aterrizaje en la luna, sólo por nombrar algunos. Dios nos ha hecho con una capacidad increíble.

La habilidad, sin embargo, no está limitada al dominio de genios extraordinarios. Tal como lo mencionó Booker T. Washington: «La excelencia es hacer una cosa común en una manera poco común». Sabemos que hay habilidad cuando vemos:

- A un mecánico que descubre un problema que nadie más ha podido localizar o resolver.
- A un empresario que crea un negocio exitoso de la nada.
- A un conductor profesional que maniobra su camión en una zona de almacenamiento con sólo pocos centímetros a cada lado.
- A un vendedor tenaz que negocia con grandes obstáculos para cerrar un trato.
- A un artista que trae colores vívidos en un lienzo blanco.
- A un escritor que compone palabras e imágenes que hacen que la sangre del lector hierva, que su corazón ría o que su mente reflexione.

Nuestro trabajo es como una obra de arte, hay belleza en ello. Hasta sus tareas más sencillas son una maravilla. Lo que hacemos es el pináculo del logro de la creación. Hasta nuestras tareas más sencillas no se comparan con las del mundo animal. Las computadoras y las máquinas se esfuerzan por hacer cosas que hasta un niño da por hecho.

Cuando vemos que alguien logra hacer una tarea con gran habilidad, simplemente nos asombramos. Eugene Ionesco comentó: «El fin de la niñez es cuando las cosas dejan de asombrarnos». Todos tenemos un niño en nosotros que se asombra de cómo funcionan las cosas. Pensamos: *¡Caramba, eso fue increíble! ¿Cómo lo hizo?*

Asombrosamente, hay poco en los estantes de las librerías acerca del tema de la habilidad. No hemos reflexionado lo suficiente en este aspecto central de nuestro trabajo. Al irlo haciendo, empezamos a hacernos varias preguntas: ¿qué significa tener habilidad, ser excepcionalmente bueno en algo? ¿Cómo se convierte alguien en un «trabajador sobresaliente» en una determinada tarea? Nos encanta ver la habilidad en acción pero, ¿qué es eso exactamente? ¿Qué es la habilidad realmente?

LA HABILIDAD DE GOLIAT

De la manera tradicional, definimos *habilidad* como «pericia» o «competencia». Christopher Zeeman la definió de esta manera cuando escribió: «La habilidad técnica es el dominio de la complejidad». Nuestro conjunto de habilidades es nuestra colección de capacidades, lo que podemos hacer. La categoría de la habilidad, sin embargo, implica más que una ejecución profesional. Este concepto utilitario escaso de la habilidad es un fruto de nuestra perspectiva no espiritualizada del trabajo.

Si la habilidad es solo lo que hacemos, entonces lo que me diferencia de los demás es el grado de superioridad en lo que hago con respecto a los otros. Como resultado, la habilidad en nuestra cultura se convierte con frecuencia al final en un arma de destrucción. Es lo que nos permite vencer a la persona que está sentada en el escritorio contiguo.

La cultura corporativa actual es la «Prueba A» de cómo la habilidad se ha vuelto loca. Es la dinámica disfuncional del darwinismo social: «La supervivencia del más apto» o «La ley del más fuerte». Afilo la cuchilla de mi habilidad para eludir a otros solicitantes del empleo. Blando mi proeza para establecer el dominio poco antes de un proceso de promoción. Humillo a la competencia cerrando el trato sin su ayuda. Por ende, sobrevivo para vivir y luchar otro día. La habilidad es la astucia que me permite salirme con la mía tanto cómo sea posible sin que me descubran.

Esta perspectiva inmoral es un punto de vista pagano de la habilidad. Es la mentalidad de la habilidad de Goliat, el gigante filisteo que venció al ejército de Israel hasta que David lo mató con una honda y una piedra. Goliat peleó basado en su fuerza bruta:

> Salió entonces del campamento de los filisteos un paladín, el cual se llamaba Goliat, de Gat, y tenía de altura seis codos y un palmo. Y traía un casco de bronce en su cabeza, y llevaba una cota de malla; y era el peso de la cota cinco mil siclos de bronce. Sobre sus piernas traía grebas de bronce, y jabalina de bronce entre sus hombros. El asta de su lanza era como un rodillo de telar, y tenía el hierro de su lanza seiscientos siclos de hierro; e iba su escudero delante de él. Y se paró y dio voces a los escuadrones de Israel, diciéndoles: ¿Para qué os habéis puesto en orden de batalla? ¿No soy yo el filisteo, y vosotros los siervos de Saúl? Escoged de entre vosotros un hombre que venga contra mí. Si él pudiere pelear conmigo, y me venciere, nosotros seremos vuestros siervos; y si yo pudiere más que él, y lo venciere, vosotros seréis nuestros siervos y nos serviréis (1 Samuel 17.4-9).

Goliat se deleitaba en su dominio del campo. Desafiaba audazmente a cualquiera, se apoyaba en su supremacía física para vencer. Para él, el poderío era igual a la razón. Para Goliat, la habilidad era un juego que no valía nada. Es cuestión de gladiadores. Existe un ganador y un perdedor. Si tengo una gran habilidad, eso significa que usted no la tiene. Si usted es muy habilidoso, eso significa que yo no lo soy. Si yo lo venzo a usted, entonces usted tendrá que servirme. La habilidad pura, pagana y sin dominio no ha cambiado mucho desde el principio del tiempo. Lo que una vez se medía en cueros cabelludos, hoy se mide en nóminas de pago, cuentas de clientes, y en adquisiciones corporativas.

¿Ha visto usted lo que los niños hacen cuando pasan cerca de una montaña de tierra? Es algo instintivo. Sus ojos se fijan en la montañita. Solo eso se necesita, una mirada y una sonrisa. En un instante el desafío comienza sin ninguna palabra de por medio. La siguiente movida es una carrera hasta la cima, y la arena volando en todas direcciones.

Se apuran para llegar hasta arriba, tratando de ser los primeros en reclamar el título de «rey de la colina». El ganador observa a los otros mientras se esfuerzan en tratar de llegar arriba. Disfruta la victoria de su ascensión a la gloria, pero solo por un momento, porque aquí viene el retador. Él se lanza hacia el rey de la colina, agarrándole una pierna y un brazo. La lucha comienza. El que estaba arriba, pierde el equilibrio y cae cuesta abajo. Rápidamente el retador toma su lugar. Un nuevo rey es coronado.

Nuestro mundo laboral puede ser así, es el mismo juego del rey de la colina. Sea que uno se pase la semana en una ensambladora o en una oficina, para muchos, el trabajo es un juego interminable de luchar para llegar a la cima. Y si solo se gana al destronar a los demás, entonces que así sea.

David Sarnoff no estaba tan lejos de la verdad cuando dijo: «La competencia resulta en mejores productos, pero peores personas». Esos que llegan a la cima duran solo lo suficiente como para convertirse en el blanco del próximo retador que quiere ocuparla. Los que matan a espada, a espada mueren.

Esos son guerreros de la supervivencia empresarial: no desarrollan a las personas, sino que les pasan por encima y tienen que hacerlo, pues así es como sobreviven. Este no es el concepto de habilidad del que queremos hablar, eso es puro salvajismo pagano, solo que ahora se realiza en un campo de negocios más civilizado.

Es cierto, tales gigantes tienen una habilidad sin paralelo. Ellos tienen maestría, dominio. Tienen una reputación por sus proezas, pero su fruto es fundamentalmente destructivo. Sir Max Beerbohm comentaba que «destruir es todavía el instinto más fuerte de nuestra naturaleza». Cuando la habilidad es el único esclavo del ego, el resultado a largo plazo no es el crecimiento, sino la decadencia.

La habilidad es una vela que necesita un timón. Thomas Merton tenía toda la razón cuando dijo: «A menos que desarrollemos una sabiduría moral, espiritual y política que sea proporcionada con nuestra habilidad tecnológica, nuestra habilidad puede acabar con nosotros». Esta última década del legado corporativo de los Estados Unidos es una era de corrupción que señala ese hecho.

UNA PERSPECTIVA BÍBLICA DE LA HABILIDAD

La imagen bíblica de la habilidad es muy diferente. Dios creó la habilidad para que fuera una maestría que principalmente fuera constructiva y creativa. Es el arma del compromiso para el bienestar de los demás, no una competencia dañina. Ralph Waldo Emerson dijo: «El talento en sí mismo es solo chuchería y espectáculo. El talento unido al gozo y encausado a la verdad universal eleva al que lo posee a un nuevo poder como benefactor».

La competencia en sí misma no es mala, la mala competencia es aquella que no tiene ninguna brújula moral. La competencia es la base de la democracia y el capitalismo, ambos la usan para ampliar un bien común. La falta de competencia no es la respuesta. El anterior mundo comunista fue un trágico experimento que probó lo que acabo de decir. Al igual que en la novela de George Orwell *Animal Farm* [*Granja Animal*], en las sociedades comunistas donde todos eran iguales, solo los miembros del partido eran «más iguales» que los demás.[1] La igualdad o lo que llamamos el igualitarismo no termina el juego, solo lo mueve a otro lugar.

La perspectiva de la fe sobre el trabajo no elimina la competencia. Al contrario, Charlie es un competidor. Él está por encima del juego, hace lo mejor que puede. El mejor premio lo motiva. Busca hacer de su negocio lo mejor que éste pueda ser, pero no lo hace como un Goliat. Lo hace como un David, alguien que realiza su llamado en armonía con la bondad de Dios. Alexander Pope enfatizó: «Una misma ambición puede destruir tanto como salvar». Goliat utilizó su fuerza bruta para diezmar a las naciones. David utilizó sus talentos para construir una nación.

La palabra que usa el Antiguo Testamento para *habilidad* surge directamente de la palabra hebrea *saber*, pero no la clase de conocimiento que indica una comprensión superficial de algo. Significa literalmente saber total y meticulosamente algo, es la misma palabra que el Antiguo Testamento usa para describir la intimidad sexual entre un esposo y su esposa: «Y Adán *conoció* a Eva su esposa y ella dio a luz a

Caín» (Génesis 4.1, énfasis del autor). La palabra *habilidad* describe el conocer algo intensa, exhaustiva y enteramente.

La definición bíblica de habilidad, sin embargo, va más allá que el simple conocimiento, por más comprensivo que eso pueda ser. Además de saber algo completamente, la habilidad también implica la capacidad de traducir el conocimiento en algo de gran valor. De acuerdo con la Escritura, una persona habilidosa no es necesariamente alguien que tenga un gran currículum de competencias. Más bien, una persona de habilidad es un individuo que tiene una profundidad de comprensión unida a una capacidad para tomar ese conocimiento y convertirlo en algo de valor significativo. Tal como lo dijo Leo F. Buscaglia: «Su talento es don de Dios para usted.

Lo que usted haga con él, es su regalo para Dios».

La habilidad con frecuencia se asocia con palabras como *destreza* y *trabajo grandioso*. No hay destreza si el producto final no es una obra de arte. La habilidad que es conforme a Dios siempre es creativa. Es constructiva, siempre da y no quita. Da una contribución más allá de sí misma. La definimos de esta manera:

La habilidad es comprender algo totalmente y luego transformar ese conocimiento en creaciones maravillosas y excelentes.

De acuerdo con la Escritura, la habilidad es *saber*, combinado con la capacidad de *hacer*. Es un *conocimiento profundo* en sincronía con *excelentes logros*. La habilidad es la mejor *teoría mezclada* con una *práctica insuperable*. Cuando operamos con una habilidad bíblica genuina en nuestros trabajos y nuestras carreras, las personas literalmente se sorprenden. Aunque no estén seguros de cómo explicar lo que sucedió, se detienen y reflexionan en ello. La habilidad de los seguidores de Cristo es maravillosamente variada.

DIOS Y LA HABILIDAD

Esta clase de habilidad es importante para Dios. Dios se interesa por la habilidad, porque la excelencia es algo fundamental de su ser, es la médula de su carácter. Dios está definido por su santidad y la santidad significa que Dios es perfecto en todas sus áreas. Es su capacidad de excederse a sí mismo lo que lo hace único.

En otras palabras, su excelencia es lo que hace que Dios sea Dios. El Salmo 86.8 dice: «Oh Señor, ninguno hay como tú entre los dioses, ni obras que igualen tus obras». Moisés estaba de acuerdo cuando preguntaba: «¿Qué dios hay en el cielo ni en la tierra que haga obras y proezas como las tuyas? (Deuteronomio 3.24). Él es Dios porque no hay nadie como él, Él es el parámetro. Su nivel de habilidad es su punto de referencia.

Dios supera cualquier cosa buena. Cuando David reflexionó en cómo Dios lo hizo, escribió: «Te alabaré porque formidables, maravillosas son tus obras; estoy maravillado y mi alma lo sabe muy bien» (Salmo 139.14). Ya que Dios es el conocedor de todas las cosas buenas, no puede hacer otra cosa más que deleitarse en sí mismo porque es lo mejor que hay.

LA EXCELENCIA DE DIOS

Apreciar la «excelencia» de Dios es fundamental para comprender el lugar y el valor de la habilidad en el universo que Él creó.

La excelencia de Dios, sin embargo, es más que sólo una ejecución excepcional. No es solamente un desempeño perfecto. La excelencia de Sus habilidades, Sus capacidades y Sus atributos no consiste simplemente en su calidad superior o falta de defecto. La excelencia siempre tiene una dimensión moral. Es la capacidad consumada unida con la belleza moral y la bondad.

Cada una de las acciones de Dios es un consentimiento consiguiente a la bondad. El Salmo 145.17 expresa: «Justo es Jehová en todos sus caminos». Cada aspecto de lo que Él es y cada una de Sus obras, están en perfecta armonía. Son perfectas en su coordinación moral. Todo en Él funciona perfectamente para el bienestar de todo. La habilidad de Dios es la sinfonía cósmica de su amor en acción.

Dios es, por lo tanto, el arquetipo de la habilidad. Su «excelencia» es paradigmática, era fundamental para comprender toda la otra verdad. Esto es especialmente cierto en lo que respecta a cómo pensamos acerca de nuestro trabajo. Dios hizo la creación con un patrón de Su propio carácter, Él es la plantilla por la cual el resto del cosmos fue diseñado. La excelencia de Dios está entretejida en el mundo que nos rodea, usted puede ver eso en cualquier objeto. La creación es una cosa de excelencia, y fue hecha por Dios para que se hiciera con excelencia.

La excelencia en nuestro trabajo es importante porque Dios nos hizo a su imagen. Los seres humanos llevan la *imageo dei* de una manera que el resto de la creación no la posee. Aunque el resto de la naturaleza cumple su papel por un instinto creado, nosotros tenemos una capacidad para apreciar voluntariamente e imitar la excelencia de Dios. Él nos dio la capacidad de escoger hacer nuestro trabajo lo mejor que podamos. Nuestro trabajo se convierte en adoración cuando damos lo mejor de nosotros mismos por el bienestar de los que están a nuestro alrededor.

Un vendedor sale a su territorio; tiene una larga lista de clientes que visitar. El primero lo evita, nuevamente. El segundo está en una reunión, por ende, no está disponible. El vendedor mancha su corbata cuando se le riega el café de camino a su tercera parada del día. Su jefe lo llama por el celular para recordarle su análisis de desempeño la próxima semana. Sería más fácil si él se dedicará a pensar en términos de supervivencia, pero su disco compacto favorito de adoración le recuerda que Dios está allí con él. Así que medita en la excelencia de Dios viendo el cielo azul y las nubes blancas, que le recuerdan que su día de trabajo es parte de una obra mayor de la creación. Es parte del retrato de la gloria de Dios para aquellos con quienes Él se encuentra. El vendedor está motivado para dar lo mejor de sí a Dios. Realiza una contribución a los demás en todo lo que hace: su habilidad para escuchar las necesidades de los clientes, para comunicar soluciones, y su tenacidad dada por Dios para asegurarse de que ellos obtengan lo que necesitan.

Al alinear nuestra voluntad con la excelencia de la voluntad divina, nuestras habilidades se convierten en canales morales para disfrutar a Dios imitando Su excelencia de carácter. Cuando aplicamos la excelencia de la habilidad a una tarea, ya sea un producto o un servicio, estamos obteniendo el material en bruto de la creación y convirtiéndolo en una creación de belleza y asombro inspiradamente divino.

JESÚS Y LA HABILIDAD

Nuestro mayor ejemplo de habilidad se encuentra en la vida que Jesús vivió en esta tierra. Casi nunca vemos a Jesús como un Charlie Dinero, alguien que era un gran triunfador. Nuestra imagen de Él, generalmente, es más modesta, es la de alguien muy manso y dócil. Me refiero al Jesús de la Escuela Dominical, un tipo manso y callado. Las imágenes de Él nunca lo reflejan trabajando. Era un buen carpintero, pero no tanto como para hacer que los otros carpinteros se sintieran mal. Nunca ganaba un salario; regalaba todo lo que hacía; era normal: no era un genio ni tampoco un tonto, era sólo un tipo promedio. Pero, ¿era así?

No, Jesús era la habilidad personificada. Lucas describe que al ir creciendo, Jesús era reconocido por Su sabiduría y Sus habilidades (Lucas 2.40-51). Su trabajo le traía gracia, no sólo para con Dios sino para con los hombres también. En otras palabras, Jesús era respetado, se le reconocía por su capacidad de superarse, y aunque era joven ya tenía una buena reputación.

Mucho antes que empezara su ministerio público, Jesús de Nazaret también era muy talentoso como carpintero. La palabra que se usó para describir a Jesús en Mateo 13.55 y en Marcos 6.3 es la palabra griega *tekton*. Un tekton era alguien que comprendía algo completamente y transformaba ese conocimiento en creaciones maravillosas y excelentes. Un *tekton* podía tomar un pedazo de madera áspero y pasarlo por un proceso de conversión milagrosa. Mucho antes de ser identificado públicamente como el Mesías, Jesús ya era conocido como un artesano habilidoso. *Tekton* representa a alguien que, con poco equipo técnico pero con una gran destreza, podía hacer algo bello con casi nada. No, este Jesús no era un debilucho endeble. El verdadero Jesús era un experto en Su arte.[2]

El compromiso de Jesús con la excelencia le siguió hasta su ministerio en la edad adulta. Él sanó casos que ningún otro médico había podido curar. Era persuasivo, dominaba las discusiones con los fariseos y los maestros de la ley. Él no era incauto. Caminaba rápido. Silenciaba a aquellos que intentaban ponerle trampas o meterlo en problemas.

Jesús era un comunicador consumado. Mantenía la atención de las multitudes. También era un maestro experto. En poco más de dos años, logró transformar a un montón de pescadores en líderes que hicieron que uno de los imperios más grandes de la historia los escuchara. Prácticamente no hubo nada que Jesús hiciera durante sus poco más de tres años en Su ministerio de tiempo completo que no demostrara gran habilidad.

¿Por qué Cristo enfatizaba la excelencia de la habilidad? No fue por qué era un perfeccionista, ni tampoco porque deseaba dominar el mercado de la carpintería de Nazaret. Tampoco lo fue porque quería probar su capacidad. Cristo dio lo mejor de sí por una razón, para Él todo tenía que ver con su relación espiritual con Dios. Al final de su vida, oró: «Yo te he glorificado en la tierra: he acabado la obra que tú me diste que hiciese» (Juan 17.4). Cristo sobresalió en Su obra para glorificar al Dios que lo envió.

EL BALLET DIVINO DE LA HABILIDAD

Hace varios años, como parte de una investigación que estaba haciendo, conseguí estar en una cirugía de corazón. Después de esterilizarme, entré al cuarto de operación, me senté y observé cómo se concretaba una habilidad de manera coreográfica. Era un ballet de destreza médica, con personas alternando en coordinación fluida por parte de todo el equipo: dos cirujanos, un anestesista, una enfermera y el operador de la máquina para el corazón y los pulmones. Todos conocían su arte y trabajaban juntos en gran sincronización para reparar el corazón enfermo del paciente. Aunque el cirujano cardiovascular estaba a cargo, todo el grupo trabajaba como si no hubiera jefe.

Había una economía de esfuerzo y conversación que irradiaba una eficiencia discreta entre esos que estaban al lado del paciente. La conversación era sobre cosas normales que uno esperaría de personas que se conocen bien en ambos ámbitos, el profesional y el personal: cómo iban los niños, donde serían las próximas vacaciones, y las últimas noticias del hospital. Pero los datos médicos relacionados con el paciente y el procedimiento superaban cualquier otra conversación, al punto de interrumpir una descripción sobre la saga de ayer de la llanta desinflada en la autopista de regreso a casa.

A Dios le gusta trabajar de esa forma en coordinación con nuestra habilidad. Él desea que nuestra habilidad sea un ballet divinamente coreografiado, con todos dando lo mejor de sí, y siguiendo a Dios como el líder bailarín. Él desea que sea algo de belleza, no de tensión. Él diseñó el trabajo para bien, no sólo para obtener resultados. Él nos dio nuestra habilidad para ser usada para su gloria, no para la nuestra.

A Dios le importa la habilidad, y por eso debería importarnos a nosotros también. Charlie Cristiano se preocupa por su habilidad, porque la excelencia en sus habilidades es una extensión de su relación espiritual con su Creador. Él no se puede satisfacer con la mediocridad y aun así seguir trabajando de todo corazón para Dios. Él no puede solamente «ir pasándola» y aun así glorificar a Dios en todo lo que hace. Charlie se interesa en la excelencia de Dios, esa es la razón por la cual adora a su Dios. Por lo tanto, Charlie busca la excelencia. Para él, la habilidad no es una necesidad empresarial sino un imperativo espiritual.

CAPÍTULO 4

DIOS ES IMPORTANTE PARA LA HABILIDAD

NADA HAGO APARTE DE MI PADRE.
—UN CARPINTERO DE NAZARET

Si usted viajó a la Europa oriental cuando se encontraba bajo el comunismo, una de las experiencias culturales más extrañas para un occidental era ir a una tienda por departamentos estilo soviético. La más famosa de ellas se encontraba cerca de la Plaza Roja de Moscú, la gigantesca tienda por departamentos GUM. Era una gran tienda de color gris que ocupaba toda una cuadra, parecida a una tienda Sears o J.C. Penney.

Las vitrinas no eran diferentes a las de las tiendas estadounidenses. Los maniquíes obligatorios estaban allí de pie, en sus posiciones rigor mortis, vestidos y completamente llenos de accesorios, como se esperaría. Los colores eran un poco opacos, como si el sol hubiera causado eso, pero en realidad así eran hechos. El estilo de la ropa era un poquito anticuada también, como la que veía en un programa de televisión de hace quince años. Uno sentía como si hubiera entrado en una cápsula del tiempo y viajado al pasado.

Dentro de la tienda: artículos domésticos, de ferretería, zapatos, moda, etc. En contraste con Estados Unidos, toda la mercancía se encontraba detrás de los mostradores y era vigilada por «babushkas», mujeres rusas ancianas que tenían la presencia física de jugadores de fútbol americano. Si uno se atrevía a tocar algo, se ponían como locas. Le perseguían con sus brazos en el aire, mientras gritaban en un lenguaje incomprensible por sobrepasar sus dominios. Uno nunca cometería ese mismo error dos veces; lo digo por experiencia.

Mientras buscaba en la sección de deportes, usted hubiera podido ver las escaleras eléctricas en la parte de atrás de la tienda. Al acercarse, usted habría notado que las personas subían y bajaban caminando sobre las escaleras eléctricas, porque raras veces se movían: siempre estaban descompuestas. En realidad parecían más un conjunto de escaleras de metal que una escalera eléctrica. En un edificio como ese, una tienda de departamentos, sólo servían para una cosa: para hacer ejercicio.

Afortunadamente, una escalera funciona con o sin motor. Usted puede escalarla por sí mismo si tiene que hacerlo. Es mucho más productivo, sin embargo, cuando funciona en la manera en que ha sido diseñada. Lo mismo sucede con la habilidad.

Todos tienen una habilidad dada por Dios. Los talentos y las habilidades son dados a los creyentes y a los incrédulos de la misma forma. Es más, las habilidades pueden funcionar hasta cierto grado aunque se mantengan aisladas de su creador. Sin embargo, eso no significa que su creador es irrelevante para su uso. Tal como la habilidad es importante para Dios, Dios es vitalmente importante para la habilidad.

La habilidad sin Dios nunca logra su mayor potencial humano. Puede muy bien ser un éxito resonante en términos mundanos, pero su obra nunca tendrá la misma sustancia espiritual para la que fue creada. Para los seguidores de Cristo, implementar la habilidad incluye una dimensión adicional que no está disponible para los hombres y las mujeres que escogen vivir por sí mismos. Además de la habilidad dada por Dios con la que todos nacimos, Dios mismo camina con sus discípulos para agudizar y multiplicar de manera activa la aplicación de sus habilidades.

La *vida en el trabajo* centrada en Dios debe poner en práctica esa habilidad de una forma distinta que los incrédulos. Una vida total que integra su fe con su trabajo involucrará a Dios en el uso de sus habilidades. Tal como lo muestra la Escritura, cuando traemos a Dios a nuestras vidas cada semana, el testimonio de nuestro trabajo tendrá más de las huellas de Dios en él.

LA HABILIDAD DE DIOS VERSUS LA HABILIDAD DEL HOMBRE

El debut de David en el escenario público fue una muestra de habilidad tan asombrosa que el joven pastor se transformó instantáneamente en el legendario guerrero de una nación. La epopeya de David y Goliat es la historia común de un matón, su provocación pagana al nombre de Dios, la inactividad del pueblo de Dios, y la iniciativa espontánea de un desconocido. El clímax del drama, no obstante, fue la habilidad de David al hacer que una piedrita golpeara el lugar exacto de la sien de Goliat, con la suficiente velocidad para causar que el gigante cayera al suelo de frente.

Usted puede preguntarse: ¿Qué tiene que ver Dios con eso?

Cualquier hijo de granjero que sea digno del pan que se come, puede lanzar una roca. ¿Quién necesita a Dios para hacer eso? Quizás tenga razón... si tuviera todo el día... y una gran cantidad de rocas... y el ogro estuviera allí hasta que usted le pegara en el lugar exacto. Por otro lado, si usted sólo tiene una roca, y quiere matar a un gigante asesino, *y* vivir para contarlo... bien, en ese caso, lo que tiene que hacer es orar.

Usted conoce la historia. Por varios días, el pueblo de Israel se había acobardado, «se turbaron y tuvieron gran miedo» (1 Samuel 17.11).

Cada vez que Goliat salía, «huían de su presencia y tenían gran temor» (v. 24). Sin embargo, la crisis se acabó en un instante: Goliat perdió su cabeza, David se convirtió en héroe y los israelitas vencieron a los filisteos.

En medio del drama casi se pierde un diálogo pequeño entre Goliat y David, antes de que los filisteos bajaran. Hasta ese momento, el único que hablaba era Goliat diciendo: «Hoy yo he desafiado al campamento de Israel; dadme un hombre que pelee conmigo» (v. 10). Pero con un discurso digno de una batalla, David rompe el silencio conspicuo de los israelitas con un claro manifiesto:

> Entonces dijo David al filisteo: Tú vienes a mí con espada y lanza y jabalina; mas yo vengo a ti en el nombre de Jehová de los ejércitos, el Dios de los escuadrones de Israel, a quien tú has provocado. Jehová te entregará hoy en mi mano, y yo te venceré, y te cortaré la cabeza, y daré los cuerpos de los filisteos a las aves del cielo y a las bestias de la tierra; y toda la tierra sabrá que hay Dios en Israel. Y sabrá toda esta congregación que Jehová no salva con espada y con lanza; porque de Jehová es la batalla, y él os entregará en nuestras manos (1 Samuel 17.45-47).

Los miembros de la audiencia del campo de batalla con seguridad tenían diferentes reacciones a ese discurso de David. Goliat se mostró reacio cuando vio que quien lo retaba era alguien de tan bajo calibre, o más bien de ningún calibre militar. La mayoría del ejército filisteo probablemente estaban divirtiéndose con el espectáculo. Los hermanos de David se sentían avergonzados. Los que estaban a su lado seguramente cerraron sus ojos. *Usted no quiere ver eso, créame. Va a ser una escena horrible.*

Lo que Goliat percibía como un concurso de habilidad entre esos soldados, David lo comprendía como una asociación de la acción habilitada de un individuo y del poder de Dios que realiza las cosas. Junto a su honda, David tenía un arma secreta aun más significativa: su dependencia de Dios.

El concepto de David del papel de Dios en el uso de su habilidad es claro por lo que le dijo a Goliat. Goliat batallaba solo: «Tú vienes a mí con espada y lanza y jabalina» (v. 45). Lo único que tenía era su capacidad física y las herramientas de guerra. David se tenía a sí mismo, su honda y *a Su Dios:* «yo vengo a ti en el nombre de Jehová de los ejércitos, el Dios de los escuadrones de Israel». Para David, el papel de Dios era crucial en el resultado de la batalla. Él continuó diciendo: «Jehová te entregará hoy en mi mano... y toda la tierra sabrá que hay Dios en Israel». David llevaba una honda, pero su confianza estaba en Dios. Él declaró: «Jehová no salva con espada y con lanza; porque de Jehová es la batalla, y él os entregará en nuestras manos».

Esto sintetiza la «filosofía de la habilidad» de David, la que Goliat, desgraciadamente, tuvo poco tiempo para meditar: «Tú tienes lo tuyo, y yo tengo lo mío, pero yo tengo a Dios y tú no. Por lo tanto morirás». Goliat tenía *habilidad,* mientras que David tenía la *habilidad de Dios,* y así distinguimos entre la pura habilidad en sí, que está disponible para todos, y la clase de habilidad que se convierte en una sociedad desarrollada totalmente entre un individuo y Dios.

La habilidad de Dios se basa no primordialmente en las habilidades de una persona, sino en la capacidad de su Dios. Es cuestión no solamente del uso, sino de la dependencia. David y Goliat tenían habilidades innatas. Ambos tenían acceso al mismo tipo de arsenal, ambos habían sido entrenados en sus armas especiales y habían aprendido a usar la fuerza que tenían. La diferencia era que Goliat confiaba en sí mismo, mientras que la fe principal de David radicaba en Dios.

LA HABILIDAD DEL ESPÍRITU SANTO

El Espíritu de Dios tiene un papel especial en relación con nuestras capacidades. Cuando venimos a la fe, Él nos da uno o más papeles especiales (1 Pedro 4.10). Estas habilidades facultadas por Dios se llaman comúnmente *dones espirituales.* Una diversa gama de dones se mencionan en el Nuevo Testamento (Romanos 12.6-8; 1 Corintios 12.8-10, 28-30; Efesios 4.11). El enfoque de estas capacidades divinamente bendecidas es edificar a la iglesia local, la comunidad de los creyentes donde vivimos (Efesios 4.12). Dios describe nuestro papel en la iglesia como si fueran diferentes partes del cuerpo humano (1 Corintios 12). Cada parte, sea un dedo, un oído, un diente, un ojo o un brazo, tiene una función significativa en la salud y el crecimiento del cuerpo. Unirse y utilizar sus habilidades y dones especiales en la iglesia es un aspecto importante de una vida cristiana madura.

También tenemos talentos que Dios nos dio al nacer. ¿Qué es lo que usted hace mejor? ¿Se relaciona bien con las personas? ¿Es usted creativo? ¿Es bueno con las manos? ¿Es usted un líder? ¿Es bueno sirviendo a los demás? Con frecuencia consideramos esas cosas como algo insignificante en nuestra relación con Dios. Esta es una conclusión errónea que tiene trágicas consecuencias para muchos cristianos que desechan su inversión en el trabajo porque lo ven como algo que no es «espiritual». Se supone comúnmente, que como los incrédulos tienen talentos innatos al igual que los cristianos, Dios no se relaciona con estas habilidades que son la médula de nuestras vidas. Muchos de nosotros que hemos venido a Cristo creemos que nuestras áreas fuertes no son importantes para Dios.

El Espíritu Santo, sin embargo, está igualmente involucrado en crear y darnos esas habilidades, que en darnos los dones «espirituales» cuando nos convertimos (Salmo 104.30). En el Salmo 139 David se maravilla de cómo el Espíritu «me hiciste en el vientre de mi madre» (v.13). Estos talentos y dones son partes de la misma imagen de Dios dentro de nosotros (Génesis 1.26). ¿Cómo entonces, estas habilidades que usamos en el trabajo pueden ser consideradas menos espirituales y menos conectadas con el Espíritu Santo? De hecho, nuestra habilidad innata no es menos espiritual que nuestros dones espirituales. Ambos son capacidades dadas por Dios. Dios desea que traigamos todo nuestro ser como un sacrificio vivo para adorarle a Él (Romanos 12.1-2).

LA HABILIDAD DE DIOS EN EL TRABAJO

El Espíritu Santo está igualmente involucrado en ayudar a los creyentes en el trabajo y en la iglesia. Dios no es irrelevante a nuestras habilidades innatas. Más bien, para aquellos de la familia de la fe, Él desea venir con nosotros a la oficina y hacer que nuestras capacidades tengan Su presencia habilitante.

La relación de Dios con nuestras habilidades no es algo nuevo, lo vemos en todo el Antiguo Testamento. La instrucción de Dios para Moisés acerca de la construcción de un tabernáculo es sólo un ejemplo de cómo Dios se unía a las habilidades del trabajo de una persona. Luego de haberle dado a Moisés los Diez Mandamientos, Dios mantuvo al profeta en el monte Sinaí para instruirlo, primeramente acerca del mobiliario del tabernáculo: «Haz el tabernáculo de diez cortinas de lino torcido, azul, púrpura y carmesí; y lo harás con querubines de obra primorosa» (Éxodo 26.1). Pocos versículos después: «también harás un velo de azul, púrpura, carmesí y lino torcido; será hecho de obra primorosa, con querubines» (Éxodo 26.31). La habilidad era importante para Dios. Sus especificaciones para el trabajo eran exactas. Este era un proyecto certificado por la Organización Internacional de Parámetros.

Luego, el enfoque cambia al uniforme de los sacerdotes: «Y tú hablarás a todos los sabios de corazón, a quienes yo he llenado de espíritu de sabiduría, para que hagan las vestiduras de Aarón, para consagrarle para que sea mi sacerdote» (Éxodo 28.3). «Harás asimismo el pectoral del juicio de obra primorosa» (Éxodo 28.15). La habilidad que Dios está buscando es una que Él ha dado, viene de Él. Él nos pide que usemos los dones que originalmente nos dio *para Él*.

Pero la referencia más fascinante es aquella en la cual Dios identifica de manera específica a los artesanos que necesita para el proyecto:

«Habló Jehová a Moisés, diciendo: Mira, yo he llamado por nombre a Bezaleel hijo de Uri, hijo de Hur, de la tribu de Judá; y lo he *llenado del Espíritu de Dios*, en *sabiduría y en inteligencia, en ciencia y en todo arte*, para inventar diseños, para trabajar en oro, en plata y en bronce, y en artificio de piedras para engastarlas, y en artificio de madera; para trabajar en toda clase de labor. Y he aquí que yo he puesto con él a Aholiab hijo de Ahisamac, de la tribu de Dan; y *he puesto sabiduría en el ánimo de todo sabio de corazón*, para que hagan todo lo que te he mandado; el tabernáculo de reunión, el arca del testimonio, el propiciatorio que está sobre ella, y todos los utensilios del tabernáculo» (Éxodo 31.1-7, énfasis del autor).

Bezaleel no fue solo escogido específicamente por Dios para realizar una tarea, sino que también fue lleno del Espíritu Santo para esa asignación.

De acuerdo con la Escritura, Bezaleel fue señalado personalmente por Dios. Después fue lleno con el Espíritu Santo específicamente como un suplemento a su habilidad de artesano y con el propósito de hacer su tarea. No solamente ordena Dios la mejor habilidad, ni solamente viene de Él, sino que Su Espíritu continúa capacitando al individuo de manera sobrenatural.

Moisés luego confirmó esa combinación de habilidad y del Espíritu de Dios cuando anunció la designación de Bezaleel a la nación de Israel en Éxodo 35.

«Y dijo Moisés a los hijos de Israel: Mirad, Jehová ha nombrado a Bezaleel hijo de Uri, hijo de Hur, de la tribu de Judá; y lo ha *llenado del Espíritu de Dios*, en sabiduría, en inteligencia, en ciencia y en todo arte, para proyectar diseños, para *trabajar* en oro, en plata y en bronce, y en la talla de piedras de engaste, y en obra de madera, para *trabajar* en toda labor ingeniosa» (Salmo 35.30-33 énfasis del autor).

Pero Bezaleel estaba lejos de ser extraordinario. En un punto más adelante, Moisés estaba teniendo dificultades en sus actividades como líder del pueblo de Dios. Él no tenía tiempo para juzgar las disputas de la nación de Israel. Así que Dios hizo que Moisés designara a setenta ancianos para que le ayudaran en esa tarea. Dios les dio su Santo Espíritu a cada uno de ellos para que llevaran a cabo sus responsabilidades.

> Entonces Jehová dijo a Moisés: «Reúneme setenta varones de los ancianos de Israel, que tú sabes que son ancianos del pueblo y sus principales; y tráelos a la puerta del tabernáculo de reunión, y esperen allí contigo. Y yo descenderé y hablaré allí contigo, y *tomaré del espíritu que está en ti, y pondré en ellos*; y llevarán contigo la carga del pueblo, y no la llevarás tú solo» (Números 11.16-17, énfasis del autor).

En el libro de Jueces, se mencionan una lista de líderes que fueron ayudados por el Espíritu Santo para hacer una tarea específica:

- Otoniel: Y el Espíritu de Jehová vino sobre él, y juzgó a Israel, y salió a batalla, y Jehová entregó en su mano a Cusan-risataim rey de Siria, y prevaleció su mano contra Cusan-risataim (3.10).
- Gedeón: Entonces el Espíritu de Jehová vino sobre Gedeón, y cuando éste tocó el cuerno, los abiezeritas se reunieron con él (6.34).
- Jefté: Y el Espíritu de Jehová vino sobre Jefté; y pasó por Galaad y Manasés, y de allí pasó a Mizpa de Galaad, y de Mizpa de Galaad pasó a los hijos de Amón (11.29).

Y en el primer libro de Samuel:
- David: «Y Samuel tomó el cuerno del aceite, y lo ungió en medio de sus hermanos; y desde aquel día en adelante el Espíritu de Jehová vino sobre David. Se levantó luego Samuel, y se volvió a Ramá» (16.13).

En el Nuevo Testamento, los discípulos recibieron la tarea de llevar el evangelio a todo el mundo. Esa Gran Comisión fue vinculada específicamente con la venida del Espíritu Santo para ayudarles a realizar esa tarea: «Pero recibiréis poder, cuando haya venido sobre vosotros el Espíritu Santo, y me seréis testigos en Jerusalén, en toda Judea, en Samaria, y hasta lo último de la tierra».

No podemos tener una habilidad de Dios sin la ayuda del Espíritu Santo. El Santo Espíritu tiene un papel indispensable en elevar nuestro nivel de habilidad para realizar esta tarea a la cual nos ha llamado. La habilidad común y la habilidad de Dios no son lo mismo.

LA MARAVILLOSA HABILIDAD DE DIOS EN ACCIÓN

La Escritura está llena de relatos de hombres y mujeres que muestran la habilidad de Dios en su rutina diaria. Algunas veces se manifiesta de manera sutil y discreta, en otras, esa habilidad dada por Dios es llamativa y dramática, provocando una reacción inmediata y visceral de los que la observaban.

JOSÉ

Además de esclavo, José era un extranjero en Egipto, con un mal historial. Sin embargo, aunque era prisionero, la habilidad que Dios le dio sobresalió. Él predijo correctamente el destino de dos de sus compañeros de celda. Después, el que quedó con vida de los dos le dijo al faraón que José podía interpretar sueños. El faraón había llamado a sus magos y sabios para determinar qué significaban dos sueños perturbadores que tuvo. Ninguno pudo explicarle el sueño, así que algo desesperado, sacó a José del calabozo; lo hizo darse un baño, rasurarse y cambiarse de ropa, para después traerlo ante su presencia.

Desde el principio José le aclaró al faraón que él no podía interpretar los sueños por sí mismo. Él le explicó humildemente: «Respondió José a Faraón, diciendo: No está en mí; Dios será el que dé respuesta propicia a Faraón» (Génesis 41.16). Habiendo dicho eso, José no solo le dio un recuento completo de todo lo que el faraón había visto en su visión sino que le recomendó qué hacer al respecto. Después se quedó allí en silencio y todos en el palacio esperaron con aprehensión la respuesta del faraón. Ésta no hubiera podido ser más decisiva:

> El asunto pareció bien a Faraón y a sus siervos, y dijo Faraón a sus siervos: ¿Acaso hallaremos a otro hombre como éste, en quien esté el espíritu de Dios? Y dijo Faraón a José: Pues que Dios te ha hecho saber todo esto, no hay entendido ni sabio como tú. Tú estarás sobre mi casa, y por tu palabra se gobernará todo mi pueblo; solamente en el trono seré yo mayor que tú. Dijo además Faraón a José: He aquí yo te he puesto sobre toda la tierra de Egipto. Entonces Faraón quitó su anillo de su mano, y lo puso en la mano de José, y lo hizo vestir de ropas de lino finísimo, y puso un collar de oro en su cuello; y lo hizo subir en su segundo carro, y pregonaron delante de él: ¡Doblad la rodilla!; y lo puso sobre toda la tierra de Egipto (Génesis 41.37-43).

La habilidad de Dios en José era sabia, exacta y sensible. Al permitirle a Dios que lo capacitara, la vida de José transformó a Egipto y salvó a su propio pueblo de inanición.

SANSÓN

Dios decide usar gente imperfecta, esa es la gloria de Su gracia. Esa es mi esperanza y la suya. Sansón era un individuo lleno de defectos, aunque desgraciadamente para él, sus defectos eran públicos y al final fueron fatales. Sin embargo, eso no detuvo a Dios para usarlo poderosamente.

Dios había seleccionado a Sansón como uno de los jueces de Israel durante la época de la muerte de Josué y la designación del primer rey Saúl. El Espíritu Santo capacitó a Sansón, dándole una fuerza física poco común. La Escritura dice acerca de Sansón que

«...Jehová lo bendijo. Y el Espíritu de Jehová comenzó a manifestarse en él...» (Jueces 13.24-25). Dios había decidido que la fuerza de Sansón sería simbolizada por medio del largo de su cabello, un hecho que solo sus padres y él sabían. Solo una vez le cortaron su cabellera: cuando Sansón le reveló el secreto de su fuerza a una prostituta llamada Dalila. Ella se convirtió en su verdugo. Dalila compartió esta información con los enemigos filisteos de Sansón, quienes una noche vinieron mientras él dormía y le cortaron su cabellera. Cuando se despertó, se dio cuenta que no tenía fuerza. Lo capturaron, le sacaron los ojos y lo metieron a la cárcel.

Mientras se encontraba en cautividad, el cabello de Sansón volvió a crecer. Aparentemente los filisteos olvidaban rápido ya que no recordaron en qué radicaba el secreto de su fuerza.

Un día, se estaba realizando una celebración en el Templo de Dagón. El edificio estaba lleno de gobernantes de la asamblea filistea y otros tres mil espectadores en el techo. Como parte de las festividades, el ciego Sansón fue traído para entretener a la multitud a manera de burla. Sansón le pidió a un niño que lo llevara hasta donde estaban unos pilares del templo. Mientras se apoyaba en las enormes columnas, oró a Dios: «Señor Jehová, acuérdate ahora de mí, y fortaléceme, te ruego, solamente esta vez, oh Dios, para que de una vez tome venganza de los filisteos por mis dos ojos» (Jueces 16.28). Para el deleite y luego el terror de los que estaban observando, Sansón rompió los pilares. Todos murieron instantáneamente y la Escritura registra el siguiente epitafio: «Los que mató al morir fueron muchos más que los que había matado durante su vida» (versículo 30). Sansón por sí mismo era impotente, pero cuando se apoyaba en Dios, la habilidad que Él le dio era espectacular.

SALOMÓN

Salomón tenía un gran saco que llenar siendo el hijo y el sucesor del rey David. David sabía bien cómo gobernar, él había tenido éxito uniendo las partes divididas de la nación de Israel en un solo reino. David había puesto un parámetro muy alto para cualquiera que quisiera ser rey. ¿Cómo se mantiene un legado así?

Salomón comprendía la importancia que tenía un rey para el bienestar de una nación, por eso desde el primer momento le pidió específicamente a Dios un «corazón entendido para juzgar a tu pueblo, y para discernir entre lo bueno y lo malo» (1 Reyes 3.9). Una vez que enfrentaba un desafío desalentador, le pidió ayuda a Dios. La petición no fue hecha en público; fue en la oscuridad de la noche, una interacción privada entre un nuevo rey y su Dios. Dios respondió su oración.

Casi inmediatamente Salomón tuvo la oportunidad de demostrar lo que Dios le había prometido. Dos prostitutas llegaron a él, diciendo que eran la madre de un niño recién nacido. Ambas habían dado a luz recientemente, pero uno de los infantes había muerto, ahora ambas contendían diciendo que el niño que estaba vivo era el suyo.

Las dos mujeres presentaron sus casos, lo cual se convirtió en un problema difícil para Salomón pues cada una de ellas se mostraba apasionada y firme diciendo que el niño le pertenecía. Entonces Salomón pidió una espada. Su solución, les dijo, era cortar al niño a la mitad y darle a cada una de ellas una de las mitades. La verdadera madre del niño no resistió pensar en que su hijo moriría por lo que le pidió al rey que se lo diera a la otra mujer. Salomón discernió hábilmente los verdaderos motivos de cada una de ellas y le dio el niño a la verdadera madre.

¿Cuál fue la reacción del pueblo al ver cómo el rey Salomón mostró su sabiduría? «Y todo Israel oyó aquel juicio que había dado el rey; y temieron al rey, porque vieron que había en él sabiduría de Dios para juzgar» (1 Reyes 3.28). La sabiduría de Salomón era asombrosa.

JESÚS

El Dios Hombre evidenciaba la habilidad de Dios doquiera que fuera. Un día las autoridades espirituales, tratando de ponerle una trampa, vinieron a Él y le preguntaron si debían pagarle impuestos al César. Él respondió:

> «Mostradme la moneda. ¿De quién tiene la imagen y la inscripción? Y respondiendo dijeron: De César.
>
> Entonces, les dijo: Pues dad a César lo que es de César, y a Dios lo que es de Dios. Y no pudieron sorprenderle en palabra alguna delante del pueblo, sino que *maravillados* de su respuesta, callaron» (Lucas 20.24-26, énfasis del autor).

La habilidad de Dios en Jesús era increíble.

La habilidad es algo maravilloso de observar por sí sola, la habilidad de Dios, es aun más resplandeciente. En diferentes momentos y en varias situaciones, la habilidad es sabia, exacta, espectacular, asombrosa, efectiva, increíble y maravillosa.

LA HABILIDAD DE DIOS EN LA PRÁCTICA

Como seguidores de Cristo, tenemos a nuestra disposición todo el poder y la sabiduría de Dios mismo. Él nos ha dado Su Espíritu Santo para que viva y trabaje en y a través de nosotros. Él desea que llevemos nuestro nivel de habilidad a alturas que de otra forma sería imposible alcanzar. Debemos confiar en Él. Es nuestra decisión pedir Su ayuda, no trate de subir la escalera por sus propios medios; háblele a su Creador, use su habilidad cómo Él la diseñó.

Es su decisión ceder sus habilidades a Dios o continuar trabajando por sí mismo. Su habilidad es importante para Dios, y de la misma manera, Dios es importante para su habilidad. La próxima vez que usted, al igual que David, enfrente a un gigante en el trabajo, intente orar algo como esto:

Señor, te necesito. Creo que estás aquí conmigo en la batalla. Ayúdame, por favor, a vencer esto. Te agradezco que no tenga que enfrentarlo solo ni con mis recursos limitados. Guíame para usar mis habilidades lo mejor posible. Tú eres mi Dios, confío en ti. Me rindo a tu voluntad, y te entrego el control de esta situación a ti pues no lo pudo hacer por mí mismo. Necesito que bendigas y capacites mi esfuerzo. Gracias por la ayuda de tu Espíritu Santo y por escuchar mi oración. Amén.

CAPÍTULO 5

DESCUBRA SU GRANDEZA

YO HAGO LO QUE SOY. PARA ESO VINE.
—GERARD MANLEY HOPKINS

Andrew Clemens con seguridad no es su candidato más probable para el salón de la fama de la grandeza. Nació en Estados Unidos en 1857 y era descendiente de una familia alemana indigente. Sus padres habían huido de la pobreza de su madre tierra sólo para encontrar que la dificultad los seguía también allí como refugiados. En esa época, la vida de un inmigrante era lo peor, ya que tenían que hacer cualquier clase de trabajo con tal de poder alimentar a sus hijos.

Sin embargo, el padre de Andrew tuvo suerte al correr del tiempo. Logró encontrar la oportunidad de abrir un taller de carretas en McGregor, Iowa, un pueblo del río Misisipi por donde las personas pasaban en su viaje hacia el oeste. Grandes cantidades de pioneros llegaron a McGregor, donde descansaban y compraban más suministros para continuar su viaje. Construir carretas para cumplir la demanda del público le dio a la familia Clemens la forma de entrar al Nuevo Mundo. Quizás ahora sus hijos podrían crecer y les iría bien. Quizás pudieran obtener una educación y tener una vida que sus padres nunca tuvieron. Al menos, ese era el sueño que tenían.

Sin embargo, para el pequeño Andrew Clemens, esa esperanza quedó truncada cuando a los cinco años le dio la «fiebre del cerebro», lo que conocemos actualmente como encefalitis. La encefalitis es extremadamente peligrosa aun en la actualidad, y era peor en esos tiempos. Andrew casi se muere, pero apenas se salvó. Trágicamente, la fiebre lo dejó sordo de ambos oídos, por lo que eventualmente se atrofió su habla, y también quedó mudo.

Si la vida era difícil para los inmigrantes en el siglo dieciocho, lo era aun más para aquellos que tenían impedimentos físicos. Los niños sordomudos tenían muy poco futuro. Si tenían suerte, quizás podrían pasarse la vida mendigando, o en el mejor de los casos, haciendo algún trabajo manual. No necesito agregar que Andrew no estaba calificado para ser algún día un famoso hombre de Iowa.

Andrew creció jugando en las montañas de Old Man River. Un día encontró un acantilado que tenía capas de arena de hermosos colores. Se guardó un poco de esa arena en su bolsillo y se fue a su casa. Más tarde empezó a jugar con la arena, metiéndola en botellas y usando los colores para hacer diseños. A la gente les gustaban sus botellas coloridas llenas de arena, y pronto era tanto el pedido de ellas que se convirtió en su trabajo de tiempo completo. Entre más botellas hacía, mejor le salían. Poco a poco empezó a crear imágenes exquisitamente detalladas: paisajes elaborados, barcos, trenes y hasta retratos. Clemens se hizo famoso por su trabajo. Recibió pedidos de Inglaterra y de otros lugares del continente, incluso venían personas desde Europa para observarlo trabajar.

Clemens había inventado por sí mismo una nueva forma de arte: arte con arena. No usaba ninguna pintura, ni brocha, ni pegamento, sólo algunos instrumentos de madera y los coloridos granos de arena. Las botellas victorianas que utilizaba tenían la parte de arriba de manera convexa y la parte de abajo en forma cóncava, lo que significaba que creaba sus obras de arte no sólo para ser vistas desde la parte de afuera del vidrio, sino también que podrían verse desde la capa superior. El peso de la arena compactada era lo que sostenía la imagen en su lugar.

Poder ver una de las pocas botellas de arena de Andrew Clemens que sobreviven, es una verdadera maravilla. Cada una parece una pintura en miniatura, exquisitamente detallada. Sus colores son reales, con una profundidad y una luz creada por una sombra sutil.

Al final, la historia de Andrew Clemens no se trata realmente de sus limitaciones como un hijo de inmigrantes pobres o de la trágica suerte de alguien sordomudo, sino la lección del genio descubierto y desarrollado. Clemens trabajó con lo que Dios le había dado: manos diestras, una mente creativa, botellas desechadas y arena común de un río cercano. Esos fueron sus ingredientes sencillos para hacer algo de magnificencia.

Si usted va al museo histórico de Iowa y ve la colección de arte de Andrew Clemens, no dudará que fue un hombre que descubrió su grandeza. El hecho de que *no* había mucho más que pudiera hacer, no importaba, porque encontró lo que él hacía mejor que cualquier otra persona. Este es un hombre que cumplió el propósito con el que fue creado. Ralph Waldo Emerson dijo: «Cada hombre tiene su propia vocación; su talento es su llamado. Existe una dirección donde todo el espacio está abierto para él». Clemens encontró la puerta que tenía su nombre y al pasar por ella descubrió todo un nuevo mundo de posibilidades.

¿Cómo se logra eso? ¿Cómo averiguar lo que Dios hizo para usted? ¿Cómo puede descubrir y desarrollar sus dones únicos dados por Dios en medio de las realidades difíciles de la vida y a pesar de sus limitaciones personales? Usted nunca experimentará la *vida en el trabajo* que Dios creó para usted hasta que responda a la pregunta: ¿cuál es mi grandeza innata?

EDICIÓN LIMITADA

Al igual que Andrew Clemens, usted fue creado para la grandeza. Cuando Dios lo creó, tenía algo en mente diseñado para que usted hiciera. Él lo puso dentro de usted. David meditaba en cómo lo hizo Dios cuando escribió: «Te alabaré; porque formidables, maravillosas son tus obras» (Salmo 139.14). ¿Cómo fue usted creado «maravillosamente»? ¿Cuál fue el diseño increíble que Dios entretejió en lo más profundo de su ser? De la misma forma en que Andrew Clemens colocaba cuidadosamente los granos de arena para crear una imagen, Dios colocó meticulosamente en su interior cada parte de la grandeza diseñada para usted.

En la creación Dios sopla algo especial en cada uno de nosotros. Él nos crea para reflejar un poco de la maravilla de lo que Él es. No somos dioses, pero según el primer capítulo de Génesis fuimos hechos a la imagen de Dios:

> Entonces dijo Dios: Hagamos al hombre a nuestra imagen, conforme a nuestra semejanza; y señoree en los peces del mar, en las aves de los cielos, en las bestias, en toda la tierra, y en todo animal que se arrastra sobre la tierra. Y creó Dios al hombre a su imagen, a imagen de Dios lo creó; varón y hembra los creó (Génesis 1.26-27).

Eso es lo que nos hace únicos. Somos espejos, aunque espejos rotos, de la imagen de Dios. Eso es lo que nos hace ser personas y no animales. La imagen de Dios se ve, al menos parcialmente, en nuestra capacidad dada por Dios para trabajar en la tierra. David decía que llevamos las huellas de Dios, eso es lo que me hace especial. Hay un dicho estadounidense que dice: «Usted es completamente único, igual que los demás».

Esa unicidad varía en cada uno de nosotros. Al igual que nuestras huellas dactilares, ninguno de nosotros puede trabajar de la misma manera. Tenemos diferentes diseños. Esto incluye nuestra personalidad, nuestro conjunto de habilidades y nuestras habilidades motivadoras. Algunos le llaman a esto nuestra «forma». Es el perfil de quienes somos, nuestros planos. Usted ha sido programado de manera innata para hacer su mejor trabajo con un estilo particular. Si desea encontrar su grandeza creada, siga su diseño.

LA LECCIÓN DE LA GRANDEZA DE DAVID

David fue creado para ser un asesino de gigantes. Dios lo creó para tomar grandes retos que nadie más quería aceptar. Cuando le tocó luchar contra Goliat, la sabiduría convencional le dijo que un asesino de gigantes se semejaba a un soldado fuertemente armado. Se puso una gran armadura, un casco muy pesado, tomó consigo un enorme escudo y una pesada espada. Esta era la expectativa que Saúl tenía de David:

> Añadió David: Jehová, que me ha librado de las garras del león y de las garras del oso, él también me librará de la mano de este filisteo. Y dijo Saúl a David: Ve, y Jehová esté contigo.
>
> Y Saúl vistió a David con sus ropas, y puso sobre su cabeza un casco de bronce, y le armó de coraza.
>
> Y ciñó David su espada sobre sus vestidos, y probó a andar, porque nunca había hecho la prueba. Y dijo David a Saúl: Yo no puedo andar con esto, porque nunca lo practiqué. Y David echó de sí aquellas cosas (1 Samuel 17.37-39).

David echó a un lado las expectativas de lo que los demás creían que él debería ser y se dio la libertad para ser lo que Dios quería que fuera. David supo lo que estaba diseñado para hacer. Él sabía para qué era bueno y para qué no. Él no era bueno para cargar una armadura pesada, era pequeño. Por otro lado, sabía que era muy habilidoso con una honda y una piedra. David sabía que no podía hacer lo que Dios quería que hiciera usando la armadura de alguien más, ése no era él. Uno no puede mover libremente el brazo dentro de una armadura de acero. Fue hasta que se dio a sí mismo la libertad para ser lo que Dios había creado en él, que encontró su grandeza.

Usted no puede usar la armadura de otra persona tampoco. Debe encontrar lo que le queda bien a usted. Llega un momento en cada una de nuestras vidas cuando debemos hacer a un lado las expectativas de los demás, la presión de los padres, de los compañeros y de la sociedad, para poder descubrir quiénes fuimos creados para ser realmente. Si no lo hacemos, seremos aplastados.

La madre de Jenny era una neurocirujana muy conocida. El plan era que Jenny estudiara en la escuela de medicina y que un día se encargara del trabajo de su madre. Era un acuerdo no expresado, a Jenny le gustaba pensar en la aprobación de su mamá, y a ésta le agradaba el orgullo que sentía al saber que su hija seguiría sus pasos. Jenny se esforzó en el bachillerato para sacar buenas notas, y también logró entrar en una buena universidad; la de su mamá. Ésta estaba muy complacida.

Los estudios de Jenny eran extenuantes. Su curso de bioquímica era uno de los más difíciles, pero Jenny dedicó largas horas para poder superarlo. Casi no tenía tiempo para otra cosa más que no fueran sus estudios, sabía lo costoso que era estar en la escuela de medicina. Jenny luchaba a veces con la falta de motivación para continuar, pero como sabía que iba por el camino correcto, seguía esforzándose.

Después vinieron los exámenes especiales. Por un año Jenny tomó varios cursos de preparación, además de sus otras horas de clases. Descansó cuando supo que sus notas salieron bien. No obstante, tenía que entrar en la mejor escuela para poder cumplir el sueño de ella y de su mamá. Durante varios cursos de verano ella había realizado las prácticas correctas. Su madre la había ayudado a conseguir las referencias necesarias debido a sus conexiones. Todo valió la pena cuando la carta de aceptación llegó.

Ella pensó que lo había logrado. Finalmente estaba estudiando para ser una neurocirujana, tal como su mamá. Pero después, casi terminando su primer año en la escuela de medicina, se dio cuenta de algo. Tenía enfrente un gran muro: agotamiento, depresión, ansiedad. No tenía nada más por qué continuar. Se detuvo. Tuvo que tomar un tiempo de ausencia pues estaba devastada. Nunca podría ser una neurocirujana. Sin embargo esa no era la tragedia, la verdadera tragedia era que desperdició varios años usando la armadura de alguien más. Esa carga tan ajena a ella la desgastó. Ella no había descubierto para qué había sido hecha, porque nunca se había planteado esa pregunta.

David sabía que la armadura de alguien más no le quedaría a él. También conocía la grandeza que Dios le había dado. Conocía su punto fuerte. Dios ha depositado, intrínsecamente, Sus huellas creativas en el alma, en nuestro ser interno. Pero ¿cómo descubrimos lo que es? ¿Cómo descubrimos dónde se encuentra nuestra grandeza? La respuesta yace en la ingeniería inversa.

INGENIERÍA INVERSA

¿Qué es ingeniería inversa?, se preguntará. Es cuando usted comienza con un producto final y deduce los pasos que lo hicieron llegar allí, hasta descubrir su diseño original.

Uno de los triunfos más grandes de la ingeniería inversa ocurrió durante la Segunda Guerra Mundial. Según la tradición, el elemento decisivo que llevó a la victoria en Europa fue la invasión definitiva en el exitoso día D. El día D nunca habría tenido éxito si no hubiera sido por una victoria anterior y menos conocida: la Operación Enigma.

La batalla del Atlántico era un esfuerzo alemán para hundir los barcos ingleses y estadounidenses que traían suministros para volver a conquistar a Europa. Al principio de la guerra, los submarinos alemanes acabaron con los barcos aliados interceptando las comunicaciones del enemigo que se daban por radio. Si los aliados no podían hacer que sus fuerzas y sus suministros llegaran a través del Atlántico, no retomarían el continente.

Enigma fue el esfuerzo aliado para descubrir el código de las máquinas de descodificación alemanas, una batalla que se peleó secretamente en un edificio inglés llamado Bletchey Park. Dentro de sus paredes de piedra, los criptógrafos trabajaban para descodificar las claves de radio alemán. Su mejor momento fue cuando recibieron varios manuales y partes de máquinas alemanas de códigos que habían sido confiscadas a barcos alemanes.

Su desafío era invertir la ingeniería del proceso de codificación, usando las partes que tenían con ellos para reconstruir los mensajes de radio originales. Trabajando a la inversa, los aliados rompieron el diseño de la máquina codificadora alemana, lo que les permitió entender las señales de tráfico alemán. Gracias a esas intercepciones los aliados pudieron encontrar las posiciones de los submarinos alemanes. Con esta información, los convoys de barcos de suministros de los Estados Unidos que eran tan vitales para la guerra aliada pudieron evadir a los alemanes. Esta victoria en la batalla del Atlántico fue posible gracias a la descodificación del enigma y fue crucial para el éxito de la invasión del día D.

Nosotros enfrentamos un desafío de ingeniería inversa similar. Dios no nos puso en este mundo con una etiqueta en nuestras frentes que dice: «artista» o «vendedor» o «maestro». Parte de la gran aventura de la vida es que Dios nos permite descubrir por nosotros mismos en qué somos mejores. Al igual que la Operación Enigma, descubrir quién es usted requiere analizar las partes de la máquina.

Aunque existen muchos aspectos de quiénes somos como individuos, deseo referirme a dos factores especialmente significativos para descubrir nuestros «puntos fuertes». Nuestro punto de grandeza generalmente se encuentra en la intersección de lo que nos gusta y para lo que somos buenos. La grandeza requiere de ambas cosas:

deseo y destreza. La aspiración sin la capacidad no lleva a ningún lugar. Por otro lado, el talento sin la motivación tampoco lo hará superarse. La grandeza es una amalgama de los dos.

TALENTO

El punto obvio para empezar es en lo que usted hace bien. ¿Qué es eso? Descubrir en lo que somos buenos, toma tiempo. Lo que usted debe buscar no es una respuesta como: «Soy bueno para las ventas». Más bien, busque las cosas que lo *hacen* bueno para las ventas: la comunicación, las conexiones, las relaciones con las personas, etc. Todas estas son pistas que pintan un retrato, y ese retrato no es un trabajo específico, sino un retrato compuesto de un conjunto de habilidades.

Los descodificadores trabajan tomando un mensaje que debe ser descifrado y buscan los patrones. De manera similar, necesitamos analizar los episodios más grandes de nuestra vida laboral y buscar denominadores comunes reconocibles. Deje de leer por un momento y busque los mejores instrumentos para descubrir su grandeza: un lápiz y una hoja.

Haga una lista de cada empleo o asignación que ha tenido que hacer. Vuelva a leer la lista y analice cada posición. ¿Qué aprendió sobre usted con cada uno de ellos? En cada uno de sus trabajos, ¿en qué se destacaba? Escriba esas observaciones acerca de sus puntos fuertes en una segunda columna al lado de cada trabajo. Finalmente, pregúntese qué fue lo que tuvo que hacer en lo cual no era bueno. Escriba los puntos débiles de esos episodios en una tercera columna. Ahora escriba un párrafo resumiendo su lista.

«Me gusta trabajar en...»

«Soy bueno para...»

«Sé que no soy bueno para...»

Al llenar los espacios en blanco con su experiencia, surgirá una imagen general. Su historia le mostrará un patrón, ese patrón es su conjunto de habilidades, es el paquete especial de activos que Dios le ha dado.

Hay una mentalidad progresiva que ha estado impidiendo que nos desarrollemos en la vida y en el trabajo en los últimos años. Esa mentalidad es la que dice que podemos ser buenos en cualquier cosa, y la manera de lograrlo es simplemente asignando energía a cualquiera de las áreas débiles para que se hagan fuertes. El problema es que eso nunca funciona. En realidad, lo mejor que se puede hacer es descubrir nuestros puntos fuertes y optimizarlos en cada una de las áreas de nuestra vida. Este romance de ser súper, sobrenaturalmente competente, deja a la mayoría de los trabajadores sintiendo que sus áreas fuertes no se ajustan a su vida diaria y laboral.

Un estudio reciente de la compañía Gallop reveló que «sólo el 20% de los empleados que trabajan en organizaciones grandes sienten que sus áreas fuertes son utilizadas cada día. Lo más extraño de todo es que entre más tiempo se mantiene un empleado dentro de una organización y entre más alto sube la escalera tradicional, es menos probable que se sienta que está utilizando sus puntos fuertes».[1]

PASIÓN

Ser bueno en algo no es suficiente para impulsar su grandeza, se necesita también la pasión. Bob Biehl dice que a la larga las personas hacen lo que *quieren* hacer. Se necesita ese «querer». ¿Qué quiere hacer? Biehl tiene razón: si usted hace lo que quiere, llegará temprano y se irá tarde. Por otro lado, si su empleo es algo que no quiere hacer, llegará tarde y se irá temprano. Usted no puede pasar por alto sus deseos viscerales, son parte de ese diseño que Dios le ha dado junto con los talentos y las habilidades.

Doug era un remolino con la gente. No tuvo que aprender cómo acercarse a las personas ya que era competente inconscientemente en esa área. En todo caso, lo que tenía que aprender era cómo controlar ese deseo social. La gente le daba energía a Doug, él descubrió cuál era su pasión.

Regrese a su historial laboral, a leer renglón por renglón la experiencia de su vida laboral. ¿Hubo algo que detestaba? Si es así, táchelo porque usted no desea volver allí otra vez, ¿o sí? Las malas experiencias laborales no son un desperdicio porque ofrecen la oportunidad de aprender una lección valiosa. Le ayudan a descubrir lo que *no* quiere hacer. Tal como lo dijo Henry Ford: «El fracaso es la oportunidad para comenzar de nuevo, de manera más inteligente». Cuando usted le dice hasta la vista a un empleo, deténgase un momento a identificar lo que no le gusta de esa posición. ¿Qué es lo que no quiere hacer de nuevo? ¿Qué es lo que sólo puede tolerar en pequeñas dosis? ¿Qué es lo que debería evitar a toda costa? Las respuestas a estas preguntas proveen una información benéfica. No es sabio colocarse en un empleo en el que esté destinado a fracasar. Ahora puede añadir otra oración a su párrafo:

«Sé que necesito evitar empleos que involucren...»

Saber lo que se debe evitar es un discernimiento que no tiene precio. Le ahorrará devolverse cuando llegué a caminos sin salida. Saber a qué decir no, es tan crítico como saber a lo que se debe decir que sí.

Estudie su pasado una vez más. Esta vez, busque los empleos que le encantaban y enciérrelos en un círculo. Ahora pregúntese qué era lo que le gustaba de ellos. ¿Qué lo desafiaba? ¿Qué hacía que su corazón latiera? ¿Qué lo emocionaba? Coloque estas respuestas en otra oración en su párrafo:

«Me atraen los trabajos que involucran...»

Lo que usted ha hecho en el papel es un mosaico de lo que hace muy bien y de lo que le gusta hacer. Estas son sus habilidades motivadoras. Ampliar sus habilidades motivadoras es la clave para descubrir su grandeza. John Ruskin lo dijo aun mejor: «Cuando el amor y la habilidad trabajan unidos, espere una obra de arte».

¿APRENDIZ DE TODO O MAESTRO DE NADA?

Existen dos errores básicos que las personas cometen en relación a la grandeza. Una es creer que uno es grande en todo. Si usted piensa que es bueno en todo, está equivocado. Estoy seguro que conoce a ese tipo de personas: tienen que hacerlo todo, y no pueden delegar porque piensan que pueden hacerlo mejor que cualquiera que ellos conozcan. En equipo, ellos le quitarán su papel justo de las manos, o al menos le dirán cómo *piensan* que se debe hacer. Lo hacen todo para probar algo. Para ellos, cualquier cosa que sea menor a una ejecución sin errores significa un fracaso, y no pueden tolerarlo. Realmente creen que son muy buenos en todo. Si usted es de esas personas... le tengo noticias: no es cierto. Pero está bien; usted no tiene que serlo. Dios nunca nos diseñó para ser sobrenaturalmente competentes. Eso le pertenece a Él.

El problema con tratar de ser un «aprendiz de todo» es que se dispersa demasiado y su impacto es muy pequeño. Tal como lo observó Malcom Bane: «Si espera hasta que pueda hacerlo todo para los demás, en lugar de hacer algo para alguien, terminará sin hacer nada para nadie». Usted se desgasta haciendo cosas para las que nunca fue creado.

¿Ha hecho alguna vez el pan de la pizza? La harina puede ser extendida hasta cierto punto o si no se le harán hoyos. Si está intentando hacerlo todo, también tendrá hoyos. Su bienestar sufre cuando intenta hacer algo para lo que usted no fue creado. Probablemente estará tan ocupado que no verá los hoyos, pero le garantizo que sus compañeros de trabajo y su familia saben cuáles son. Sólo pregúnteles, ellos son los que vienen detrás de usted, tapándolos.

Solamente Dios es sobrenaturalmente competente. Si Dios nos hiciera buenos en todo, no nos necesitaríamos. Saber que uno no es bueno en algo es tan crucial como saber cuáles son nuestros puntos fuertes. Los fracasos pueden dar grandes dividendos si aprendemos sus lecciones.

Usted es bueno en *algo*. Para descubrir en qué, necesita realizar un proceso de eliminación. Para ser realista, necesita reducir la lista; usted nunca será grande si no estrecha su blanco. Aun aquellos que saben mucho no son igualmente grandes en todas las iniciativas o tareas.

Otros tienen un problema diferente, no creen ser buenos en algo. Son maestros de nada. Creen la mentira de que no son especiales. No tengo grandeza, sólo soy un tipo promedio. Esta mentalidad simplista muestra la falta de comprensión propia. Dios nos ha dado un trabajo que creó específicamente para nosotros. «Cada llamado», decía Oliver Wendell Homes, «es grande si se busca en gran manera». Todos traemos una faceta única de la imagen de Dios en nosotros, es la huella de nuestro Hacedor. No existe tal cosa como un ser humano hecho en serie. Cada uno de nosotros está hecho con un diseño específico de Dios, pero la mentira de Satanás es que no somos nada, él quiere que no identifiquemos nuestra grandeza.

Warren Buffet, el legendario inversionista billonario, se estaba dirigiendo a unos estudiantes universitarios. Ellos querían saber cuál era la clave de su éxito: «Si existe una diferencia entre ustedes y yo», les dijo, «puede ser simplemente que cada mañana al levantarme tengo la oportunidad de hacer lo que me encanta. Si ustedes quieren aprender algo de mí, este es el mejor consejo que les puedo dar».[5]

ALINEACIÓN CORRECTA

Sin embargo, no es suficiente sólo saber cuáles son sus habilidades motivadoras. La grandeza se manifiesta únicamente cuando usted encuentra un trabajo que encaja con su molde. Al igual que cada persona tiene un conjunto definido de habilidades motivadoras, cada empleo tiene un conjunto de habilidades requeridas. Cada posición tiene un conjunto de habilidades que son vitales para su ejecución. No importa si usted es el director ejecutivo de Wal-Mart, un cajero en un autoservicio de Taco Bell, o la niñera de un chico de cinco años. Cada empleo tiene un requisito vital de habilidad.

Descubrir su grandeza surge al ampliar al máximo la alineación entre su molde y su empleo. Cuando mi conjunto de habilidades se combina con las habilidades vitales de mi empleo, me encuentro en mi ritmo del mundo laboral. Cuanto más lejos estén los requisitos del empleo de mis habilidades motivadoras principales, mayor será el agotamiento del esfuerzo extra necesario para trabajar en lo que no me gusta hacer. El desgaste es la consecuencia involuntaria de alguien que tiene muchos trabajos que hacer, para los cuales no fue creado.

Si usted no es bueno con los números y de pronto tiene que dedicarse a responsabilidades financieras de contabilidad, la satisfacción de su empleo bajará. Si no es bueno para vender, pero su empleo lo requiere, más adelante descubrirá que está agotado emocionalmente al esforzarse en sus debilidades.

Por otro lado, si hay mucho de lo que usted es que no se utiliza en su trabajo, terminará aburriéndose. Las personas que se aburren en su trabajo buscan una válvula de escape para su pasión a través de sus aficiones. Cuando usted ve que alguien pasa tanto tiempo en las ligas menores como el que pasa en su trabajo, es muy probable que esté compensando por una labor en la que encaja mal. Tristemente, tal como lo comentó Henry Louis Mencken: «La persona promedio obtiene su salario a través de situaciones tan deprimentes que el aburrimiento se convierte en un estado natural en ella».

Los clubes, los grupos comunitarios y las iglesias están llenos de voluntarios que están buscando una válvula de escape porque encajan mal en el trabajo.

Lo mejor para encajar en el trabajo viene de descubrir su grandeza y trabajar con ella. Eso fue lo que David hizo:

Y tomó su cayado en su mano, y escogió cinco piedras lisas del arroyo, y las puso en el saco pastoril, en el zurrón que traía, y tomó su honda en su mano, y se fue hacia el filisteo... Y metiendo David su mano en la bolsa, tomó de allí una piedra, y la tiró con la honda, e hirió al filisteo en la frente; y la piedra quedó clavada en la frente, y cayó sobre su rostro en tierra (1 Samuel 17.40, 49).

Cuando David lanzó la piedra a la frente de Goliat, estaba ejercitando su grandeza *y* la grandeza de su Dios. La ejecución perfecta de David no se dio de la noche a la mañana. Fue el producto de todas sus experiencias lo que lo preparó. David fue probado y desarrollado como pastor. En los campos, trabajando como pastor, aprendió de sí mismo, de sus habilidades, de las que no tenía, de lo que le gustaba, y de lo que no. Es más, practicaba y depuraba sus habilidades. David pudo matar a Goliat porque ya había pasado dos pruebas matando a un oso y a un león.

Peter Druker tenía toda la razón cuando dijo que uno debe desarrollar su vida en las áreas fuertes. Para hacer eso se tiene que saber en qué se es muy bueno. John Gardner explicaba que «el dominio no es algo que se da en un instante, como un trueno, sino más bien un poder que se mueve de manera estable a través del tiempo, como el clima». La clave para no ahogarse en el océano de las posibilidades es delimitar la costa de sus capacidades.

DÉ EN EL BLANCO

Los pelícanos no son las aves más hermosas que existen. Sus pequeñas cabezas no son proporcionales a sus grandes picos o a sus flojas gargantas. No tienen plumas particularmente coloridas. Tienen patas cortas y palmeadas.

Caminan balanceándose de un lado para el otro. Parece como si fueran perezosos, generalmente se les ve encima de un poste.

Una cosa que un pelícano sabe hacer, sin embargo, es pescar. En eso son muy buenos, conocen lo que buscan, y saben cómo atraparlo.

Se remontan en el aire, abren sus largas alas para ganar altitud. Al igual que el helicóptero, se puede escuchar la compresión del aire mientras trata de encontrar el viento que lo ayude a planear y a seguir la corriente. De pronto, cuando ve alimento en potencia, se deja venir con toda su fuerza, como apoyándose en sólo un ala.

Las alas se retraen en cuanto se va acercando al agua. Y ahora en caída libre, todo su cuerpo acelera como un misil guiado por sus ojos, directo hacia su presa. Más cerca... más cerca... y se zambulle. En el último instante antes del impacto, abre su gran pico y recoge su próxima comida.

Antes de que el agua vuelva a la calma, el pelícano sube engullendo su comida como si nada hubiera pasado.

Sin embargo, un incidente este verano en Arizona, demostró para que no son buenos los pelícanos. Ellos no fueron diseñados para hacer hoyos en el asfalto. Alrededor de treinta de estas aves sufrieron graves heridas o murieron, cuando desafortunadamente intentaron clavados en el camino asfaltado. El alimento era escaso en la costa oeste, y los pelícanos empezaron a volar hacia el este, buscando qué comer. Al llegar a Arizona, se confundieron al ver los caminos calientes como si fueran agua, los resultados fueron trágicos. Los pelícanos no fueron hechos para hacer clavados en las autopistas.

Al igual que esos pelícanos, muchos de nosotros estamos desorientados en nuestras carreras. Nos encontramos desbaratados en una autopista, preguntándonos contra qué golpeamos. Los cristianos deben mostrar la excelencia en la habilidad, en eso estamos de acuerdo. Pero, al igual que los pelícanos, usted no puede hacer eso si está trabajando fuera de su elemento. Encontrar el lugar exacto comienza con una evaluación. Significa descubrir su grandeza. Pero usted no puede olvidar la alineación. Tiene que encontrar el mejor lugar para entregar lo que usted tiene que ofrecer. ¿Para qué fue *hecho* usted?

EL LLAMADO EN EL TRABAJO

LAS PERSONAS DE FE DEBEN EXPERIMENTAR EL LLAMADO EN SUS TRABAJOS

El llamado, en su totalidad, es un concepto demasiado bueno para ser cierto, al menos y hasta que Jesús entra en la conversación. Cuando Él llama, lo hace con gran precisión. No solamente sabe lo que se necesita para lograrlo y cómo la tarea combina con los límites eternos, sino que también conoce a quien está llamando, porque diseñó a esa persona específicamente para que siguiera ese llamado. Al igual que un servicio de empleos gigante en el cielo, Jesús acomoda a sus hijos con las tareas del reino.

Jesús no nos pide que hagamos algo para lo cual no fuimos capacitados. ¿Por qué habría de crearnos incorrectamente para cumplir una misión para la cual no estamos preparados? Es cierto que Jesús a veces nos pide hacer tareas que no son muy agradables. Daniel fue preparado para ser el administrador principal de muchos reyes. Eran reyes crueles y paganos y él era un prisionero en una tierra extranjera. Si hubiera podido, probablemente habría cambiado su posición por algo de libertad.

El llamado no necesita ser un misterio de toda la vida. Dios tuvo la intención desde el principio de revelar sus planes y deseos en nosotros de manera específica. Si hay algo que debería sonar bien en el mundo actual es esto: el trabajo puede tener un propósito eterno y nuestras vidas pueden tener total significado a través de la labor que hacemos.

EL LLAMADO

*es la invitación personal de Dios
para que yo trabaje en Su plan,
usando los talentos que se me han dado
en formas que son eternamente significativas.*

CAPÍTULO 6

¿LLAMADO POR QUIÉN Y PARA QUÉ?

USTED NO ESTÁ AQUÍ SÓLO PARA GANAR UN SALARIO... ESTÁ AQUÍ PARA ENRIQUECER EL MUNDO, Y SE EMPOBRECERÁ A SÍ MISMO SI OLVIDA CUÁL ES SU TAREA.

—WOODROW WILSON

Yo había terminado de hablar y ahora era momento para las preguntas y las respuestas. Una mujer levantó su mano y preguntó: «Entonces, ¿cómo sabe uno cuando ha sido llamado a su trabajo?»

De pronto, todo el lugar se quedó en silencio, todas las conversaciones se detuvieron. Las personas dejaron de escribir y miraron hacia el frente. Los que se iban para sus próximas citas, hicieron una pausa. Todos estaban escuchando.

«Quiero decir», continuó ella diciendo, «¿existe una forma certera de saber que uno está haciendo lo que realmente vale la pena y es lo más satisfactorio?»

Esta no era una reunión de iglesia, no era un retiro de ministros, ni era una conferencia cristiana. Era una reunión en Detroit de los ingenieros de diseño de una de las tres compañías más grandes de automóviles. Todos, hasta los incrédulos, sienten que hay algo específico que deberían hacer con sus vidas y se preocupan profundamente de no fracasar en encontrar sus destinos.

En verdad no estábamos seguros de cómo contestar. ¿Cómo se explica un concepto bíblico a una audiencia tan diversa? El llamado es un término divino que surge de la Escritura. Es una palabra que Jesús utiliza para describir la comunicación entre Él y sus seguidores acerca de lo que deben hacer en la vida. Para ser «llamado» usted tiene que conocer a Dios y escucharlo cuando le habla.

No es difícil comprender por qué el concepto del llamado sale a relucir tan frecuentemente. Si estuviéramos practicando nuestros llamados, estaríamos haciendo exactamente las cosas para las que fuimos diseñados. Encajaríamos perfectamente con nuestro trabajo. ¿A quién no le gustaría eso?

Sin embargo, cuando una revista de negocios secular presenta una historia sobre llamado, no hay mucha ayuda que pueda ofrecer a sus lectores. El llamado no es estar en contacto con uno mismo, es dejar que Dios le toque.

Yo no determino mi llamado realizando una cumbre personal intelectual.

Determino mi llamado escuchando a mi Dios que me entrena a través de la senda del trabajo que desea que yo haga.

DOS CLASES DE LLAMADO EN LA ESCRITURA

El llamado, en la forma más fácil de explicarlo, es la expresión de un propósito mayor. En las corrientes temporales transitorias, el llamado nos atrae a lo eterno. Más allá de Dios, no podemos movernos. El llamado constantemente nos recuerda que nuestras vidas son más importantes que nuestros endebles egos. En la Biblia, el llamado es doble: Dios llama a cada persona hacia Sí mismo, hacia la salvación y luego llama a esa persona hacia su trabajo como parte de la divina agenda de Dios.

Cuando el apóstol Pablo escribió en Romanos 8.28 que cada seguidor de Cristo es «llamado según su propósito», estaba explicando nuestra adopción a la familia de Dios. Hemos sido, literalmente, salvados. Extraemos nuestra vida de la vida eterna de Dios. Pero cuando Dios le dice a Jeremías:

«Antes que nacieses te di por profeta a las naciones» (Jeremías 1.5) vemos que el llamado es una asignación de trabajo específica. Dios tenía un trabajo para que Jeremías lo hiciera. La Escritura registra muchos ejemplos de Dios llamando a las personas para trabajos específicos: Moisés, Pablo, Isaías, Nehemías, Josías, Juan el Bautista, Eliseo y Esteban por nombrar algunos.

El llamado, entonces, es tanto general como específico. Nuestro llamado a la vida, según las palabras de Os Guiness, significa que «todo lo que somos, todo lo que hacemos, y todo lo que tenemos se invierte con una devoción específica, un dinamismo, y una dirección logrados como una respuesta a Su llamado y al servicio».[1] El llamado abarca todo lo que significa ser un humano. En palabras de la Madre Teresa: «Muchas personas confunden el trabajo con la vocación. Nuestra vocación es el amor de Jesús». Ella tenía razón. Nuestro primer llamado es hacia una relación con Él; sin embargo, la relación se da en el contexto de nuestro segundo llamado, el trabajo que Él diseñó para que lo hiciéramos como una ofrenda de amor para Él.

Ignorar cualquiera de esos llamados es un error.

La Biblia incluye muchos versículos que hablan del llamado conectado con nuestro trabajo. La mayoría no tiene nada que ver con una vocación cristiana de tiempo completo. La mayoría se refiere al llamado de Dios a los negocios: joyería, hacer zanjas, construir caminos, cuidar enfermos, tomar nota como un escriba, tocar música, pastorear, gobernar un reino. Dios nos llama también a diseñar sitios en la Internet, a decidir casos en un juicio, a entregar fotocopiadoras.

EL LLAMADO DEFINIDO

Mi padre (Thomas Addington) es un hombre llamado. Él vive una vida tan significativa como los demás. Aun como pensionado, trabaja incansablemente en un proyecto que cree que Dios desea que él termine. Esta asignación actual es la evidencia más reciente del llamado obvio de Dios en su vida de más de setenta años.

Cuando era joven y acababa de terminar el seminario, él y mi madre estaban convencidos de que querían ser misioneros. Cuando la organización misionera le dijo que lo que realmente necesitaban era doctores, él se inscribió en la escuela de medicina.

Llegó a Hong Kong en 1960 y abrió una clínica ambulatoria. Debido a la gran cantidad de refugiados de China, el departamento médico de Hong Kong le pidió que construyera un hospital. El hospital Evangel, comenzó en 1965 y hasta el día de hoy, provee un excelente cuidado médico sin importar si el paciente no puede pagar.

Cuando se dio cuenta que se necesitaba un cirujano en el hospital y no había alguien disponible, mi padre completó su residencia en cirugía general.

Más tarde en su carrera, cuando regresó a los Estados Unidos, siguió siendo cirujano con el mismo llamado y fue el jefe de los cirujanos y jefe del personal de un gran hospital en Saint Paul.

El camino del llamado del doctor Gordon Addington no siempre fue derecho. No se mantuvo en la misma carrera toda su vida. Sus asignaciones incluían diferentes geografías en diferentes partes del globo. Trabajó en contextos seculares y cristo céntricos. Durante su vida, sus pagos venían a veces de organizaciones misioneras, de una iglesia, de una práctica privada de cirugía y del hospital. Tuvo empleos como pastor, cirujano y líder organizacional. Tiene títulos en ingeniería civil, divinidad, teología y medicina. La lista podría continuar sólo para confirmar y enfatizar lo que las personas que conocen a mi padre dicen con respecto de él: Es un hombre profundamente consciente de su llamado. Aunque su carrera tuvo dificultades y desviaciones, nunca perdió el claro sentido de su llamado.

¿Cuál es la definición de la Escritura acerca del llamado? ¿Qué significa ser llamado? El llamado es:

*Una invitación personal de Dios para que trabaje en Su
plan, usando los talentos que se me han dado en formas que
son eternamente significativas.*

Ser llamado significa que sé que lo que estoy haciendo es lo que
Dios quiere que haga. Dios nos llama a un trabajo específico en
cualquier momento.

Cuando Pablo les hablaba a los filósofos de Atenas, fue muy claro en decir que Dios tenía un plan preciso para las vidas de los individuos: «Y de una sangre ha hecho todo el linaje de los hombres,
para que habiten sobre toda la faz de la tierra; y les ha *prefijado el
orden de los tiempos, y los límites de su habitación*» (Hechos 17.26,
énfasis del autor). Dios me diseñó para hacer algo para Él.

Somos hombres y mujeres que damos asesorías, trabajamos en
bancos, manejamos camiones, somos plomeros, cirujanos, padres de
tiempo completo, maestros, pastores y otra gran cantidad de cosas.
Dios llama a los individuos a toda clase de carreras. El factor común
que todos compartimos es quién nos llamó.

Anclados a una realidad eterna, somos libres de ver nuestro trabajo desde una perspectiva que va más allá del cambio constante de
los negocios diarios. Al mismo tiempo, no estamos «por encima de
todo», exentos o sin ningún desafío puesto por las realidades siempre
cambiantes del mundo del trabajo ante nosotros, aunque ese trabajo
sea algo temporal. Dios nos permite entrar en la refriega. Plantamos
semillas eternas en el terreno de lo diario. Nuestro trabajo involucra
la implementación de la agenda de Dios en la historia.

Cuando nos damos cuenta de la idea y la magnitud del llamado de Dios, nos sentimos menos tentados a definir el éxito como
una promoción al piso más alto o unas vacaciones en los Alpes sui-
zos. Hemos sido llamados en nuestro trabajo a realidades más
alcanzables, superiores, a una realización más profunda y a un significado sostenido.

CARRERA VERSUS LLAMADO

La palabra *carrera* viene de dos antiguas raíces francesas de «carro» y «círculo». La imagen es la de un individuo que empuja un carrito en un círculo interminable: la rutina de la vida. El llamado no es una vida rutinaria, el llamado es la imagen de un movimiento lineal. Es un llamar, un venir y luego una comisión para ser enviado a una diligencia. La imagen aquí no es algo circular e interminable, sino más bien una flecha que señala hacia fuera con una dirección significativa. La diferencia entre la carrera y el llamado es la diferencia entre la misión y la actividad. El llamado es ser libre para ser lo que se supone que debo ser, para hacer precisamente lo que se supone que debo hacer para Dios, una asignación con valor eterno.

Entretanto que tenga dudas acerca de mi llamado, me preguntaré si estoy haciendo lo que se supone que debo estar haciendo. Mi cónyuge me escuchará haciendo comentarios como: «No lo sé, hay algo que me falta en el trabajo» o «Me pregunto si debería buscar otro trabajo» o «Me pregunto si hay algo allá afuera que sería mejor para mí» o «Apenas puedo aguantarme para pensionarme y poder...» o «Me gustaría estar más contento con mi situación laboral». Si no conozco mi llamado, mi vida laboral no tendrá satisfacción.

Más importante aun, si no practico mi llamado, comprometo mi capacidad para contribuir al propósito mayor de Dios con mi vida laboral y mi carrera.

Cuando a la postre Pablo dice: «Porque a la verdad David, habiendo servido a su propia generación según la voluntad de Dios» (Hechos 13.36), es claro que Dios tenía un propósito bien definido para la vida laboral de David.

DIFERENCIAS ENTRE EL PROPÓSITO, EL LLAMADO Y EL SIGNIFICADO

El concepto bíblico del llamado es confuso si no comprendemos la diferencia y la conexión entre el llamado, el propósito y el significado. No son lo mismo, pero están muy relacionados.

1. PROPÓSITO

El propósito en la Escritura es sinónimo de diseño soberano de Dios, Su perspectiva completa la historia. Es lo que Él logra. Muy pocos hombres en la Biblia supieron exactamente cuál era Su propósito durante sus vidas.

Algunos de los profetas lo supieron, al menos hasta cierto punto. Nosotros podemos conocer el propósito de Dios sólo si Él decide revelárnoslo.

Mi trabajo no es una decisión arbitraria que no puede marcar una diferencia. Su objetivo principal no es solamente traer comida a la casa y proveer una pensión cómoda. Es cierto que las cuentas deben ser pagadas, pero debe haber algo más en el trabajo que la supervivencia. Mi llamado en el trabajo, individual, personal, "justo para mí" es parte de la agenda de Dios en la historia; literalmente soy parte del plan de Dios.

Debemos servir al propósito de Dios, sea lo que sea, aunque no conozcamos todos los detalles. Esto es lo que sí sabemos:

- Dios opera en un plan maestro, aunque a veces no nos diga cuál es.
- Dios nos capacita específicamente como cristianos a cada uno de nosotros dentro del amplio funcionamiento de Su plan global.
- Servimos a Su propósito a través de la fe al seguir Su llamado sobre nuestras vidas conforme nuestro mejor entendimiento de éste.

Como cristianos, sabemos que nuestro trabajo tiene un propósito porque estamos sirviendo a Dios, cuyo objetivo es mayor que el nuestro. Al ver al cielo nocturno al final del día y al saber que nuestro trabajo y nuestras vidas son parte de un plan mayor nos da un gozo interno y una satisfacción que nadie más puede dar.

2. LLAMADO

Si el propósito es algo a lo que tengo que servir, el llamado es algo que necesito discernir. El llamado es lo que hago de manera individual para encajar en el propósito de Dios. Ya que soy «llamado según Su propósito», es imperativo que descubra exactamente cuál es mi llamado. Según Efesios: «En él asimismo tuvimos herencia, habiendo sido predestinados conforme al propósito del que hace todas las cosas según el designio de su voluntad» (1.11). Dios nos llama a servir de una forma que sea congruente con la manera en que nos ha diseñado. Descubrir mi llamado es aprender cómo me diseñó Dios para servirle.

3. SIGNIFICADO

El propósito de Dios es algo a lo que sirvo. Mi llamado es algo que conozco. El significado es algo que disfruto. Si practico correctamente mi llamado, experimentaré ese increíble sentido de significado en el trabajo que sólo Dios puede proveer. El significado es un fruto; es la paz y la satisfacción de saber que mi trabajo concuerda con el plan de Dios.

El rey Salomón fue uno de los hombres más sabios y más prósperos de todos los tiempos. Era un monarca muy exitoso con un don especial de Dios en cuanto a la sabiduría. Escribió Eclesiastés, un libro del Antiguo Testamento, casi al terminar su vida. En él hay porciones de diferentes temas, tales como la sabiduría, el placer y el conocimiento. Una sección está dedicada enteramente al trabajo, y en ella Salomón dice que las personas de fe encontrarán significado, satisfacción y realización en su trabajo:

> No hay cosa mejor para el hombre sino que coma y beba, y que su alma se alegre en su trabajo. También he visto que esto es de la mano de Dios.
> Porque ¿quién comerá, y quién se cuidará, mejor que yo? (2.24-25).

> Yo he conocido que no hay para ellos cosa mejor que alegrarse, y hacer bien en su vida; y también que es don de Dios que todo hombre coma y beba, y goce el bien de toda su labor (3.12-13).

Así, pues, he visto que no hay cosa mejor para el hombre que alegrarse en su trabajo, porque esta es su parte; porque ¿quién lo llevará para que vea lo que ha de ser después de él? (3.22).

He aquí, pues, el bien que yo he visto: que lo bueno es comer y beber, y gozar uno del bien de todo su trabajo con que se fatiga debajo del sol, todos los días de su vida que Dios le ha dado; porque esta es su parte (5.18).

¿Quién recibe el regalo de un significado relacionado con el trabajo? ¿Todos? Negativo, sólo aquellos que reflejan a Dios:

Porque al hombre que le agrada, Dios le da sabiduría, ciencia y gozo; mas al pecador da el trabajo de recoger y amontonar, para darlo al que agrada a Dios (2.26).

Si no tengo una relación personal con Dios, entonces mi carrera no tiene ni cercanamente el sentido del significado disponible para el cristiano. Puedo estar resuelto y tener una misión en lo que hago, pero mi trabajo es una tarea individual. Se trata de mí. Hago el mismo trabajo, pero no lo disfruto igual, no tiene el mismo significado, la misma satisfacción, porque yo mismo soy mi propio dirigente. Me falta el significado de mi trabajo ya que no me siento parte de algo mayor que yo. Sólo los cristianos pueden servir al propósito de Dios, conocer el llamado de Dios y experimentar el don de Dios del significado.

Estamos aquí para servir a un propósito. Estamos aquí para conocer el llamado. Estamos aquí para disfrutar el significado. Los tres son parte de un trabajo específico y de un Dios en específico.

LO QUE NO ES EL LLAMADO

Aquí debemos ser cuidadosos. El trabajo no es la suma total de nuestras vidas, ni tampoco fue diseñado para que lo fuera. No debemos escondernos detrás de nuestro llamado como una excusa para nuestro trabajo de tal forma que se adueñe de nosotros de manera inapropiada. En nuestra experiencia personal y por las conversaciones con cientos de personas durante varios años, existen al menos tres trampas comunes de las cuales necesitamos huir:

1. PERMITIR QUE EL TRABAJO ME CONTROLE

Hay una gran diferencia entre una persona que está siendo controlada y una que es llamada. Entre otras cosas, los trabajadores controlados con frecuencia permiten que el trabajo ponga la agenda de sus vidas. *Estoy ocupado, lo siento; el trabajo lo demanda,* y así sigue esa mentalidad. El trabajo toma fuerza, la compañía crece, las promociones vienen, el número de los clientes aumenta, y las llamadas telefónicas son más frecuentes. No tengo elección, tengo que correr más rápido, dedicar más horas, quedarme más tarde, levantarme más temprano, y viajar más frecuentemente.

Como alguien que ha sido llamado, me esforzaré mucho. Estoy seguro que habrá momentos cuando en circunstancias especiales, el trabajo requerirá energía y tiempo. El problema es que muchos hoy en día viven en el trabajo como si fuera un estilo de vida. El trabajo los controla, no el llamado. El llamado que debo seguir viene de Jesús, no de mi trabajo. Al menos que comprendamos esa distinción, el trabajo que Jesús nos llama a hacer puede terminar alejándonos de Él.

Esa motivación equivocada emana de una inquietud interna, de un esfuerzo que nunca satisface, del orgullo y del ego. El llamado viene de saber que lo que se supone que voy a hacer encaja con el propósito completo de Dios. Es Jesús quien me llama. Al hacerlo, Él trae satisfacción, descanso, un sentido de unidad, y de completitud. El mismo Jesús que nos llama a trabajar también nos dice:

Venid a mí todos los que estáis trabajados y cargados, y yo os haré descansar. Llevad mi yugo sobre vosotros, y aprended de mí, que soy manso y humilde de corazón; y hallaréis descanso para vuestras almas; porque mi yugo es fácil, y ligera mi carga (Mateo 11.28-30).

2. PEDIRLE AL TRABAJO QUE SUPLA MI IDENTIDAD

Cuando me hice cristiano, mi nombre fue grabado en el Libro de la vida del Cordero. En ningún otro lugar en la Escritura se indica que mi ocupación será grabada junto con mi nombre. Mi identidad viene de Cristo.

La forma en que Pablo se vio a sí mismo antes de conocer a Jesús estaba relacionada directamente con lo que hizo como fariseo. Hasta parece dar la impresión de que la lista estaba muy bien ensayada.

> Circuncidado al octavo día, del linaje de Israel, de la tribu de Benjamín, hebreo de hebreos; en cuanto a la ley, fariseo; en cuanto a celo, perseguidor de la iglesia; en cuanto a la justicia que es en la ley, irreprensible (Filipenses 3.5-6).

Pero después de que se hizo cristiano, cambió su identidad laboral por su identidad en Dios: «Pero cuantas cosas eran para mí ganancia, las he estimado como pérdida por amor de Cristo... por la excelencia del conocimiento de Cristo Jesús» (vv. 7-10). Este fue el secreto del gozo y la paz de Pablo durante toda su vida, aun en diferentes tipos de circunstancias.

3. USAR EL TRABAJO PARA IGNORAR A LA FAMILIA

Hace varios años, me encontré con el fundador de una gran cadena de tiendas al por menor. En un momento de candor me dijo que su familia estaba descontenta por todo el tiempo que él ocupaba en desarrollar su compañía. Él le prometía a su esposa: «Solo una tienda más». Al final, su esposa dejó de preguntarle y él de prometerle porque ambos sabían que él lo iba a seguir haciendo de todas maneras.

No tenemos excusa para no darles a nuestras familias una porción de nuestro tiempo y nuestra atención. Como organización, «Cumplidores de promesas», ha hablado de este tema con los hombres ampliamente. Además, otros autores como Gary Smalley, Wellington Boone, John Trent, James Dobson, Dennis Rainey y Steve Farrar nos dan grandes consejos acerca de cómo ser buenos esposos y padres.

El llamado a trabajar no nos quita privilegios, obligaciones, alegrías ni placeres de la vida hogareña. Si con el tiempo nuestro trabajo termina robándose el espacio de la familia, eso quiere decir que hemos malentendido la forma en que el llamado del trabajo interacciona con la vida en el hogar. No es uno o el otro, son ambos. Tal como lo mencionamos en el capítulo cinco, nuestro llamado para el trabajo y la familia no son mutuamente excluyentes. Son parte del plan de Dios para nuestras vidas y se necesita que equilibremos ambas cosas.

TRES CANALES DEL LLAMADO DE DIOS

Nunca he conocido a alguien que esté desinteresado en saber cuál debería ser su llamado. Todos, los que siguen a Jesús y los que no, tienen un deseo insaciable de seguir una carrera que combine con sus personas.

La pregunta es: ¿Cómo sé cuál es el llamado que Dios tiene para mí? Dios parece expresar Su llamado a nuestras vidas a través de medios que se encuentran básicamente en tres categorías.

1. Por nombre
2. Colocando un deseo en mi corazón
3. Preparando una senda clara.

Estos serán los temas de los próximos tres capítulos.

La Escritura es inmensamente útil y práctica, en muchos niveles: «Útil para enseñar, para redargüir, para corregir, para instruir en justicia» (2 Timoteo 3.16). Con frecuencia nos tornamos hacia las porciones de la Biblia sobre enseñanza, aquellas que nos ayuden a avanzar en nuestro caminar con Jesús, pero también las porciones narrativas y que muchas veces son pasadas por alto, nos proveen excelentes ejemplos de cómo Dios ha desarrollado relaciones con Su pueblo a través de la historia. Es en esas narraciones del Antiguo y el Nuevo Testamentos donde nos concentraremos para explorar cómo Dios nos llama.

CAPÍTULO 7

Llamado por nombre

Es de los hombres que esperan ser seleccionados y no de los que buscan, de los que se espera un servicio más eficiente.

—Ulises S. Grant

El hombre solo estaba haciendo su trabajo. Alguien tenía que hacerlo, y él se mostraba intensamente enfocado en su tarea. Su descripción de empleo probablemente decía algo como: «Detener la amenaza. Burlar la competencia». Era la clase de trabajo sucio que uno reservaba para aquellos que tenían que ganarse su título. Era todo un honor que le pidieran hacer eso. Una cosa era cierta: Si él triunfaba, esa era la clase de asignación que lo pondría en la mira de los de arriba.

En su profesión, el título o la posición lo eran todo. Esta no era el tipo de organización donde todas las oficinas eran del mismo tamaño y quien quiera que llegara primero podía ocupar el estacionamiento más cercano a la entrada. El rango tenía sus privilegios.

Ser fariseo era en sí un logro que automáticamente confería un estatus social. Estos doctores de la Escritura eran disciplinados, eruditos y beatos; ellos trabajaban como intérpretes de la ley que estaba en las escrituras hebreas. Los fariseos mandaban literalmente. En su cultura judía, las personas se hacían a un lado y les permitían pasar sin ningún obstáculo. Los fariseos, tal como los conocía todo el mundo, hacían muchas buenas obras y por lo tanto eran favorecidos por Dios.

Saulo era miembro de esa élite. Es más, era el protegido de uno de los sabios más reconocidos, Gamaliel. Él era diferente aun entre «los diferentes». Sus compañeros observaban su carrera ascendente con admiración secreta y celos.

A nadie le sorprendió que fuera escogido para encargarse de la asignación contra la nueva amenaza etiquetada como «cristianos». Aunque tal oportunidad de perseguir herejes normalmente hubiera sido dada a un fariseo con más tiempo, Saulo era tan destacado que nadie dudaba de que se merecía ese honor.

Además sus compañeros tenían curiosidad por ver cómo se encargaría de esta diligencia paramilitar. Algunos hasta apostaron entre ellos sobre las oportunidades de Pablo para tener éxito, considerando que lo que le pedían era que fuera un «gorila» más que un «erudito». Después de todo, Saulo podía ser listo, pero también era escuálido.

Fue de pueblo en pueblo usando sus informantes de las sinagogas para sacar, de manera sistemática, a los traidores de sus casas e interrogarlos. La gente estaba asustada, y muchos eran pobres y no tenían una gran educación. Estas personas creían honestamente que Jesús era el Hijo de Dios. Él iba de camino al siguiente pueblo, en este caso a Damasco, buscando al siguiente grupo de herejes. En ese momento, ese era su trabajo de tiempo completo y no descansaría hasta que hubiera acabado. Hechos capítulo 9 continúa la historia:

> Mas yendo por el camino, aconteció que al llegar cerca de Damasco, repentinamente le rodeó un resplandor de luz del cielo; y cayendo en tierra, oyó una voz que le decía: Saulo, Saulo, ¿por qué me persigues? Él dijo: ¿Quién eres, Señor? Y le dijo: Yo soy Jesús, a quien tú persigues; dura cosa te es dar coces contra el

aguijón. Él, temblando y temeroso, dijo: Señor, ¿qué quieres que yo haga? Y el Señor le dijo: Levántate y entra en la ciudad, y se te dirá lo que debes hacer. Y los hombres que iban con Saulo se pararon atónitos, oyendo a la verdad la voz, mas sin ver a nadie. Entonces Saulo se levantó de tierra, y abriendo los ojos, no veía a nadie; así que, llevándole por la mano, le metieron en Damasco, donde estuvo tres días sin ver, y no comió ni bebió (vv. 3-8).

En un instante la vida de Saulo cambió. Dio una vuelta de 180 grados, de asesino pasó a ser un creyente. ¿Cómo sucedió? La respuesta es sencilla. Se trataba del Jesús que él había estado tratando de silenciar y de liquidar.

Para Pablo el llamado de fe y su asignación fueron dados por Jesús de manera simultánea. Comenzó una nueva vida y nunca dio la vuelta atrás.

¿ME ESCUCHA AHORA?

Los teléfonos celulares, ¿cómo vivir sin ellos? No obstante, a veces pueden ser muy molestos. Lo cortan a la mitad de una conversación. La estática que producen hace que una persona adulta y madura, tenga que gritar para que la escuchen. Las encuestas demuestran que las quejas del consumidor tienen que ver más con el servicio celular que con cualquier otro sector de negocios. Verizon (una compañía estadounidense de telefonía celular) intentó sacar provecho de esta situación con su comercial: ¿Me escucha ahora? Durante una serie de anuncios, el tipo de la compañía se ve caminando por varias ciudades de Estados Unidos, probando constantemente la recepción del teléfono celular. Esa compañía quiere que la gente sepa que son mejores que todas las otras en lo que respecta a una mejor recepción, sin importar dónde se encuentre uno.

Dios desea que escuchemos su llamado sin interferencia.

¿Cómo conocemos nuestros llamados? Lo más obvio es lo que implica ese «llamado»: escuchar a Dios hablándome directamente y diciéndome lo que se supone que debo hacer. Puede ser una voz audible; puede ser un sueño, un portento o una visión de alguna clase. Sea lo que sea, Dios me ha visitado y hablado. El mensaje que me dio no era ambiguo; Dios me llamó por mi nombre, Él se comunicó en persona.

Ciertamente, esta es una forma en que la Escritura muestra cómo sucede el llamado. Estos eventos, por lo general, son muy dramáticos, como en el caso de Samuel, que estaba tratando de dormir en el templo cuando oyó a Dios llamándolo por su nombre; o María, que fue visitada por un ángel y así supo que su llamado era ser la madre del Rey de reyes.

De todas las maneras en que Dios decide llamar a los hombres y a las mujeres en las Escrituras, llamarlos por nombre es la forma menos común de las tres. Sin embargo, nos llama por nombre.

UNA ZARZA QUE ARDE Y HABLA

Se puede decir que antes de que tuviera el encuentro con la zarza parlante, Moisés se encontraba en una «movilidad social descendente» en su carrera. Después de cuarenta años en la casa del faraón, lo abandonó todo. En un momento de impulso, mató a un egipcio que estaba dando latigazos a un hebreo. Buscado por asesinato, Moisés huyó al desierto a esconderse y acabó viviendo en el desierto de Madián. Allí se casó y emparentó con una familia nómada de pastores de ovejas.

Moisés se puso a trabajar con su suegro como pastor de ovejas. Cambió un palacio por una tienda, la comodidad por los callos. Durante sus siguientes cuarenta años, Moisés caminó por el desierto, sin pensar nunca que algún día desafiaría al faraón y dirigiría a su pueblo a la libertad.

Entonces un día, a sus ochenta años, pasó cerca de una zarza ardiente. Moisés la notó porque sus llamas no carbonizaban las ramas. Éxodo 3.2-10 registra este evento. Cuando el arbusto empezó a hablar, Moisés, sin lugar a duda, le puso atención. Dios estaba en las llamas de la zarza, llamándolo: ¡Moisés, Moisés!

Y Moisés dijo: «Aquí estoy».

«No te acerques. Quítate las sandalias, porque el lugar que pisas es santo. Yo soy el Dios de tu padre Abraham, Isaac y Jacob».

En ese momento Moisés escondió su rostro, ya que tenía miedo de ver a Dios.

> Dijo luego Jehová: Bien he visto la aflicción de mi pueblo que está en Egipto, y he oído su clamor... El clamor, pues, de los hijos de Israel ha venido delante de mí, y también he visto la opresión con que los egipcios los oprimen. Ven, por tanto, ahora, y te enviaré a Faraón, para que saques de Egipto a mi pueblo, los hijos de Israel (vv. 7-10).

Dios llamaba a Moisés por nombre para que dirigiera a la nación de Israel fuera de Egipto. Moisés no podía ignorar eso. No podía pretender que lo que estaba escuchando y viendo era otra cosa. Cuando Dios lo llama por nombre, es difícil ignorarlo.

PUEDE QUE SEA LLAMADO POR NOMBRE SI... OIGO A DIOS HABLAR

Hace unas semanas, estaba sentado con mi amigo Mark, pastor de una gran iglesia en Los Ángeles. Me contaba que su padre, quien murió cuando él tenía cinco años, era un hombre de negocios y pastor. Él era un excelente comunicador del evangelio, pero debido a dificultades financieras, tenía otro trabajo aun cuando también dirigía la iglesia.

La mamá de Mark se convirtió en la única proveedora de la familia después que él muriera. La vida era difícil y no había mucho dinero. Sin embargo, Mark y su familia vieron cómo Dios obraba de manera inconfundible, lo que parecía en retrospectiva aun más increíble de lo que pareció en ese momento.

Cuando Mark tenía doce años, fue a una cruzada. Allí sintió una fuerza que lo urgía a ir al altar durante la invitación. Comenzó a llorar, algo que no era común en él. De manera inesperada oyó claramente a Dios decirle que la carrera de su vida sería ser pastor. Nadie más escuchó la comunicación, pero el recuerdo todavía está firme en su memoria.

Desde ese día en adelante, Mark ha seguido fielmente su llamado al pastoreo. Nunca miró atrás; ni tampoco ha tenido que arrepentirse de esa decisión. Su camino solo ha sido hacia adelante hasta la meta final. Él plantó una congregación en los límites de la ciudad de Los Ángeles y planea pasar el resto de sus días allí.

Cuando uno se encuentra con alguien que ha sido llamado por su nombre, generalmente, no existe ninguna duda en la carrera que tiene. Sabe lo que debe hacer y se refiere a la certeza de su llamado constantemente cuando conversa o tiene alguna reflexión personal.

PUEDE QUE SEA LLAMADO POR NOMBRE SI... LO QUE DIOS DICE SE CONFIRMA POR OTROS MEDIOS

Cuando Dios llama por nombre, rara vez es un incidente aislado sin ninguna otra indicación. Dios visitó a María, la madre de Jesús, por medio de un ángel, pero luego confirmó esa labor en una conversación subsiguiente con José. Gedeón fue llamado por Dios para una tarea específica y tuvo la confirmación a través de una señal famosa. Moisés quedó atónito con la zarza ardiente, pero después se le dio la vara milagrosa que confirmó su llamado muchas veces durante las siguientes décadas.

Cuando Dios me habla de manera personal y discernible, es en un momento singular del tiempo. Aunque eso suene como una seguridad de lo que desea que yo haga, casi siempre Él me da otras indicaciones adicionales de su mensaje original.

PROBABLEMENTE NO ESTÉ LLAMADO POR NOMBRE... SI LO QUE HE CREÍDO HABER ESCUCHADO DE DIOS RESULTA NO VENIR DE ÉL

«Dios me dijo...» es algo que se escucha comúnmente en algunos círculos de los seguidores de Cristo. Pero con frecuencia resulta con el tiempo que pareciera que, o Dios se equivocó, o lo que la persona escuchó era otra cosa y no Dios. Dios habló bastante con todos los héroes de la fe en la Escritura.

Moisés, por ejemplo, tenía conversaciones extensas con Dios en muchas ocasiones. Cuando bajaba de una montaña y decía: «Dios me dijo...» eran muy pocos en el pueblo los que dudaban lo cierto de esa declaración.

La experiencia que Moisés tuvo, sin embargo, es muy poco común. Sin contar los días cuando el Hijo de Dios caminaba en la tierra, generalmente Dios no decide contactarse de forma regular, personal y audible. Él se comunica con nosotros todo el tiempo de muchas diferentes maneras, pero pocas veces habla palabras literalmente a nuestros oídos. No quiero decir con eso que no puede hacerlo si Él lo desea; por supuesto que puede. Si yo creo que he escuchado a Dios hablar, pero he afirmado eso en el pasado y lo que pensé que había escuchado resultó estar equivocado, hay una muy buena posibilidad de que tampoco me esté hablando ahora en esa forma. Es muy importante recordar que tal clase de comunicación casi siempre está reservada para ocasiones especiales, únicas y quizás hasta singulares.

Recibir tal comunicación de parte de Dios es algo grande, y también lo es declararlo. Nosotros no queremos declarar que hemos escuchado a Dios hablar si resulta que estamos equivocados.

PROBABLEMENTE NO ESTÉ LLAMADO POR NOMBRE... SI NO PUEDO IDENTIFICAR CLARAMENTE EL LUGAR O EL MOMENTO DE LA COMUNICACIÓN

Una cosa sí es cierta, todos los que oyen a Dios saben lo que dijo y cuando lo dijo. Tal como en el caso de Moisés, siempre hubo un momento y un lugar asociado con la experiencia del llamado de Dios:

Con Gedeón:

> Y vino el ángel de Jehová, y se sentó debajo de la encina que está en Ofra, la cual era de Joás abiezerita; y su hijo Gedeón estaba sacudiendo el trigo en el lagar, para esconderlo de los madianitas. Y el ángel de Jehová se le apareció, y le dijo: Jehová está contigo, varón esforzado y valiente. Y Gedeón le respondió: Ah, señor mío, si Jehová está con nosotros, ¿por qué nos ha sobrevenido todo esto? ¿Y dónde están todas sus maravillas, que nuestros padres nos han contado, diciendo: No nos sacó Jehová de Egipto? Y ahora Jehová nos ha desamparado, y nos ha entregado en mano de los madianitas. Y mirándole Jehová, le dijo: Ve con esta tu fuerza, y salvarás a Israel de la mano de los madianitas. ¿No te envío yo? (Jueces 6.11-14).

Con María:

> Al sexto mes el ángel Gabriel fue enviado por Dios a una ciudad de Galilea, llamada Nazaret, a una virgen desposada con un varón que se llamaba José, de la casa de David; y el nombre de la virgen era María. Y entrando el ángel en donde ella estaba, dijo: ¡Salve, muy favorecida! El Señor es contigo; bendita tú entre las mujeres. Mas ella, cuando le vio, se turbó por sus palabras, y pensaba qué salutación sería esta. Entonces el ángel le dijo: María, no temas, porque has hallado gracia delante de Dios. Y ahora, concebirás en tu vientre, y darás a luz un hijo, y llamarás su nombre JESÚS.

Este será grande, y será llamado Hijo del Altísimo; y el Señor
Dios le dará el trono de David su padre; y reinará sobre la casa
de Jacob para siempre, y su reino no tendrá fin. Entonces María
dijo al ángel: ¿Cómo será esto? pues no conozco varón. Res-
pondiendo el ángel, le dijo: El Espíritu Santo vendrá sobre ti, y
el poder del Altísimo te cubrirá con su sombra; por lo cual también el Santo Ser que nacerá, será llamado Hijo de Dios. Y he
aquí tu parienta Elisabet, ella también ha concebido hijo en su
vejez; y este es el sexto mes para ella, la que llamaban estéril;
porque nada hay imposible para Dios. Entonces María dijo: He
aquí la sierva del Señor; hágase conmigo conforme a tu palabra.
Y el ángel se fue de su presencia (Lucas 1.26-38).

Puedo utilizar más ejemplos, pero el patrón es obvio. Cuando
Dios llama a alguien por su nombre y usted le pide que le cuente su
experiencia, la persona lo puede hacer con lujo de detalles. Las personas recuerdan, no es algo borroso. Si creo que Dios me ha llamado por mi nombre y no puedo recordar el momento o el lugar,
probablemente no me habló.

¿QUIÉN PUEDO DECIR QUE ESTÁ LLAMANDO?

Tengo un cuñado que le gusta llamarme por teléfono al trabajo
y fingir que es un cliente. Imita un acento y presenta alguna queja
ridícula acerca de nuestro servicio. Mi secretaria pocas veces se da
cuenta de que es una broma y me pasa la llamada pensando que es
legítima. Todas las veces él varía su voz tratando de bromearme,
pero conozco bien su voz. No hay duda de quién es el que está al
otro lado de la línea, y aun cuando sé que es mentira, siempre me
hace reír. Cuando Dios nos llama por nombre directamente, no hay
duda de quién nos habla. Es un evento tan poco común que generalmente marca el resto de la vida de la persona. Cuando Dios nos
llama de esta manera, debemos levantar el teléfono y escuchar.

CAPÍTULO 8

LLAMADO POR UN DESEO

EL MEJOR CONSEJO DE TRABAJO QUE LE PUEDO DAR A LA JUVEN-
TUD ES: «ENCUENTRE LO QUE LE GUSTA HACER MÁS Y CONSIGA
QUE ALGUIEN LE PAGUE POR HACERLO».

—KATHERINE WHITEHORN

Hasta el día de hoy hay una controversia acerca de quién llegó primero al Polo Norte: si Robert Peary o Frederick Cook. Aunque hay ausencia de prueba sólida, un hecho es cierto: sus exploraciones hechas hace más de noventa años nos proveen un caso de estudio sobre la motivación humana.

Sin duda, Perry estaba obsesionado. Con frecuencia decía que era víctima de la «fiebre ártica», una urgencia insoportable por llegar a pararse en un lugar en particular del hielo polar, el punto norte más lejano de la tierra. Por más de un cuarto de siglo, y más de cuatro expresiones diferentes, Peary reunió el inventario necesario en tecnología, estrategia, dinero, material, y recursos para poder poner una bandera, y también su nombre, en el Polo Norte. Él era violento, indomable, decidido, creativo y, con frecuencia, rudo para alcanzar su objetivo.

En contraste, el interés del doctor Frederick Cook en el polo norte era algo periódico: a él le disgustaba Peary. Este había contratado a

Cook como cirujano y antropólogo de su primera expedición en 1891. Diez años después, y cubriendo sus propios gastos, Cook fue parte de una expedición de auxilio para tratar a Peary y a su equipo después de otro intento fallido. Peary, de mala salud, no era un buen perdedor; su mal temperamento ofendió a Cook.

En 1907, Peary planeó otro intento y comenzó a calcular meticulosamente qué necesitaba para llegar al Polo Norte: ropa, lugar para dormir, equipos de avance, perros y métodos de suministros. No dejó nada al azar; sus planes eran precisos, resultado de veinticinco años de conocimiento de primera mano.

Cook no era tan cuidadoso. Al oír el plan de Peary, Cook y un amigo adinerado iniciaron una expedición por su propia cuenta en agosto de 1907. Peary, quien no sabía del intento de Cook, inició su faena en febrero de 1908.

El 2 de abril de 1909, Peary, su compañero y cuatro esquimales participaron en el último intento hacia el Polo Norte: cinco días de marcha agotadora, sin dormir y casi sin parar. El 7 de abril, se paró en el hielo, donde creía que era el Polo Norte.

En el momento de lo que esperaba sería su llegada triunfante a Nueva York, Peary fue recibido con las noticias de que hacía cinco días Cook acababa de declarar que había llegado al polo poco menos de un año antes, el 21 de abril de 1908.

Habiéndose salido de ruta en su viaje de regreso del Polo Norte, Cook y su equipo tuvieron que pasar el invierno en un refugio de James Sound y, por lo tanto, se retrasaron las noticias.

Aunque la declaración de Cook fue recibida de manera general como un fraude, había logrado al menos parte de su objetivo: robarse la gloria de Peary. Una controversia, impulsada por los periódicos rivales que apoyaban las declaraciones de los exploradores, siguió los siguientes cinco años. Después de perseguir su obsesión de ser el primero en llegar al Polo Norte por casi la mitad de su vida, Peary nunca obtuvo el reconocimiento completo de su esfuerzo.

ANATOMÍA DE UN DESEO

Lo que parece como una obsesión desde el exterior, a veces no es nada menos que deseo insaciable detrás de un llamado. Algo nos impulsa, nos motiva, nos empuja. No puede ser ignorado ni colocado a un lado. Tal como lo reflexionó el novelista Leo Rosten acerca de su propia profesión: «La única razón por la que soy escritor profesional es que no puedo evitarlo». Un llamado es algo que uno no puede evitar sino que lo tiene que hacer. El requisito de ir o ser o hacer surge de una coerción interna misteriosa que es invisible y con frecuencia mal entendida, tanto por el individuo que la está viviendo como por esos que lo observan.

Ser «llamado por un deseo» es como tener un giroscopio interno. Aunque uno se vaya por otra dirección, la fuerza centrífuga lo atrae hasta el eje central. Este tipo de compulsión interna lo lleva, lo obliga y no es algo que pueda escoger. Denis Diderot, el famoso enciclopedista francés, tenía mucha razón cuando dijo: «Sólo las pasiones, las grandes pasiones, puede elevar el alma a cosas grandiosas». Tal deseo es una inclinación dada por Dios, su sentido de llamado puede ser algo difícil con lo cual vivir, o no vivir. ¿Cómo se explica una fuerza que con frecuencia no es lógica ni observable? Y a la vez ¿cómo se puede seguir sin ella?

LA AGITACIÓN DE SENTIRSE LLAMADO

Nehemías sentía tal carga en su ser. Al igual que su predecesor Daniel, Nehemías era un ejecutivo y jefe extraordinariamente dotado que sirvió al gobernante más poderoso de su época. Artajerjes I era rey del Imperio Persa a mitad del siglo V A.C. Como copero oficial, Nehemías tenía acceso directo y gran influencia. El copero también tenía autoridad al guardar el anillo real de firmar y actuaba como el oficial financiero en jefe del reino.

Nehemías era conocido en los altos niveles. Él era un estadista, un veterano sofisticado de la política del palacio y de la intriga. Él era acaudalado y estaba muy bien posicionado, era el cuidador de los secretos del estado. Estaba íntimamente familiarizado con las relaciones y las maniobras detrás de la escena de la corte.

Las malas noticias eran parte del trabajo de Nehemías, especialmente porque el Imperio Persa estaba agitado durante su periodo. Aun con toda la experiencia y exposición de Nehemías, cuando este hombre de autoridad tuvo una conversación casual con su hermano, se desmoronó literalmente. En las propias palabras de Nehemías:

> Vino Hanani, uno de mis hermanos, con algunos varones de Judá, y les pregunté por los judíos que habían escapado, que habían quedado de la cautividad, y por Jerusalén. Y me dijeron: El remanente, los que quedaron de la cautividad, allí en la provincia, están en gran mal y afrenta, y el muro de Jerusalén derribado, y sus puertas quemadas a fuego.
>
> Cuando oí estas palabras me senté y lloré (Nehemías 1.2-4).

Una nueva variable sacudió el mundo de Nehemías. Su statu quo fue resquebrajado por las noticias de su tierra, que le llegaron hasta su corazón.

Cuando Nehemías escuchó lo que sucedía se turbó profundamente. Los muros de Jerusalén estaban destrozados. Nehemías lloró, hizo duelo, lloró más. Por más de cuatro meses, ayunó y oró. Esta no era una carga de un día, Nehemías se sintió totalmente afectado. No mucho tiempo después, su profundo sentimiento fue evidente hasta para el rey. El escritor francés del siglo XIX Honoré de Balzac dijo acerca de tal llamado: «Las vocaciones que quisimos buscar, pero que no buscamos, sangraron, como los colores en toda nuestra existencia». Por más que Nehemías trató, no pudo esconder sus sentimientos ante el observador rey por mucho tiempo.

Él debería ponerse una máscara. Uno nunca quiere ofender a un rey persa. Ellos no tenían que retener su trono besando bebés o haciendo promesas de campaña, eran famosos por su rudeza caprichosa. Durante los cuarenta años del reinado de Artajerjes, se le conocen al menos dos desafíos rebeldes que mitigó. Tal clase de rey siempre tenía que cuestionar a las personas que estaban a su alrededor, buscando cualquier clase de descontento o muestra de deslealtad.

Aquellos que trabajaban en la corte debían entrar en su presencia con nada menos que un rostro de gozo. Después de todo, ¿a quién no le emocionaría estar en su presencia? Nehemías, sin embargo, no pudo esconder sus sentimientos. Después de haber escuchado el triste estado de Jerusalén y de los muros devastados, sufría tanto que no pudo ocultar su angustia ante su rey. El corazón de Nehemías quizá se detuvo por un momento cuando el rey le preguntó un día qué sucedía. Afortunadamente, para ese momento Nehemías ya tenía un sentido sólido de su llamado y no permitió que una amenaza potencial de la ira de un rey evitara continuar con su misión:

> Sucedió en el mes de Nisán, en el año veinte del rey Artajerjes, que estando ya el vino delante de él, tomé el vino y lo serví al rey. Y como yo no había estado antes triste en su presencia, me dijo el rey: ¿Por qué está triste tu rostro? pues no estás enfermo. No es esto sino quebranto de corazón.
>
> Entonces temí en gran manera. Y dije al rey: Para siempre viva el rey. ¿Cómo no estará triste mi rostro, cuando la ciudad, casa de los sepulcros de mis padres, está desierta, y sus puertas consumidas por el fuego? Me dijo el rey: ¿Qué cosa pides? Entonces oré al Dios de los cielos, y dije al rey: Si le place al rey, y tu siervo ha hallado gracia delante de ti, envíame a Judá, a la ciudad de los sepulcros de mis padres, y la reedificaré. Entonces el rey me dijo (y la reina estaba sentada junto a él): ¿Cuánto durará tu viaje, y cuándo volverás? Y agradó al rey enviarme, después que yo le señalé tiempo (Nehemías 2.1-6).

No hubo otra explicación para la reacción de Artajerjes que haber sido provocada por Dios. La carga que Nehemías sentía era un llamado innegable de Dios a una asignación muy específica para reconstruir el muro.

LLAMADA A LAS VENTAS

Cuando uno habla con Tami Heim, es obvio que le encantan las ventas. Recientemente se retiró como presidente de Borders, Inc., lo cual le dio la responsabilidad de Borders Online, un esfuerzo unido entre Borders y Amazon y las 480 supertiendas de los Estados Unidos que son la médula de la compañía. ¿Cómo arribó Tami al lugar donde llegó a dirigir una empresa de 19.000 empleados, $2.400 millones de dólares en ingresos y millones de clientes? Fue llamada por un deseo.

El deseo no es algo que usted escoge, como cuando se ordena algo de un menú. El deseo lo escoge a usted. Con frecuencia llega en la juventud. Tami describe cómo el deseo de su giroscopio interno la llevó desde muy temprano por toda su carrera. Ella lo explica así:

> Siempre supe que quería estar en ventas. Desde pequeña me intrigaba el ambiente de las tiendas por departamentos. Tenía familia que había trabajado en ventas. Mi madre era vendedora y aunque no había muchas mujeres trabajando así, ella solía vender aspiradoras. Así que tengo un poco de esa genética en mí, pero sabía que eso era lo que quería hacer.
>
> Fui animada fuertemente por una persona de negocios a «buscar un trabajo en el que estés segura que quieres estar, porque las ventas no son para todo el mundo, y tú vas a enamorarte de ellas o vas a detestarlas». Necesitaba ese consejo.
>
> Cuando cumplí dieciséis años, Lazarus, una división de la tienda por departamentos federados, estaba abriendo una sucursal nueva en Indianápolis. Así que entré y tomé una solicitud, porque allí iba a trabajar, y era muy interesante porque nunca había hecho algo así. La mujer me dijo: «Ya no estamos contratando personal de medio tiempo». Bueno, ni siquiera sabía que era «personal de medio tiempo», así que le dije: «Mire, realmente no estoy segura qué clase de personas está contratando, pero deseo trabajar aquí y he esperado mucho rato, he llenado la planilla de solicitud y me encantaría tener la oportunidad de

hablar con alguien». Ella me llevó con el gerente de recursos humanos. Tuvimos una gran conversación, y salí con un trabajo.

Y así fue mi inicio, una experiencia que me encantó totalmente. Abrimos otra tienda, y tuve la oportunidad de trabajar en todos los departamentos. Me encantó, estaba deseosa de hacer lo que me pidieran. Fui a un entrenamiento de ventas y trabajé en el área pública para asegurarme que estaba siguiendo mi ciclo de ventas y que estaba tratando a los clientes de la manera en que lo querían. Y creo que eso fue reconocido por el personal de la organización. Aunque estaba en el bachillerato, me dieron muchas responsabilidades adicionales. Para ese momento, yo ya me encontraba atada a las ventas...

En la universidad, Tami continuó tras su deseo. Escogió específicamente la Universidad Purdue por su Instituto de Mercadeo. Continuó su carrera exitosa en Lazarus/Federal, donde se mantuvo por veintidós años antes de cambiarse a Borders, llegando con el tiempo a ocupar el cargo de presidente. Tami, al igual que Nehemías, se sentía agitada por un sentimiento. El deseo casi siempre se encuentra en la médula del llamado.

PARADIGMA DE ENFOQUE

Cuando uno se encuentra alguien que es llamado por un deseo, casi siempre halla a una persona muy enfocada. Esa persona sabe quién es, y es tenaz para llegar allí. Sidney Madwed aconsejaba: «Si desea ser verdaderamente exitoso invierta en usted mismo para obtener el conocimiento que necesita a fin de encontrar su factor esencial. Cuando lo encuentre, enfóquese en él, persevere y el éxito brotará».

El llamado requiere de autoevaluación. Usted no puede conocer cuál es su llamado si no se conoce a sí mismo primero. El llamado es un proceso de definición, identificando lo que es y lo que no es. Para determinar si el deseo no es sólo un malestar estomacal, sino algo genuino, una elección dada por Dios, responda a las siguientes preguntas que le servirán de filtros:

PUEDE QUE SEA LLAMADO POR UN DESEO SI... EL SENTIDO DE URGENCIA ES PERSISTENTE Y RELATIVAMENTE DURADERO

Un llamado es más que algo pasajero. La vida tiene sus zigzags. No nos referimos a la «pasión del momento»: hace un par de meses usted tuvo un deseo inmenso de abrir un negocio de ventas en el centro de Chicago, y el de hoy es convertirse en un atleta profesional. No, el llamado no es el caso más reciente en el que sintió la piel de gallina. Es una pasión que convive en su alma. Cuando Dios pone ese deseo en su corazón y luego utiliza ese deseo para llamarlo a hacer algo específico, generalmente es algo que se desarrolla con el tiempo, no algo que se aparece a su puerta de un momento a otro.

Uno de nuestros buenos amigos, Andy Murray, ilustra esta realidad. Durante los casi quince años en que lo hemos conocido, se ha interesado por el consumo de marca: la forma en que funciona y cómo se puede usar para vender un producto. Hay, por supuesto, miles de individuos en el negocio que se interesan por la misma cosa. Andy, no obstante, estaba convencido de que tenía un ángulo diferente al de los demás. Trabajó primero para Procter and Gamble en el departamento de posicionamiento de marca, luego en la compañía de tarjetas Day Spring. Aunque había podido lograr algo de lo que quería ser, estaba convencido de que para poder llevar a cabo su ideal, necesitaría empezar su propia compañía.

Eso fue lo que hizo, nombrando su negocio BrandWorks. Su especialidad no era el territorio normal de la publicidad de los medios, como la televisión, sino más bien la forma de posicionar la marca en los estantes en un ambiente de mercadeo. Su pasión, tal como él lo dice, era «convertir a los visitantes en compradores». Fue tan exitoso que su empresa fue comprada por Saatchi and Saatchi, una de las firmas publicitarias más reconocidas en el mundo. Esta nueva división, llamada Saatchi and Saatchi X, es el líder máximo de esta nueva esfera para posicionar productos a nivel de mercadeo a fin de que se vendan en más cantidad y volumen que las marcas competidoras que están junto a ellos en los estantes.

Las compañías de mercadeo, ventas y manufacturas más grandes ahora están tratando de averiguar cómo funciona este posicionamiento de marca en los estantes que Andy desarrolló. El llamado de Andy comenzó con una idea que no desaparecía. Llegó al grado de ser lo suficientemente sustancial como para iniciarse en una empresa con sólo un empleado y un voluntario. En cada etapa, Dios confirmó su llamado. Ahora Andy es director ejecutivo de una compañía global. Comenzó como una idea persistente y única que no desaparecía. Cuando articulaba su pensamiento al principio de su peregrinar, la reacción de las personas era: «¿De qué hablas?» Ahora es: «¿Cómo lo haces?»

Andy siente, sin ninguna ambigüedad, que fue llamado para seguir su idea. No le llegó de manera instantánea, sino que se desarrolló con el tiempo. Entre más pensaba en ello al pasar de los años, más claro se volvía para él que era una idea que debía llevarse a cabo. Si un deseo es de Dios, ese sentido de urgencia será persistente y constante.

PROBABLEMENTE NO SEA LLAMADO POR UN DESEO SI… NO ESTOY CAPACITADO TOTALMENTE PARA LLEVARLO A CABO

Dios capacita al que llama y llama al que capacita. Si me siento llamado a hacer algo que está fuera de los límites de lo que Dios diseñó para mí, entonces probablemente no es un llamado. El llamado tiene que ver más con hacer que con pensar. El llamado requiere que yo actúe para que resulte en algo. No es principalmente un asunto de ideas que muevo en mi cabeza. Muchas personas tienen sueños que equiparan con el llamado de Dios, pero el llamado tiene que ver con hacer, no con soñar. Soñar es con frecuencia parte de la ecuación, pero el sueño debe resultar de un movimiento tangible.

En las primeras etapas del matrimonio de mis padres, ellos eligieron seguir una carrera en misiones. Ese siempre fue el sueño de mi mamá cuando ella crecía. Como parte del proceso para prepararse y convertirse en misioneros, se reunieron con la junta directiva gobernante de la misión en la cual querían trabajar. Durante esa entrevista, mis padres le preguntaron a la junta que clase de misioneros necesitaban. Resultó que necesitaban personal médico, especialmente doctores.

Cuando mi padre salió de la reunión, no soñaba con ser médico; sin embargo, de inmediato solicitó su inscripción a una escuela de medicina. Después de graduarse, reunió a su familia, y se fue a Hong Kong, en donde construyó un hospital, y pasó la mayor parte de su carrera.

J.K. Rowling *tuvo* el sueño de escribir un libro. En ese aspecto, ella no es realmente la única. Un día se sentó frente a un teclado y empezó a escribir. La diferencia es que ella tenía lo que se necesitaba para hacerlo, y se sentó a hacerlo. De su propia jornada, dijo: «No hace ningún bien soñar y dejar de vivir». Un llamado no es algo en lo que uno sólo sueña; es algo que uno debe ser capaz de llevar a cabo.

PROBABLEMENTE NO SEA UN LLAMADO POR UN DESEO SI... RENUNCIO CUANDO ENCUENTRO GRANDES DIFICULTADES

Hay una tumba que visito tanto como puedo. Está localizada en Macau, una colonia portuguesa en la costa de China. Durante mis años de crecimiento pasábamos las vacaciones allí mientras vivíamos en Hong Kong. Mi padre siempre nos llevaba al viejo cementerio protestante durante las vacaciones.

Es tanto un jardín como un cementerio. A la entrada se puede ver una placa que identifica el lugar como cementerio de la iglesia protestante de la Compañía Inglesa del Este de India. Fue fundado en 1814. Pasando la capilla hasta el fondo de la rampa se encuentra la tumba de Robert Morrison.

Robert Morrison fue el primer misionero protestante en China. Con veinticinco años de edad llegó allí en 1807, lleno de una pasión por ver al pueblo chino encontrarse con Cristo. Murió veintisiete años más tarde bastante desanimado. Durante toda su carrera sólo bautizó a diez chinos, por lo que consideraba que había fracasado en su trabajo. Sin embargo, su influencia continúa hasta el día de hoy, quizás haciendo una contribución más significativa que cualquier otra persona a la iglesia cristiana en China. ¿Por qué? Porque Robert Morrison tradujo la Biblia al idioma chino. También compiló un diccionario chino de seis volúmenes. Él hizo posible el flujo de misioneros que continuó durante los siguientes años, incluyendo a Hudson Taylor, el fundador de la Misión al Interior de China, una de las misiones interdenominacionales religiosas más grandes en la historia. Decenas de millones de chinos han llegado a conocer a Cristo como resultado directo del esfuerzo de toda la vida de Morrison. Su tumba es sencilla. Una parte de su epitafio dice: «Robert Morrison, 1782-1834, el primer misionero protestante en China, que después de haber servido por veintisiete años extendiendo el reino del Bendito Redentor, en cuyo período compiló y publicó un diccionario de la lengua china y por varios años trabajó solo en la versión china de las Sagradas Escrituras...» ¿Cuán difícil fue para Morrison cumplir lo que obviamente era un «llamado por un deseo»? Primero, su madre le hizo prometer que no se iría de su nativa Escocia hasta que ella muriera, y así lo hizo. Luego, para ir a China, tuvo que pasar primero por los Estados Unidos, sin que ese país estuviera en la ruta más directa. ¿Por qué? Porque la Compañía Inglesa del Este de India, la cual controlaba todos los viajes entre Inglaterra y China, negaba el pasaje a los misioneros. Ellos temían que evangelizar a los chinos causaría daño a sus negocios. Finalmente llegó a la ciudad de Cantón y empezó a trabajar. ¿Cómo era esa situación? Lea la siguiente descripción de William Milne, el primer asistente que se le unió: «Aprender el idioma chino es un trabajo para hombres con cuerpos de bronce, pulmones de acero, cabezas de roble, manos de hierro, ojos de águila, corazones de apóstol, memorias de ángel, y vidas de Matusalén». La vida es rara vez un postre para aquellos que escuchan el llamado de Dios por un deseo. El llamado es tenaz, sale adelante a pesar de los obstáculos. La Biblia china es el testamento de la búsqueda persistente de Robert Morrison y de su llamado en contra de todas las posibilidades.

DESEO HASTA EL FINAL

Al igual que el descubridor ártico Robert Peary, Ernest Shackleton era otro explorador polar con un llamado a principios del siglo veinte. Shackleton, no obstante, no es conocido por su éxito o descubrimiento, sino por la historia épica de su perseverancia a pesar del fracaso y de casi una muerte certera. En 1914, Shackleton zarpó de Inglaterra con veintiséis hombres deseando convertirse en el primero que cruzara el continente de la Antártica a pie.

El llamado de Shackleton era motivado por el deseo. Su padre era un doctor que impulsó a su hijo a entrar en la carrera de la medicina, pero Ernest sentía que su corazón lo llevaba al océano. En su primer viaje, cuando rodeó el Cabo Horn, en la punta sur de Chile, dio una mirada hacia la Antártica. El sueño de probar el hielo de esa área lo cautivó, estaba emocionado. En esa época nadie había estado en el punto sur más lejano.

Uno no llega al Polo Sur en un día. Como cualquier llamado, es un trabajo de toda una vida. Por veinticuatro años Shackleton se esforzó por su llamado, escalando lentamente los rangos jerárquicos de la marina mercante británica. Tenía un deseo seguido por una acción y una preparación.

Su expedición a la Antártica en 1914 era en realidad la tercera que hacía. A él no lo desanimaba el fracaso, ni el hecho de que alguien llegó al Polo Sur antes que él. Sin sentirse disuadido, volvió a definir su objetivo. Dirigiría una expedición que lo haría ser el primero en cruzar a pie ese continente inhabitable y prohibido. El llamado siempre encuentra una oportunidad para expresarse.

Un día, antes que Shackleton desembarcara con sus hombres en la Antártica, su barco quedó atrapado en un promontorio de hielo que apareció de imprevisto. La nave finalmente fue despedazada por el hielo. Se hundió, y los viajeros se convirtieron en náufragos involuntarios de una isla congelada destinada a derretirse debajo de ellos. Shackleton se dio cuenta que su llamado principal ahora no era atravesar un continente, sino dirigir la expedición de hombres, viniera lo que viniera.

La historia de su larga travesía subsiguiente es tan agotadora como difícil. Empujaron, halaron y arrastraron tres botes salvavidas por seiscientas millas de hielo contraído. Finalmente, quince meses después de estar abandonados en el hielo, lograron llegar a mar abierto en abril de 1916. Luego navegaron hacia el norte cien millas hasta llegar a la tierra más cercana, la isla Elefante.

Dándose cuenta de que la isla no les daba mucha esperanza de rescate y sólo un poco de tierra firme donde morir, Shackleton escogió a otros cinco hombres y zarpó en uno de los botes para buscar ayuda en algún poblado cercano, en este caso la isla Georgia del Sur. Shackleton arriesgó su propia vida con muy pocas posibilidades de burlar la muerte. Era un viaje de ochocientas millas en el peor océano de la tierra con un bote al descubierto. Tuvieron que dirigirse con un sextante de un bote náufrago para llevar el rumbo. Si se equivocaban por un grado, no llegarían a ese pequeño pedazo de tierra y seguirían navegando hasta el olvido. Ese viaje de dieciocho días a Georgia del Sur es considerado uno de los mayores logros de la navegación de la historia. Pero cuando llegaron a sus costas, se encontraron en la parte inhabitada de Georgia del Sur. Tuvieron que cruzar a pie la isla ártica montañosa cubierta de nieve. Con sus manos y pies congelados, treinta metros de cuerda, y un pico de carpintero, escalaron por treinta y seis horas hasta llegar al otro lado. Esta escalada sólo ha sido completada otra vez, hace un par de años por los comandos británicos y con todo el equipo alpinista moderno. Finalmente, en la tarde del 20 de mayo de 1916, llegaron al puerto de la isla de donde habían zarpado a la Antártica.

Cuando abrieron la puerta del cuartel, el director les preguntó a los hombres que estaban enfrente de él: «¿Quiénes son ustedes?» Uno de los esqueletos irreconocibles le dijo: «Mi nombre es Shackleton».

Contra viento y marea, Shackleton realizó su llamado. No perdió a ningún hombre, todos sobrevivieron y todos fueron rescatados gracias a su liderazgo. El nombre de su barco parecía ser un presentimiento del destino de la expedición. Su nombre era Perseverancia. ¿Cómo persistió Schackleton para triunfar? Él sólo seguía el deseo profundo de su llamado innato para dirigir.

CAPÍTULO 9

LLAMADO POR UN SENDERO

EL HOMBRE PLANEA SUS PASOS, PERO DIOS DIRIGE SU CAMINO.

—SALOMÓN

El rey Eduardo VIII llevó a Gran Bretaña al borde de una crisis constitucional. Ascendió al trono inglés en enero de 1936. Durante su primer año de reinado decidió casarse con Wallis Simpson, una mujer estadounidense recientemente divorciada que había conocido en 1930 mientras estaba casada. Eduardo no tenía ningún deseo de dejar el trono, pero la iglesia de Inglaterra no aceptaría que su monarca se casara con una divorciada.

Eduardo tenía que escoger entre la mujer que amaba y la corona. Después de reinar por sólo trescientos veinticinco días, Eduardo dejó el trono el 10 de diciembre de 1936, con una declaración de dos párrafos:

Yo, Eduardo VIII, de Gran Bretaña, Irlanda, y el dominio británico más allá de los mares, emperador de India, declaro por este medio mi determinación irrevocable de renunciar al trono para mí y para mi familia, y mi deseo es que se le dé efecto a este instrumento de abdicación inmediatamente.

Firmo esto con mi mano este diez de diciembre de mil novecientos treinta y seis, en presencia de los testigos cuyas firmas se suscriben.

Eduardo R.I.
Firmado en el Fuerte Belvedere en presencia de
Albert Henry George

Con esas simples palabras, el rey Eduardo VIII abandonó su trabajo. Después se casó con Simpson y murió en el exilio en París, en 1972.

La decisión abrupta de Eduardo cambió la línea británica de la sucesión real. Su hermano Alberto se convirtió inmediatamente en el rey. La hija de Alberto, Elizabeth, no sería la reina de Inglaterra hoy si no hubiera sido por la renuncia de Eduardo. Elizabeth experimentó cómo los eventos externos a veces definen el sendero de un llamado. No obstante, al igual que Eduardo, debemos decidir si aceptamos ese manto, o nos alejamos de él.

UN LLAMADO OBVIO

El especialista en calidad Philip Crosby ha dicho: «Los grandes descubrimientos por lo general son obvios». A veces el llamado es evidente. No es un asunto de cuál es el llamado, sino de si uno desea aceptarlo. Eduardo iba a ser rey, a menos que escogiera alejarse. No hay evidencia en la Escritura de que Josías no pudiera dormir pensando en qué era lo que se suponía que debía hacer en la vida. Cuando el tiempo llegó, alguien lo tomó de la mano y lo llevó al trono. Después de toda la pompa y las circunstancias, él llevaba una corona en su cabeza.

Una de las formas en que Dios nos llama es haciendo que las cosas sean tan certeras que aunque el individuo luche con el deseo de hacerlo, no podrá luchar con lo que se supone que debe hacer. A veces es la oportunidad de oro que nos cae de frente o una habilidad extraordinaria con la que nacemos.

Otras veces es una opción que tiene la huella de Dios en ella. Los negocios familiares, por ejemplo, con frecuencia crean una expectativa de que un hijo o un nieto seguirán a la previa generación. Usted sabe lo que tiene que hacer, ahora tiene que enfrentarse al sacrificio que eso significará para usted.

Mike y Karen hacían visitas en las universidades para escoger un lugar donde estudiar. Desde Mississippi, donde vivían, viajaron a Colorado, Florida, Texas y finalmente a Boston.

Se fueron de Boston con reservas, debido a las diferencias culturales entre Mississippi y Massachusets. Recorrieron la vistosa universidad de Nueva Inglaterra. Tenían los recursos de búsqueda que potencialmente podrían ser un tesoro para el trabajo de Mike. Se reunieron con varios profesores potenciales. Dos de ellos, especialmente, parecían combinar muy bien con las expectativas de Mike. Uno de ellos le presentó a Mike la idea de que él podía guiarlo al siguiente nivel y le presentó una lista de los estudiantes que había dirigido antes. Durante su vuelo a Mississippi, Karen no dijo una palabra, sólo lloraba. La razón era que ya sabía lo que eso iba a costar. Ahora tenían que enfrentarse a la realidad de mudarse de la parte sur hasta el corazón Yanki de la parte norte. Ocho años después, el diploma de Boston estaba colgado en el retrovisor, e iban por un camino que se les abría delante de ellos. Ninguno de ellos se arrepintió del pasado, la elección había sido obvia. El sacrificio había valido la pena.

LLAMADO A SALVAR UNA GENERACIÓN

Esas puertas del llamado obvio por lo general están cubiertas con gran riesgo, gran temor e intimidación en el frente, pero casi siempre tienen una oportunidad y una gratificación poco común del otro lado. Ester nos provee una ilustración de ese tipo de llamado con su vida. El año 539 A.C. fue excepcional para los sufridos judíos en el exilio de Babilonia. Los profetas predijeron que volverían a su hogar después de setenta años. Eso es mucho tiempo para esperar y ver si una teoría es cierta, pero Dios hizo su trabajo a tiempo.

Cuando Ciro de Persia venció a Babilonia, instituyó una nueva política: los pueblos deportados podrían regresar a sus tierras. Aunque Ciro hacía esto para extender su imperio, el efecto fue que los judíos quedaron en libertad de volver a su tierra. Este nuevo trato, sin embargo, no necesariamente era una gran oferta. Setenta años era mucho tiempo: casas, negocios y conexiones familiares habían sido establecidas en Babilonia. No había mucho por qué volver de todas maneras: la ciudad capital de Jerusalén estaba en ruinas y la tierra había sido destruida e ignorada por muchos años. Se necesitaba una mentalidad pionera para dejarlo todo atrás y empezar de nuevo. Consecuentemente, no todos los judíos aceptaron la oferta de Ciro. Sólo cincuenta mil intentaron el riesgoso regreso a Judá, pero aproximadamente medio millón se quedó en Babilonia, Persia, Egipto y otros lugares donde se habían acomodado. Una hermosa joven llamada Ester fue parte de una de esas familias que decidieron quedarse.

Ester era huérfana y fue su primo Mardoqueo, un judío que trabajaba en la casa del palacio del rey persa de Shushan, quien la crió. Mardoqueo había sido un buen padre, y ella le había correspondido bien. Un comentarista la describe como «una mujer de gran fe, valor, piedad, patriotismo y precaución, junto con una resolución; una hija consciente de sus deberes hacia su padre adoptivo... debió haber habido una gracia singular y un encanto en su aspecto y sus modales, ya que obtuvo gracia a la vista de todos los que la veían» (Ester 2.15).[1]

Mardoqueo le servía al rey persa, Asuero, el tercer sucesor después de Ciro. Según el historiador Herodoto, Asuero era un hombre ambicioso, bien parecido, auto indulgente, atrevido y majestuoso sin mencionar violento y vicioso. Mató a su propio hermano, a sus sobrinos y se dice que mandó a decapitar a los constructores de un puente porque las lluvias y las inundaciones lo destruyeron. Cuando su primera esposa no lo complació, se divorció de ella. Cuando declaró una búsqueda nacional para su reemplazo, ese trabajo no tenía mucha seguridad. Sin embargo, Mardoqueo le permitió a Ester que participara en el concurso. Ella se ganó el corazón del rey y se quedó con el trabajo.

Al igual que en cualquier corte de reyes o reinas, el palacio de Asuero estaba lleno de política y de intriga. Su drama no era un juego, era un asunto tremendamente serio. Si se hacían las cosas bien, había grandes recompensas, pero si se fallaba, con frecuencia la muerte era el resultado.

Amán era uno de esos «jugadores» que se movía en los círculos de poder, posicionándose constantemente y deshaciéndose de las molestias que se aparecían en su camino. Era un experto en la intriga política. Sin embargo, en realidad era como la mayoría los políticos, un matón vestido con el uniforme del séquito del rey. Odiaba a los judíos y diseñó un plan para exterminarlos del reino.

Amán no sabía sin embargo que Ester, quien ya era reina, era judía. Cuando Mardoqueo supo del plan de Amán, advirtió a Ester: «No pienses que escaparás en la casa del rey más que cualquier otro judío. Porque si callas absolutamente en este tiempo, respiro y liberación vendrá de alguna otra parte para los judíos; mas tú y la casa de tu padre pereceréis. ¿Y quién sabe si para esta hora has llegado al reino?» (Ester 4.13-14)

Ester entró en acción. Arriesgando su propia vida, se acercó al rey y frustró el plan de Amán, haciendo que terminara en la horca. Ester y Mardoqueo eran los héroes del momento. Todos los judíos en el país deberían sus vidas a su reina y compatriota.

A diferencia de Josías y de Eduardo, el llamado de Ester no se basaba en su nombre. Su herencia era común, no real. Dios, sin embargo, acomodó de manera sobrenatural su sendero de una forma innegable. Ser reina era el sendero obvio y claro que Dios había diseñado para ella. Es de su historia que obtuvimos la famosa frase: «Para un momento como este». Como Ester, usted ha sido llamado por Dios a cumplir su tarea «para un momento como este».

SEÑALES EN UN SENDERO PREPARADO

¿Cómo puedo discernir si el sendero en el que estoy ha sido preparado por Dios? ¿Cómo puedo asegurarme de que no esté dando vueltas sin fin? ¿Pudiera ser que yo mismo haya preparado mi propio sendero? Mientras usted ora para discernir si está siendo llamado a un sendero ordenado por Dios, aquí hay varias señales que debemos buscar:

PUEDE SER UN LLAMADO A UN SENDERO PREPARADO SI... LAS OBJECIONES QUE ENFRENTA AL TOMAR SU DECISIÓN NO TIENEN CONSECUENCIAS NEGATIVAS AL HACERLO PERO LAS TIENEN SI NO LO HACE.

El llamado a un sendero obviamente preparado no da mucho espacio para la decisión, la equivocación o la ambigüedad. Es muy claro, al menos para la mayoría de los que lo están observando. Eso no significa que no se deben tomar decisiones, más bien significa que se requieren otros tipos de decisiones. No es una decisión acerca de *qué* hay que hacer, sino más bien *si* se debe de hacer. Su inercia inherente sólo puede ser cambiada por la elección de no actuar, y no al revés. Si, por ejemplo, usted se siente llamado a iniciarse como empresario y comenzar una nueva compañía, es muy posible y hasta probable que la respuesta de los amigos de la familia será alguna de las siguientes:

- ¿En serio?
- No estás pensando realmente eso, ¿o sí?
- ¿Quién más sabe acerca de esto? ¿Qué piensan ellos?
- Y si no funciona, entonces, ¿qué?
- ¿Qué te hace pensar que serás bueno haciendo eso?

Ahora en contraste, piense en lo que las personas pensaron cuando Eduardo no quiso seguir siendo rey:

- «¿En qué está pensando?»
- «¿Cómo puede abandonar esa clase de honor y privilegio?»
- «¡Él nació para esto!»
- «¡Cómo se atreve a pensar que sólo se puede ir así de fácil!»

PUEDE SER UN LLAMADO A UN SENDERO PREPARADO SI... LO QUE TODOS LOS DEMÁS ESPERAN TIENE MUCHO SENTIDO PARA MÍ.

Sólo porque todos esperan que alguien cumpla un papel específico, no es suficiente para calificarlo como llamado de Dios para sus vidas. El llamado es una invitación específica para una persona. Al final el individuo tiene que determinar si ese llamado es para él. Un día estaré de pie frente a Jesús y daré cuentas de mi vida, y no me servirá decir: «Todos esperaban que lo hiciera, nunca me puse a pensar detenidamente en ello». El llamado es algo de lo que le doy cuentas a Jesús, así que cualquier cosa que los demás piensen debe ser confirmada por mi propio espíritu.

Muchas veces trabajamos con individuos que se sienten seguros de que esa es la posición que pueden cumplir ya que fueron diseñados para ello. Les encantan los negocios, tienen el conjunto adecuado de habilidades, han sido educados para hacer el trabajo, y han pasado por la experiencia necesaria para encargarse del mismo. Y también hay otros que luchan con la decisión. Aunque haya oportunidad y expectativa, probablemente no elegirían este manto de responsabilidad. Prefieren hacer algo diferente o al menos les gustaría explorar esa posibilidad.

Recientemente, me senté con un amigo en un restaurante que le pertenecía a una compañía exitosa que su padre había iniciado. Poder llevar el negocio al siguiente nivel requeriría un número de años de compromiso fijo por parte de la persona que estuviera desarrollando la compañía. Francamente, el hijo preferiría hacer algo completamente diferente. Como resultado la relación con su padre se ha vuelto tensa.

La decisión del hijo provocará un cambio grande en el pensamiento de la familia dueña de la compañía y probablemente resulte en un cambio de propiedad. El hijo siente que se encuentra en un momento en la vida en que quiere separarse del negocio de la familia. Aunque todos lo miran como líder, eso no tiene sentido para él. Sea que este sendero preparado sea su verdadero llamado o no, esa es una decisión que sólo él puede tomar. Tal como lo dijo W. Somerset Maugham: «La tradición es una guía, no un carcelero».[2]

PROBABLEMENTE NO ES UN LLAMADO A UN SENDERO PREPARADO SI... TENGO EL APELLIDO EQUIVOCADO.

Utilizamos el concepto del apellido correcto o equivocado de manera holgada: no queremos decir que para que Dios prepare su sendero, se necesita un apellido en particular, un prerrequisito. La Escritura tiene muchos ejemplos que ilustran este tipo de llamado. Algunos llamados tienen credenciales vitales. Si usted no las tiene, generalmente es fácil considerar que *no es llamado* para eso, sencillamente no es parte de usted.

Trabajamos con compañías familiares cuyos nombres significan mucho. Este es un principio que muchas compañías familiares deberían atender. De vez en cuando vemos un escenario muy extraño que sigue el siguiente parámetro: un individuo ocupa un papel clave en un negocio controlado por una familia.

Ciertamente esta persona con frecuencia es tan importante para el funcionamiento correcto de la compañía que en cualquier otro contexto organizativo él sería un candidato natural para el liderazgo. Tiene la educación y el desempeño que lo respalda, queda claro que él añade valor a la empresa. Él es leal, con seguridad puede ser hasta el confidente del dueño del negocio. Con frecuencia lo buscan para representar a la compañía cuando el dueño no puede ir. Él piensa honestamente que algún día se encargará del negocio, excepto que... el dueño tiene un hijo. Cuando ese individuo clave sale del salón, el dueño expresa sus deseos verdaderos, un plan de sucesión que casi siempre involucra al hijo que lleva su apellido.

Aun en situaciones en las que la sucesión es un tema del cual no se habla, el individuo clave contratado al que nos referimos anteriormente, a menudo es el único en toda la compañía, que piensa que podría dirigirla en el futuro. Todos los demás han visto la escritura en la pared: el hijo con el apellido correcto será el elegido.

Esta categoría de llamado, en la que un sendero específico ha sido preparado por Dios, se refiere a situaciones donde el que ha sido llamado con frecuencia debe de tener las aptitudes para el trabajo que exige más allá que solo estar en el lugar correcto en el tiempo adecuado o tener el currículum preciso.

Esto es a veces difícil de entender por personas en culturas con valores igualitarios, como en los Estados Unidos, donde se asume que cualquier posición debe estar abierta para cualquiera que pueda presentar su caso y alcanzar el nivel. La realidad es que factores como el nacimiento, las conexiones, y la aptitud intangible generalmente es parte del paquete del llamado.

PROBABLEMENTE NO ES UN LLAMADO A UN SENDERO PREPARADO SI... EL TIEMPO NO ESTÁ SINCRONIZADO.

El príncipe Carlos algún día será rey de Inglaterra ¿cuándo? Nadie lo sabe. Él está listo y lo ha estado por algún tiempo. Se está haciendo viejo, ya lleva la mitad de una vida. Él ha sido llamado a esa tarea desde su concepción.

Carlos será el rey de Inglaterra cuando su madre decida que es tiempo o cuando ella muera, él no puede hacer mucho al respecto. Hasta que tenga la corona en su cabeza, está llamado a esperar y parecer tan productivo como pueda mientras llega ese momento. Carlos debe contentarse sabiendo que al menos por ahora, es príncipe; todavía no ha llegado su hora de ser rey.

Ser paciente con el tiempo de Dios vale la pena. David pasó por esa espera, sólo que en su caso fue más difícil y complicada. Saúl técnicamente era todavía rey, aunque David había sido ungido como el verdadero rey después de que Dios rechazara el reinado de Saúl. No sólo tuvo que esperar, sino que fue forzado a huir, viviendo en cuevas junto con un grupo de amigos leales. Saúl estaba excepcionalmente celoso del liderazgo de David y de su popularidad, haciendo que el futuro gobernante tuviera que esconderse.

La espera era una agonía para David, especialmente sabiendo que Dios le había hablado por el profeta Samuel diciendo que él, y no Saúl, era el rey.

La lucha de David no tuvo que ver con averiguar para qué fue llamado. Tuvo que batallar para ser paciente mientras esperaba que se diera el cambio.

Años después, el rey David expresó su gratitud luego que Dios lo vindicara:

> Envió desde lo alto y me tomó; me sacó de las muchas aguas. Me libró de poderoso enemigo, y de los que me aborrecían, aunque eran más fuertes que yo. Me asaltaron en el día de mi quebranto; mas Jehová fue mi apoyo, y me sacó a lugar espacioso; me libró, porque se agradó de mí (2 Samuel 22.17-20).

> Viva Jehová, y bendita sea mi roca, y engrandecido sea el Dios de mi salvación. El Dios que venga mis agravios, y sujeta pueblos debajo de mí; el que me libra de enemigos, y aun me

exalta sobre los que se levantan contra mí; me libraste del varón
violento (2 Samuel 22.47,49).

Ya que Dios nos ha colocado en el tiempo y espacio y «ha prefijado el orden de los tiempos, y los límites de su habitación» (Hechos
17.26), el llamado siempre opera dentro de los límites de Su tiempo. No hemos sido llamados a hacer algo en el momento equivocado, si el tiempo no está en sincronía, el llamado está incompleto.

DÉ UN PASO ADELANTE CUANDO EL
SENDERO ESTÉ CLARO

Karol Wojtila era un hombre humilde. Nació en relativa oscuridad en Polonia. Creció como uno de los millones de europeos cuyas
vidas fueron rodeadas por la Segunda Guerra Mundial. Cuando sus
estudios universitarios fueron interrumpidos, tuvo que trabajar en
una cantera. Cuando el polvo amainó, meditó en sus opciones
como joven y sintió un inmenso llamado al sacerdocio. Entró a un
seminario secreto, ya que tal entrenamiento era ilegal bajo el nuevo
régimen soviético en Polonia.

Wojtila nunca fue el estereotipo de un sacerdote. Le encantaba
la actuación, la poesía, la filosofía y el aire libre. Estaba confiado en
el llamado de Dios a la Iglesia y su pasión fue ministrar a los jóvenes. Era conocido por llevar a los estudiantes de su parroquia a campamentos en Lake District y a caminatas en los montes Cárpatos.

El sendero de Wojtila era limitado por circunstancias históricas.
Sus opciones como sacerdote católico estaban restringidas a un país
controlado por un partido comunista ateo. La policía secreta hizo
todo lo que pudo para frustrar su ideal. Wojtila se mantuvo sin
disuadirse. Siguió haciendo lo que Dios lo había llamado a hacer:
ministrar la fe a las personas que estaban tratando de sobrevivir en
un sistema hostil a Dios. Con el tiempo se convirtió en obispo, y
luego en cardenal. Wojtila no lo sabía pero Dios lo tenía esperando.

En agosto de 1978, Wojtila fue llamado urgentemente a Roma pues el papa había muerto. Obtener los documentos necesarios para el viaje al oeste fue difícil. El Partido Comunista siempre hizo que un viaje al extranjero fuera difícil, aun hasta para los oficiales de la iglesia. Finalmente, los papeles necesarios fueron entregados. Unos amigos le prestaron un poco de dinero, iba a necesitar cada centavo y tenía que llevar su propia comida para el viaje en tren. Rápidamente empacó una bolsa con sus pertenencias y abordó el expreso Krakow.

Como prelado del bloque oriental, Wojtila no llamó mucho la atención entre los cardenales que habían asistido al Vaticano a escoger al próximo líder de la Iglesia Católica Romana. Él no tenía un apellido italiano, como había sucedido con todos los papas en los últimos cuatrocientos años. Ni tampoco usaba los zapatos italianos que marcaban la vida occidental de los oficiales de la curia del Vaticano que lo encontraron en la estación. No, todo lo que tenía eran sus zapatos polvorientos que vendían en Kraskow. Sin embargo, eso no le impidió seguir su llamado.

Wojtila y los otros cardenales se recluyeron en la capilla del Vaticano para escoger al siguiente sucesor de Pedro. Dos días más tarde, el 16 de octubre, salió humo blanco de la chimenea de la capilla. Un nuevo papa había sido escogido. Un poco más tarde, las puertas del balcón papal se abrieron y allí salió Wojtila como el papa Juan Pablo II.

Entre las figuras más grandes del siglo XX, quizás nadie es más famoso por su fidelidad al llamado al sendero que el papa Juan Pablo II. Él confrontó al comunismo, dirigió a su propio pueblo a la libertad, y con ello a todo un continente. Dirigió a la Iglesia Católica en su resistencia al modernismo secular. Hasta los historiadores más incrédulos admiten que fue llamado «a un tiempo como este». Si algo aprendemos de Wojtila es que a veces la pregunta no es cuál sendero, sino más bien si *daremos el paso* cuando el sendero esté claro.

CAPÍTULO 10

¿CUÁL PLAN DE LLAMADO TENGO?

EL LLAMADO ES EL PUNTO CENTRAL POR EL CUAL LA FE MUEVE AL MUNDO.

—OS GUINESS

El astillero Gdansk era un lugar común para trabajar. Este complejo industrial polaco, que construía grandes navíos, no se veía diferente a lo que encontraría en el canal de embarque de Houston, o en Norfolk, o en el puerto de Los Ángeles. Cada mañana una multitud de hombres con cascos y loncheras iban a trabajar. Después de ocho horas de soldar, triturar, pintar, operar grúas y montacargas, el silbato sonaba y esa multitud de cascos duros regresaba a casa.

El 14 de agosto de 1980, el silbato sonó, pero nadie regresó a casa. Más bien, un hombre saltó la cerca y se unió a los que ya estaban adentro. Su nombre era Lech Walesa. Walesa era un electricista que había sido despedido por protestar a causa de los aumentos en el precio de la comida, instituido por el entonces gobierno comunista de Polonia. Todo el astillero se detuvo cuando los trabajadores iniciaron una huelga demandando que Walesa fuera reincorporado. Poco después otras fábricas se unieron en apoyo, y esto se esparció por toda Polonia. La gente demandaba reformas.

Enfrentando el espectro de una insurrección y el verdadero peligro de una amenaza soviética para restaurar el orden, el presidente marxista de Polonia pidió negociar con los trabajadores. Ellos escogieron a Walesa para que los representara. Como resultado de esas conversaciones históricas, el gobierno acordó permitir la organización de los sindicatos libres, y el mes siguiente Walesa ayudó a fundar Solidaridad, el primer sindicato en el mundo comunista. Durante el siguiente año Solidaridad creció, esparciendo el sueño de la autonomía en cada lugar de trabajo de Polonia. En diciembre, sin embargo, la bota del gobierno hizo presión nuevamente, una ley marcial fue declarada y Walesa fue arrestado. En 1989, el malestar social volvió a surgir. Para evitar el caos, el Partido Comunista llamó a elecciones libres, liberó a Walesa y le pidió su ayuda. Como candidato de Solidaridad, Walesa fue elegido presidente de Polonia.

¿Cómo pudo un electricista desafiar a uno de los imperios más grandes de la historia del hombre? ¿Cómo pasó de un astillero a ser el presidente de un país? La respuesta es sencilla. Él siguió su llamado, un paso a la vez. Al principio, para Walesa fue la vocación de escoger trabajar en la parte eléctrica de un barco. Después fue despedido. Luego su llamado fue claro cuando tuvo la oportunidad de representar a sus compañeros de trabajo para negociar su libertad. Luego fue arrestado. Con el tiempo, fue elegido líder de una nación. Era claro que Walesa era un hombre común que seguía un sendero preparado por el gran Director de la historia.

Os Guiness tiene razón. El llamado no es nada menos que una invitación de Dios para usar nuestro trabajo de tal forma que movamos el mundo. La emoción surge de saber que mi trabajo actual viene de Dios y que estoy diseñado de manera especial por Él para lograrlo. En su libro *Good to Great* [De bueno a grandioso],[9] Jim Collins recomienda que las compañías identifiquen en qué son mejores que cualquier otra organización en el mundo. Ese es el sentimiento que debe acompañar a la combinación correcta entre el trabajo que Dios ha preparado para mí y mi persona. En medio de la tensión y el sudor, el trabajo y las lágrimas, las ventajas y las desventajas, lo bueno y lo malo, las victorias y las pérdidas, debe haber un sentimiento de «¡Fui hecho para hacer esto!»

La realidad es que el llamado con frecuencia es difícil de señalar. Un sentimiento de «inquietud profesional» a menudo invade nuestra paz. Nosotros hablamos a menudo con hombres y mujeres exitosos que tienen posiciones significativas de influencia y que están pensando seriamente en un cambio de dirección de sus carreras. Una vez que la puerta de la oficina se cierra, la conversación casi siempre comienza con: «Déjame contarte con lo que he estado luchando...» están pensando en una transición y están divididos acerca de cómo hacerlo.

¿Por qué tiene que ser tan difícil? En teoría, debería ser algo directo: Jesús habla y yo, como hijo suyo, escucho; Él tiene una tarea para mí y estoy listo para hacerla; pide todo de mí, y yo quiero servirle. Y al mismo tiempo, todavía no sé qué hacer, estoy confundido. Nuestro deseo de saber es intenso, precisamente porque comprendemos lo que está en juego en esta búsqueda. La realización. El significado. Vivir una vida con propósito.

En esencia, Dios hace que el llamado sea una parte crucial de nuestra jornada de fe. «Es, pues, la fe la certeza de lo que se espera, la convicción de lo que no se ve» (Hebreos 11.1) es un progreso de toda una vida esperando pacientemente en Dios para qué Él se muestre a nosotros, rogándole que hable con nosotros, asegurando que nuestras vidas estén orientadas a escuchar la voz del Espíritu Santo y dando un paso hacia adelante en lo que pensamos que es lo que Él nos está impulsando a hacer.

El llamado siempre es crítico, decisivo, y con frecuencia confuso. Para algunos seguidores de Jesús, viene con facilidad, y ellos transpiran confianza en lo que hacen. Para la mayoría de los creyentes, no obstante, decidir su llamado es un proceso misterioso y complejo. Requiere una atención constante durante todas las etapas de sus vidas.

LAS ASIGNACIONES CAMBIAN

Ciertamente sería más fácil para todos, si cuando encontráramos nuestro llamado, pudiéramos contar con que eso es lo que haremos el resto de nuestras vidas; pero ese no es el caso generalmente. El llamado para cualquier tarea puede ser de corto plazo. Jesús trabajaba como carpintero antes de asumir su ministerio público de tres años. Nehemías pasó de ser ejecutivo de operaciones a gerente de un proyecto complejo. Amós fue un pastor que luego se convirtió en profeta. David pasó de ser pastor a rey. La clave para administrar el llamado es seguir el consejo de F. D. Roosvelt: «Hacemos lo mejor que sabemos al momento, y si no funciona, lo modificamos».

Sea un llamado a corto o a largo plazo, siempre vendrá fusionado con un propósito. Lo que sucede es que a veces, sin importar cuánto trate, uno no puede verlo.

ENTRE AL LABORATORIO DE DIOS

Sea que no comprendamos nuestro llamado, y por lo tanto sigamos buscando, o estemos seguros de nuestro llamado —y por lo tanto estemos celebrando—, Colosenses 3.17 es nuestro código de trabajo: «Y todo lo que hacéis, sea de palabra o de hecho, hacedlo todo en el nombre del Señor Jesús, dando gracias a Dios Padre por medio de él».

El llamado es el laboratorio de Dios. En este, Él busca el crecimiento, la madurez, la productividad y la adoración. Ya que el llamado involucra lo que somos, se supone que el proceso nunca es estático. El llamado involucra movimiento y cambio, «presionar hacia el supremo llamado de Dios en Cristo Jesús» (Filipenses 3.14, parafraseado). El llamado es la clave para el propósito de Dios y es nuestra pasión como presidente, pastor o plomero.

Richard Bolles, autor del libro *What Color is Your Parachute?* [*¿De qué color es tu paracaídas?*], nos cuenta la historia de cómo una mujer evidenció su llamado cuando trabajaba como cajera en una tienda de abarrotes:

> Ella trabajaba en la época cuando había cajas registradoras en lugar de lectores de código de barra; tenía, además, su propio ritmo en las teclas de la caja. Luego se desafiaba a sí misma cuando empacaba los abarrotes. Les daba recetas a los clientes que no estaban seguros de cómo cocinar lo que estaban comprando. Guardaba dulces para los niños, y con el permiso de los padres, se los regalaba. Ella hacía el trabajo de una cajera, lo cual también pueden hacer 10.000 personas, pero lo hacía a su manera. Ella realizaba todos estos diferentes papeles bajo el disfraz de ser «sólo» una cajera. Esa es la forma básica en que se traza un llamado: tomar tareas cotidianas y transformarlas. La historia de los evangelios de Jesús yendo al monte y siendo transfigurado en presencia de los discípulos me demuestra lo que es el llamado. Tomar lo mundano, ofrecerlo a Dios, y pedirle que lo transforme; no es hacer un gran trabajo como traer paz al mundo, necesariamente; puede también significar ser sólo una cajera. Tiene que ver con el sentido de que hay una unicidad en la forma en que se hace una tarea.[2]

Ante los ojos del cielo, no importa tanto la clase de trabajo que usted haga, sino su calidad.

OBSTÁCULOS PARA RECIBIR EL LLAMADO

En el proceso de ayudar a las personas a través de lo que ellos piensan que Dios quiere que hagan, existe un número de obstáculos para tomar la decisión y hacer el cambio:

NO DESEO ABANDONAR MI SEGURIDAD FINANCIERA

Muchas personas llegan al borde, pero se detienen y se quedan allí porque dar el siguiente paso es algo muy arriesgado. Se necesitaría mucho trabajo.

Ir en otra dirección puede incluir quemar muchas calorías. Se necesita una nueva energía y es probable que quite algunas cosas valiosas como las noches, los fines de semana, los días de descanso y las cuentas de ahorro. Tal vez tenga uno que obtener otro título, más certificados, aprender cómo registrar un nuevo negocio, o averiguar cómo hacer una transición sin problemas entre un contexto secular y un ambiente ministerial. El impedimento, sin embargo, no es una excusa para no actuar, porque como lo observaba John F. Kennedy: «Existen riesgos y costos para un programa de acción, pero son mucho menores que los que produce no actuar».

Esa inversión extra de tiempo, energía y dinero puede ser difícil, ya que nos gusta mantener los beneficios que hemos ganado. El asunto del llamado encaja en el contexto laboral costo-beneficio. Si uno tiene confianza de que Dios lo está llamando a otro lugar, entonces existe un gran costo al no ir allí y un gran beneficio si obedecemos esa voz tranquila y suave. Hugh Walpole advirtió: «No sea demasiado cuidadoso. Eso es lo más peligroso del mundo».

NO SÉ CÓMO LLEGAR ALLÁ DESDE AQUÍ

Uno de los obstáculos más sencillos es el más significativo. Aun cuando ya tenemos luz verde con respecto a las demás preguntas, quizás la piedra de tropiezo más común es pensar cómo llegar. Entrar en un territorio desconocido requiere un mapa y muchos no lo tienen. De hecho, muchos profesionales que por lo general saben resolver problemas, tropiezan con este desafío. Sus conexiones normales no tienen ninguna relevancia en esta pregunta, y sus fuentes de información comunes no les son de utilidad.

DESCUBRA EL CÓDIGO DEL LLAMADO

No existen balas de plata para resolver el asunto del llamado. Esa falta de una solución inmediata y sencilla no significa, sin embargo, que no podemos averiguarlo. De hecho, sabemos que Jesús quiere que escuchemos Su voz, por tanto ¿cómo seguimos adelante? Sugerimos un protocolo de preguntas que nos ayuden a llegar a la conclusión y a la solución.

¿EN QUÉ ESTADO SE ENCUENTRA MI RELACIÓN CON JESÚS?

Todo comienza y termina con esto: la vitalidad de mi caminar con Cristo. Si no soy constante en la Escritura y en mi oración, confiaré poco en pensar en lo que Él está pensando. Aunque se nos anima a orar sin cesar, existen algunas intersecciones que requieren que nuestra antena se dirija hacia Dios, y esta es una de ellas. No tenemos el derecho de tomar el asunto del llamado en nuestras manos, y eso es precisamente lo que hacemos cuando comenzamos a tomar decisiones sobre nuestra carrera *sin* escuchar seriamente a Dios.

Si estamos luchando para saber cuál es nuestro llamado, podemos beneficiarnos mediante el ayuno y posiblemente tomando un tiempo para separarnos en algún lugar para pensar, escribir y escuchar. Dedicarme a las Escrituras también es vital. Puede ser muy útil buscar y leer libros devocionales significativos. Lo principal, sin embargo, es: Escuchar el llamado de Dios requiere que estemos en una posición en la que podamos escucharle.

¿QUÉ COSAS ESPECÍFICAMENTE ME DICEN QUE JESÚS ESTÁ MOVIÉNDOME A HACER UN CAMBIO EN MI CARRERA O EN MI EMPLEO?

Un cambio de esta magnitud no sucede repentinamente. ¿Qué tipo de indicadores ha experimentado, por un periodo de tiempo, que lo han hecho detenerse acerca de lo que está haciendo actualmente con su carrera? ¿Le ha hablado el Señor a través de la Escritura? ¿Existe un pensamiento recurrente que no lo deja en paz? ¿Siente un descontento creciente en su estado actual? ¿Está siendo atraído a otro lugar? Si es así, ¿por qué?

Mientras identifica las señales de su llamado potencial, analice las tres formas en que Dios nos llama, y que se mencionaron en los capítulos anteriores. ¿Cuál estará Dios usando conmigo? Le recomendamos que escriba tanto como pueda acerca de este peregrinar. Es bueno tenerlo en blanco y negro, y sería muy útil repasarlo periódicamente, someterse a esa disciplina también le ayudará a «entender» la situación. Lo que parece algo grande cuando se despierta en medio de la noche, tal vez no lo sea tanto después de que haya sido escrito y leído a la luz del día.

¿QUÉ DICE MI CÍRCULO DE CONSEJEROS?

No podemos hacer una vida sólo con Jesús. Fuimos creados para tener comunidad, y para tener la fuerza que la convivencia nos puede dar en una decisión como esta. Recomendamos firmemente un «círculo de consejeros» que le pueda dar una retroalimentación. No significa que los debe de tener en un solo lugar al mismo tiempo. Una de esas personas puede ser su cónyuge; otra puede ser su cuñado. Otros pueden ser amigos o colegas y algunos pueden ser mentores en quienes usted confía para recibir un consejo.

Cuando hable con ellos durante este proceso, le recomendamos que continúe supliéndoles información actualizada que les ayude a dar un buen consejo. Si usted ha estado escribiendo, por ejemplo, sería útil compartir lo que está pensando y por qué. El valor de ese círculo de consejeros no estará en *dar* la respuesta, sino más bien será evidenciada a través de las preguntas perspicaces y en el compartir de las experiencias de los demás que ya han caminado por ese sendero, etc.

¿ME ESTÁ ACERCANDO O ALEJANDO, MI CARRERA ACTUAL, DE MI CONJUNTO DE HABILIDADES?

Es posible que la inquietud profesional provenga de un conjunto de desafíos apropiados pero a la vez incómodos. La Escritura aclara que la vida laboral no será fácil; el sudor del trabajo ocurrirá en cualquier labor que hagamos.

En el proceso de escuchar la voz de Dios con respecto al llamado, nos hemos dado cuenta que es útil distinguir entre el trabajo actual que tengo y la clase de trabajo que hago. Si tengo un empleo haciendo algo en lo que soy bueno, la situación es muy diferente a si fuera a hacer uno para el cual no estoy capacitado. Por ejemplo, Daniel fue muy bueno como administrador para muchos reyes durante toda su vida.

La mayoría de esos reyes eran déspotas. Ese no era un trabajo fácil. Dios lo había llamado para que trabajara en ese contexto, pero lo preparó para hacer ese trabajo con excelencia.

Dios nos coloca con frecuencia en situaciones laborales desafiantes como parte del trabajo que Él está haciendo en nosotros y como parte de lo que quiere hacer a través de nosotros. Debemos tener cuidado de asumir que Él quiere que nos vayamos sólo porque el trabajo no sea muy ameno. Benjamín Franklin tenía razón cuando dijo: «Todas las situaciones humanas tienen sus inconveniencias. Sentimos aquellas que nos están sucediendo actualmente pero no podemos ver las del futuro; y por lo tanto con frecuencia hacemos cambios sin enmienda y casi siempre para algo peor». Pregúntese: ¿esta tensión que estoy sintiendo es el dolor natural de Dios desarrollándome en mi trabajo o es un síntoma de que no encajo aquí? Algunas veces, es momento de cambiar de empleo, pero otras yo soy el que necesito cambiar.

EL PAQUETE DE COMPENSACIÓN
DE DIOS

¿Cuál sería una mejor razón para levantarse en la mañana que saber que Dios le ha asignado una tarea y le interesa su calidad? ¡Qué sentido de motivación intrínseca! Un llamado provee el antídoto perfecto para nuestra perspectiva egoísta y de auto consumo acerca del trabajo.

Con el llamado también viene un gran descanso. Comprender su llamado le llevará a sentirse vocacionalmente cómodo. Ya no necesitará seguir persiguiendo el dinero, el poder, un título, una posición o subir una grada más en la escala corporativa. Más bien el llamado se acomoda de tal forma que le da paz, descanso y contentamiento.

El llamado nos dice que estamos haciendo la obra de Dios. ¿Hay algo más que se pueda disfrutar con más pasión? Si tenemos un llamado a nuestro trabajo diario, sentimos una influencia eterna, y nos ajustamos con una realización profunda.

¿VA A CONTESTAR ESO?

Cuando el teléfono suena, tenemos una reacción instintiva y visceral. Vendedores por teléfono. El jefe. Clientes descontentos. Una cancelación. Problemas entre empleados. Una metida de pata. Una petición especial. Casi siempre, las llamadas parecen ser problemas. Tomamos el auricular irritados, miramos el número, y decidimos si queremos responder o permitir que dejen un mensaje. O quizás es alguien que queremos ignorar totalmente.

Cuando Dios llama, no es para pedirnos más de nuestro trabajo, sino para hacer algo más importante con lo que estamos haciendo. Su diligencia no siempre es fácil, pero nunca será dañina. Vale la pena tomar Su llamada, vale la pena escucharla, y vale la pena ponerla en práctica. Confíe en lo que le digo. Él tiene su número y ha estado llamándolo por algún tiempo. Usted decide si quiere recibir esa llamada.

EL SERVICIO EN EL TRABAJO

«LAS PERSONAS DE FE DEBEN EJEMPLARIZAR EL SERVICIO EN SUS TRABAJOS»

Servir a otros. Esto no sucede de manera natural. Nosotros nacimos inclinados en la dirección opuesta. En lugar de tener un radar dirigido a las necesidades y el progreso de las otras personas, por lo general nos enfocamos en cuidar de la prioridad número uno: nosotros mismos. Tenemos una gran capacidad para acomodar la información, las oportunidades, y hasta las relaciones dentro de nuestro contexto egocéntrico. «¿Qué gano yo?» es el criterio que seguimos.

Después, vino Jesús... aquel que hizo a un lado lo que era bueno para sí y actuó buscando el bien para nosotros. Él rompió la cadena del egocentrismo que teníamos. Puede que todavía no se dé en forma natural, pero como una persona de fe, puedo aprender el arte de enfocarme en el interés de los demás antes que en el mío.

Hasta que aprenda y acepte que no se trata de mí, nunca disfrutaré la realización profunda y la pura bondad de ayudar a los demás. Cuando yo soy el centro constante del universo, mi mundo laboral siempre llegará a ser aburrido y vacío.

Servicio

Es el arte y el acto de enfocarse en los intereses de los demás antes que en el propio.

CAPÍTULO 11

SIRVA DE NUEVE A CINCO

No es lo que el hombre hace lo que determina si su trabajo es sagrado o secular, sino la razón por la cual lo hace.

—A.W. TOZER

Una noche, hace varios años, cuando mi hija mayor sólo era una niña, la estaba acostando en su cama, cuando sus ojos se fijaron en los míos y me hizo la pregunta que casi todos los niños le dicen a su papá o a su mamá en algún momento: «Papá, ¿por qué tienes que levantarte todos los días e ir a trabajar? ¿Por qué no te puedes quedar en la casa y jugar conmigo todo el día?» Por supuesto, le di la respuesta que todo padre dice cuando no sabe qué responder: «Pregúntale a tu mamá». No, en realidad, le di otra respuesta. Le dije: «Katelyn, es una muy buena pregunta. ¿Te parece si te doy la respuesta mañana en la noche?» Es cierto, ya había pasado su hora de ir a dormir, pero me quedé pensando en ello.

Esa noche pensé mucho sobre el asunto. Me senté junto a ella mientras dormía y empecé a darle vueltas a la cabeza tratando de encontrar los pasajes en la Escritura que hablaban acerca del mundo laboral. Este análisis volvió a confirmar mi propia comprensión de la razón divina por la cual me levanto y voy a trabajar cada día.

La siguiente noche, la llevé a la cama y estaba listo para la conversación. Tenía en mi mente toda la presentación preparada, estaba listo para hablar sobre la teología del trabajo. Estaba capacitado para responder preguntas y cualquier otra cosa que surgiera. Para mi sorpresa y desilusión, ella había olvidado la pregunta y sólo quería que le contara uno de los cuentos de Bandit, la misteriosa ardilla negra.

Puede que ahora esté distraída con Bandit, pero algún día tendrá que responderse esas preguntas cuando crezca. ¿Cuáles son las motivaciones que nos sacan de la cama aun en mañanas lluviosas y frías? Sabiendo que el día trae gran presión y demanda, ¿qué es lo que nos impulsa a trabajar un día más? En otras palabras, ¿por qué trabajar?

EL PARAÍSO PERDIDO

Cuando reflexionamos en el trabajo, pensamos en un mal comienzo en el jardín del Edén. Muchos de nosotros todavía esperamos que mejore.

«¡Fue culpa de ella!»

«¡No, fue culpa de él!»

«¡No, fue culpa de la serpiente!»

Si Adán, Eva y esa condenada serpiente no hubieran metido las patas, no existiría el trabajo. No tendríamos que hacer ninguna tarea, ninguna asignación, ninguna lista, ninguna fecha obligatoria. La vida sería un descanso perpetuo, llena de brisa fresca y dormir hasta tarde, sin sudar ni sufrir ninguna otra cosa que acompañe al trabajo duro. ¿Cierto? No, no es así.

Como mencionamos en el capítulo dos, muchas personas piensan que el trabajo fue un castigo de Dios por el pecado de Adán. La frecuente naturaleza difícil del trabajo parece ser la prueba de que es una maldición. En otras palabras, si el hombre no hubiera pecado, el trabajo no existiría. Pero, ¿es eso cierto? ¿Y cuál sería la diferencia de todas maneras?

La forma en que uno responde a estas preguntas trae tremendas implicaciones. Lo que creemos afecta directamente lo que hacemos. C.S. Lewis, el brillante cristiano apologético, escribió sabiamente: «Meditar correctamente no hará que los hombres malos se hagan buenos, pero un error puramente teórico puede remover cosas a la maldad y privar las buenas intenciones de su apoyo natural».[1] La persona que cree que el trabajo es una maldición de Dios va a él de manera diferente que aquel que piensa que es una bendición en potencia, ya que ambos miran el trabajo con actitudes fundamentalmente distintas.

Génesis 1-3 nos provee la base para una teología sólida del trabajo como algo bueno que Dios ordenó antes de la caída y como algo que trajo sudor y dificultad después. El trabajo tiene varios propósitos significativos ordenados por Dios. Veamos, al menos, cinco:

PROVISIÓN

En su nivel más básico, el trabajo provee las necesidades de la vida física: el alimento, la bebida, la ropa y el refugio. El trabajo es un vehículo dado por Dios para cumplir nuestras necesidades. Cualquier individuo capaz de trabajar debe hacerlo. Sin importar si es pagado o voluntario, si es en la casa, o en el gobierno, el trabajo no es una opción.

La Biblia, especialmente la literatura de sabiduría y la teología paulina, está llena de advertencias en contra de la ociosidad, y de exhortaciones para vivir productivamente. (Vea Proverbios 6.6-11; 10.4-5; 10.26; 12.24; 12.27; 13.4; 14.23; 15.19; 18.9; 19.15; 19.24; 20.4; 20.13; 21.25-26; 24.30-34; 26.14-16; Eclesiastés 4.5; 10.18; Isaías 56.10 y 1 Timoteo 5.13-14). Pablo va al grano cuando dice: «El que no trabaja que no coma» (2 Tesalonicenses 3.10; vea también los versículos 11-12). No hay apoyo bíblico para los días de retiro. El trabajo regular debe ser parte de mi rutina hasta el día que muera. Puede que vaya más despacio o sea definido de otra forma, pero sin el trabajo, el descanso nunca tendría sentido.

Nuestro amigo Josh tuvo su primer trabajo de verano este año. Él tiene dieciséis años, y recientemente obtuvo su licencia de conducir. Lo único que se interponía entre él y la camioneta que deseaba era sólo una cosa: ¡dinero!

Entonces, ¿qué fue lo que Josh hizo? Trabajar hasta que pudo comprarse su camioneta blanca.

Cada mañana este verano, Josh salía de su casa para trabajar en construcción. Después de cuarenta o cincuenta horas a la semana, Josh logró juntar cuatro mil dólares. Mientras otros chicos se levantaban tarde, Josh estaba haciendo la labor sucia a la que llamamos trabajo. ¿Por qué? Él tenía la necesidad, y el trabajo era el vehículo para *conseguir* un vehículo. Josh está aprendiendo a trabajar para cubrir sus propias necesidades. Pienso que Josh será una persona muy trabajadora por muchos años. Ningún padre se preocuparía de que Josh no pudiera proveer para su hija.

El trabajo como provisión tiene un propósito comunal al igual que individual. Por medio del trabajo de hombres y mujeres, Dios intenta cubrir las necesidades del pobre y del débil. Este es un mensaje constante a través de la Biblia. Pablo escribe: «Porque si alguno no provee para los suyos, y mayormente para los de su casa, ha negado la fe, y es peor que un incrédulo» (1 Timoteo 5.8). Al proveer por medio de nuestra labor, podemos ver la provisión de Dios. Dios es un Dios proveedor.

DESARROLLO DE CARÁCTER

Por su propia admisión, Larry no tenía confianza en sí mismo. Él luchaba por encontrar un lugar en el mundo donde pudiera desarrollar y definir sus fortalezas, donde pudiera reconocer y compensar sus debilidades, y donde sintiera que realmente estaba haciendo algo de valor. Su pregunta, la cual hacía en sus oraciones de madrugada, era la misma que otros millones de personas se hacen: ¿Cómo puede alguien como yo marcar una diferencia eterna?

Eso fue lo que lo trajo al «ministerio». Como pastor de jóvenes, tuvo la oportunidad de impactar directamente el curso de la realidad eterna con cada conversión y cada desarrollo espiritual subsiguiente.

Cuando Larry aceptó un trabajo como vendedor médico, creyó que la mayoría de su «ministerio» había acabado. El trabajo pagaría las cuentas. Poco después, descubrió una perspectiva completamente nueva, una frontera desconocida, para mostrar el carácter, las palabras y los hechos de Dios. Lo hizo imperfectamente, eso de seguro; y a veces hasta fracasó completa y miserablemente. Sin embargo, gradualmente y con una confianza creciente, Larry comenzó a causar un impacto. Por primera vez vio que la gente se acercaba a él por cómo él era, no por una posición espiritual por la cual le pagaban. Se dio cuenta de que había poder en ser un tipo «promedio» para Dios.

Larry atribuye su efectividad al «crisol del trabajo». Su fe estaba de por medio. Mientras esperaba en el consultorio del doctor antes de sus ventas, y orando a Dios para que le ayudara a pagar sus cuentas, se dio cuenta de su completa dependencia en Dios. Si tuviera que sobrevivir en el mundo de los negocios simplemente enfocándose en ser el más fuerte, tendría que desarrollar toda una nueva etapa de confianza. Su fe no sólo estaba de por medio, sino en la cuerda floja y en medio de un tifón.

Su carácter se sintió tentado cuando su nuevo jefe le pidió que llenara los suministros del hospital. Una gran cantidad de «oportunidades» se presentaron para comprometer, manipular, y obtener sus propias ganancias: «Haz esto y avanzarás. Ven aquí y verás de lo que estoy hablando. Toma eso, y tendrás ventaja». Sin embargo, Larry, quien tiene su deseo de servir y de crecer en la perspectiva de Dios para su trabajo, siempre intentó mantenerse en el sendero más alto: la integridad y la excelencia.

Cuando Henry Ford reflexionó en su jornada desde mecánico de granja hasta fundador de la fábrica más grande de automóviles del mundo dijo: «La vida es una serie de experiencias, cada una nos hace más grandes, aunque parezca difícil darse cuenta. El mundo fue construido para desarrollar el carácter».

Al igual que Ford, Larry se encontraba ahora en el aula de la vida, y estaba creciendo. No siempre tuvo éxito, pero aun sus fracasos, y quizás *especialmente* estos, contribuyeron al desarrollo de su carácter.

En el crisol del mundo laboral, donde la adoración inmoral de «cualquier cosa funciona», Larry comenzó a remover el lodo de su vida. Comprendió en términos vívidos el significado de la amonestación de Pedro:

> «Vosotros también, poniendo toda diligencia por esto mismo, añadid a vuestra fe virtud; a la virtud, conocimiento; al conocimiento, dominio propio; al dominio propio, paciencia; a la paciencia, piedad; a la piedad, afecto fraternal; y al afecto fraternal, amor. Porque si estas cosas están en vosotros, y abundan, no os dejarán estar ociosos ni sin fruto en cuanto al conocimiento de nuestro Señor Jesucristo» (2 Pedro 1.5-8).

Estas palabras ya no eran simple tinta en un papel, sino la nutrición esencial para la supervivencia del alma.

Entre más buscaba Larry mantenerse acorde con su ancla espiritual, algo curioso empezaba suceder. Por primera vez en su vida, tenía una sensación de eficiencia, una que estaba notablemente libre del ego. En el llamado específico de su trabajo, Dios le permitió ejercitar no sólo su fe, sino también sus dones, temperamento, talento y pasión únicos. Dios estaba madurando a Larry. Ya no era Larry, el tipo promedio, sino era Larry, la amorosa creación increíblemente única de Dios.

ADORACIÓN

Trabajar y adorar, al principio suenan como una contradicción. Trabajamos en la oficina y adoramos en la iglesia. Se supone que es allí donde debemos alabar a Dios, ¿cierto? Un breve recorrido en la Escritura, nos provee una sorprendente lista de lugares donde podemos adorar a Dios: en la montaña, en el desierto, en Hebrón, en Su santuario, en el monte de los Olivos, en la cama, en el templo, en el campo de batalla, en el cielo, a las afueras de las puertas, en Jerusalén, en Judá, en Babilonia, en un pesebre en Belén, en una fiesta, con los ángeles. En otras palabras, debemos adorar a Dios donde Él esté. Por supuesto que esto significa, en todo lugar. La adoración se puede hacer en cualquier lugar, ya que no hay una ceremonia, sino más bien una dedicación del corazón. Tal como Jesús lo dice: «Mas la hora viene, y ahora es, cuando los verdaderos adoradores adorarán al Padre en espíritu y en verdad; porque también el Padre tales adoradores busca que le adoren. Dios es Espíritu; y los que le adoran, en espíritu y en verdad es necesario que adoren» (Juan 4.23-24). La adoración es un acto espiritual del corazón, no tiene limitaciones de espacio, y su único requisito es tener una actitud correcta en el corazón.

Cuando la Biblia habla acerca de trabajar para el Señor (Colosenses 3.23), trata acerca de una relación íntima basada en el espíritu y la verdad. La búsqueda, entonces, no es una muestra pública de adoración a Dios, sino una búsqueda genuina de una relación que viene de adorar al Creador y Redentor en cualquier forma posible y en cualquier lugar posible.

No tiene que ver tanto con donde estemos o lo que estemos haciendo, como a quién estamos adorando. Charles Swindoll dio en el blanco, como siempre, cuando dijo: «Nos hemos convertido en una generación de personas que adora el trabajo, que trabaja para jugar, pero que juega para adorar». Honrar a Dios a través de lo que hacemos no es algo que surge de manera natural. Debemos esforzarnos por adorar a Dios en todo lugar: la oficina, el campo de juego, y nuestro santuario.

Nuestro trabajo, si está hecho para el Señor complace a Dios y es una expresión íntima de nuestro amor por Él y de nuestro deseo de tener una relación vertical con la verdad y la vida. Viene desde el

Génesis, donde Dios hizo el trabajo y dijo que era bueno. Un trabajo bien hecho glorifica a Dios, sin importar si alguien más lo sabe. Es en sí mismo una «ofrenda de servicio» para el Creador del mundo. En ningún otro lugar, quizás, nuestro llamado a la adoración al Señor en todas las esferas de la vida se ve más claro que en la poesía de los Salmos y en particular en el Salmo 63.

> Dios, Dios mío eres tú;
> De madrugada te buscaré;
> Mi alma tiene sed de ti, mi carne te anhela,
> En tierra seca y árida donde no hay aguas,
> Para ver tu poder y tu gloria,
> Así como te he mirado en el santuario.
> Porque mejor es tu misericordia que la vida;
> Mis labios te alabarán.
> Así te bendeciré en mi vida;
> En tu nombre alzaré mis manos.
> Como de meollo y de grosura será saciada mi alma,
> Y con labios de júbilo te alabará mi boca,
> Cuando me acuerde de ti en mi lecho,
> Cuando medite en ti en las vigilias de la noche.
> Porque has sido mi socorro,
> Y así en la sombra de tus alas me regocijaré.
> Está mi alma apegada a ti;
> Tu diestra me ha sostenido.
> (versículos 1-8)

La vida laboral de Larry le había enseñado esa clase de confianza y satisfacción en Dios. Cada uno de nosotros debe seguir creciendo en nuestra sed por Dios en todo lo que hagamos.

EJEMPLARIZAR

La adoración a través de nuestro trabajo no siempre se centra en lo que *hacemos*. La adoración puede ser el resultado de lo que *somos*.

La adoración es un reflejo del carácter de Dios en nuestras vidas. La definición principal de la adoración es dar valor a Dios. La adoración implica una pausa de nuestra parte: vemos a Dios y le damos valor a Él por lo que Él es.

Nuestras vidas, son un sacrificio vivo, y pueden iniciar un acto de adoración para los demás. Ellos observan nuestras vidas, nuestras habilidades dadas por Dios, nuestras bendiciones, y le dan valor a Dios. Nosotros lo reflejamos a Él, haciendo que otros lo adoren a Él. Tal como lo notó Edith Wharton: «Hay dos maneras de esparcir la luz: ser la vela o el espejo que la refleja». Dios es nuestra única fuente de luz, pero debemos ser un espejo para que otros la vean también.

Considere la forma en que usamos la palabra *trabajar*, un niño, cuando se le rompe su juguete, viene a su padre y a su madre y le dice: «No trabaja». Qué curioso. ¿No sería más preciso decir «No *se juega*?» La respuesta más común dada tanto por niños como por adultos cuando algo se descompone es decir: «No *trabaja*». Nuestra decisión del vocabulario es profundamente reveladora.

Surge de una realidad profunda del cosmos: las cosas, se supone, deben trabajar. Y al decir trabajar queremos decir intrínsecamente trabajar correctamente, de acuerdo con su diseño, con su función y con su propósito.

Nuestra forma acostumbrada de trabajar está rota. No funciona. Enfermedades del corazón, alcoholismo, divorcio, depresión, estos son sólo unos síntomas de una cultura de trabajo disfuncional. La caída produjo un sentimiento abrumador de ruptura cósmica, causando un caos terrible en el orden natural de la realidad. Perturbación, pecado y muerte reinan ahora en el lugar de la adoración. El hombre que busca a Dios, llega a esta terrible y dolorosa conclusión: «Mi alma está rota».

No sorprende entonces, que el trabajo del hombre caído no funcione. Cegado por la ambición egoísta, desarraigado de la adoración, lisiado por la ambición y la lujuria, atrofiado por el pecado, se asemeja a un pordiosero desnudo que en las palabras de C. S. Lewis, cometería el error de saltar en un pantano de lodo en lugar de tomar un crucero lujoso en el océano. La mayoría del tiempo, no ejemplifica más que su propia y enclenque persona.[2]

La buena noticia, sin embargo, es que Dios trabaja reparando vidas rotas. En un sentido muy profundo, Jesús trabajaba. Su trabajo tenía que ver con dar el ejemplo de la vida, el carácter, las palabras y las acciones de Dios. En Juan 5.19, Jesús explicaba: «De cierto, de cierto os digo: No puede el Hijo hacer nada por sí mismo, sino lo que ve hacer al Padre; porque todo lo que el Padre hace, también lo hace el Hijo igualmente». En las palabras de Jesús yacen muchas grandes realidades y esta es una de ellas: cuando un hombre se alinea con Dios en todo lo que hace, verdaderamente da el ejemplo de quien es Dios, al igual que el agua refleja la luz, el río regresa al mar y las hojas susurran al viento. La criatura no puede dejar de reflejar al Creador. Dios hace su nueva creación en nuestro trabajo cuando vamos a Él diariamente y de momento de momento, cambiando nuestra confianza de nosotros hacia Él.

Tal como Jesús aprendió a ejemplarizar a Dios, los seguidores de Cristo deben aprender del Hijo: «Yo soy la vid, vosotros los pámpanos; el que permanece en mí, y yo en él, éste lleva mucho fruto; porque separados de mí nada podéis hacer». Desarrollar la *vida en el trabajo* para la que fui diseñado, significa permanecer en la viña, significa mantenerse conectado con Dios, la única fuente de vida sustentadora. Al permanecer en Él, entre otros frutos que Dios desarrollará en nuestras vidas, se encuentra el cuarteto de la *vida en el trabajo* que evidencia Su llamado, muestra Su carácter, demuestra Su habilidad y el servicio a los demás.

Hasta que aprendamos de la vida y del carácter de Jesús, podremos reflejar sus palabras y sus obras en nuestro trabajo. Lentamente, Él recrea en nosotros las personas que deberíamos ser: totalmente humanos, especialmente dotados, naturales en la adoración, e incansablemente productivos. Nuestro trabajo comienza a funcionar. Tal como lo hace la luz en un lugar oscuro.

EL SERVICIO A LOS DEMÁS

Una de las maneras en las cuales se siente el calor es a través de servir a los demás. El trabajo que Dios intentó para nosotros siempre involucra una mentalidad de servicio para los demás. En el libro de Filipenses, Pablo exhorta a los seguidores de Cristo: «Nada hagáis por contienda o por vanagloria; antes bien con humildad, estimando cada uno a los demás como superiores a él mismo; no mirando cada uno por lo suyo propio, sino cada cual también por lo de los otros. Haya, pues, en vosotros este sentir que hubo también en Cristo Jesús» (2.3-5). Nuestro modelo es Cristo mismo, quien al ceder sus prerrogativas de ser Dios para adquirir la forma humana, nos da el ejemplo de mansedumbre, compromiso, servicio, humildad y obediencia.

El trabajo está diseñado para que sea algo grande y misterioso. Tenemos la oportunidad, a través de simples actos motivados por un espíritu de servicio, de participar con Dios en el movimiento diario de su mundo. En este sentido, el plomero, el predicador y el policía están al mismo nivel. Sin importar si él o ella destapan caños o almas, o filtros o desaguaderos, cada persona contribuye a un bien necesario en el mundo a través de lo que hace.

Este componente utilitario del trabajo no tiene nada que ver «conmigo o mis necesidades». Se supone que somos parte de esa gran máquina de «trabajo» en la vida. Nuestro trabajo de alguna forma hace que este mundo sea mejor. Al final del día, si todo se trata de mí y mi dinero, entonces hemos dejado algo atrás: principalmente, el servicio a la humanidad. Con la habilidad viene de forma recíproca la responsabilidad. Tal como lo dijo Bárbara Sheer: «Ser dotado tiene sus implicaciones, lo que significa que le debe al mundo su mejor esfuerzo al trabajar en lo que a usted le encanta. Usted también es un recurso natural». ¡Aun más con una perspectiva de fe acerca de la vida!

¿Por qué volver a arrastrarse a la oficina otro día más? Por una cosa, el diario trajinar es una «ofrenda de servicio» al mundo que Dios creó. El trabajo puede ser algo que me lleva a una existencia más egocéntrica o me puede abrir un mayor mundo frente a mí.

Cada trabajo le ofrece a la persona de fe un escenario para dar el ejemplo de servicio. El servicio en acción es un desempeño que hace que las personas a nuestro alrededor quieran tener asientos de primera fila y convertirse en aficionados de nuestra *vida en el trabajo*.

El concepto del servicio de excelencia no es nada nuevo. El Nuevo Testamento no siempre lo llamaba «servicio al cliente», pero la noción de servir con una sonrisa con certeza existía desde hace dos mil años. El servicio tiene cuatro diferentes palabras en el Nuevo Testamento que sirven para traer una definición completa del concepto de dar el ejemplo al servir.

Diakonos es *servir en relación con la tarea que se nos pide hacer*. Significa suplir las necesidades de los que están a mi alrededor a través de mi trabajo y actividad diaria. Demuestra la dádiva de ayudar a otros, en cosas tales como servir la mesa y preparar la comida (Lucas 10.40) o recolectar fondos para los necesitados (Hechos 11.29; 2 Corintios 8.4). Es de allí de donde salió la palabra diácono. Se traduce muchas veces como «atender» o «servir».

Una perspectiva del servicio del diaconado es fundamental para la vida cristiana en el trabajo. Jesús utilizó este aspecto del concepto «diakonos», servicio, para describir Su misión. Él dijo: «El Hijo del Hombre no vino para ser servido, sino para servir, y dar su vida en rescate por muchos» (Mateo 20.28). Jesús estaba diciendo: «Yo estoy en el negocio del servicio». Integrar nuestro trabajo y nuestra fe significa seguir Su ejemplo. No pasa un día sin que tengamos oportunidad de realizar tareas de servicio.

Huperetes es *servir en relación a nuestro superior en específico*. Esta palabra trae la imagen de una persona que remaba, un hombre sentado en la parte inferior del barco, manipulando un remo. Él sigue las órdenes del supervisor. Bajo un mandato, el realizaría rítmicamente cada uno de sus movimientos al remar. Servimos a aquellos para quienes trabajamos. Realizar su parte en el equipo de la misma forma en que Cristo lo haría significa estar dispuesto a servir a los demás bajo su orden.

Aquellos que han remado con un equipo en la universidad le podrán decir que no hay nada más trágico que perder una carrera por tener a un remador fuera de sincronía. Todos los remos deben estar moviéndose al unísono. Si no lo hacen, alguien recibirá lo que se llaman un «paletazo». Un paletazo es cuando el dueño de un remo golpea su estómago porque se salió del ritmo. Se siente como si le hubieran pegado en el vientre. En el equipo de la oficina, es el mismo resultado cuando alguien sólo trabaja para sí mismo. Servir significa disciplinarse para seguir al líder y trabajar por el bienestar del grupo.

Leitourgos es *servir en relación con la organización en general.* Existen dos usos claros de la palabra. Uno de ellos es la idea de trabajar de manera voluntaria, y el otro es trabajar como empleado o la asignación dada a alguien por el estado o una compañía. Por esta razón muchas veces se traduce como «administrador».

Cada persona que trabaja con una organización se convierte en un administrador de recursos que no le pertenecen verdaderamente a él. Sin importar si es un trabajo voluntario o una carrera de toda una vida, debemos dar el ejemplo de administradores. Fundamentalmente, la *vida en el trabajo* es un asunto de administración cristiana.

Doulos es *servir en relación con nuestro único Amo, Jesús.* Como un doulos o esclavo, me veo a mí mismo cual propiedad de Jesús. Él es mi único amo y comandante. La dimensión de servir es única para aquellos que llevan el nombre de Jesús en sus corazones. No soy doulos de nadie más, existe una alianza que sólo tengo con mi Amo. Cada uno de nosotros debe poner nuestro trabajo bajo el señorío de Cristo. Él debe ser el amo de nuestras carreras.

Éstas cuatro palabras cuando se entrelazan presentan el servicio en todas sus direcciones a todas sus audiencias. Servimos a cualquiera que esté unido a una tarea en la cual estamos involucrados. Servimos a cualquiera que está por encima de nosotros en nuestra vida laboral. Servimos a cualquiera que está conectado a una organización o compañía donde trabajamos. Y por encima de todo, servimos a Jesús, la principal audiencia y cliente de nuestra *vida en el trabajo.*

CAPÍTULO 12

NO SE TRATA DE MÍ

NO SÉ CUÁLES SON SUS DESTINOS, PERO SÍ SÉ ALGO: LOS ÚNICOS ENTRE USTEDES QUE SERÁN FELICES SON AQUELLOS QUE HAN BUSCADO Y DESCUBIERTO CÓMO SERVIR.

—ALBERT SCHWEITZER

Alfred Nobel inventó la dinamita, pero es más famoso por lo que hizo con la fortuna que ganó con ello. La colocó en un fondo de inversiones para crear un premio que reconociera a aquellos individuos que han hecho una diferencia con su excepcional servicio a la humanidad. Desde 1901, la Fundación Nobel, con sus oficinas centrales en Estocolmo, Suecia, ha premiado a personas tales como Albert Schweitzer, Martín Luther King Jr. y el obispo Desmond Tutu. Ninguno de ellos tenía como meta ganarse un Premio Nobel o recibir fama mundial o dinero. Su motivación era simplemente ayudar y servir a los demás. El premio Nobel de física en 1921, Albert Einstein, lo dijo perfectamente: «Sólo una vida al servicio de los demás es una vida que vale la pena».

Pocos ganadores del premio Nobel han capturado el corazón del mundo mejor que la monja fraile de Albania. La finada Madre Teresa ganó el premio Nobel de la Paz en 1979 por su trabajo con los destituidos, los moribundos y los niños huérfanos de Calcuta, India. Su dirección postal casi reflejaba todo lo que el mundo debe saber acerca de este ejemplo de servicio.

Dirección: Misión de la Caridad, Nirmal, Hriday,
Hogar para los destituidos moribundos, 5 A
Calle Circular Baja, Calcuta India

Ella pidió que en su tumba se inscribieran las siguientes palabras de Jesús en el Evangelio de Juan: «Ámame como yo te he amado». Tal como lo escribió San Agustín: «La humildad tiene algo que exalta de manera peculiar al corazón». La Madre Teresa era una sierva humilde como ninguna y todos somos mejores por su trabajo en la vida.

¿Qué se dirá de usted o de mí cuando muramos? ¿Alguien vivirá mejor a causa de nuestro trabajo? Un amigo mío está en el proceso de comprar una lápida para la tumba de sus padres. ¿Cómo se sintetiza una vida? ¿Qué se puede decir, cuando solo hay espacio para una inscripción de diez palabras en una roca? Si una de esas palabras no es servir, entonces nuestras vidas habrán sido un desperdicio trágico de la indulgencia propia. En contraste a la sabiduría convencional, lo importante de una carrera no es cuánto haya avanzado sino cuánto haya progresado y servido a los demás.

SU SERVICIO

La palabra siervo es un concepto bíblico exquisito que transmite la idea de trabajar para y en la dirección de alguien más. Hay más de mil referencias acerca de siervo, servir y servicio en los sesenta y seis libros de la Biblia. Es el componente central del mensaje del cristianismo. Es una cualidad que Dios enfatiza y eleva como un lenguaje universal para todos los que han pasado debajo de la cruz de Cristo.

Es un secreto de la vida que el mundo ha reconocido bien. El gran humanitario y ganador de un premio Nobel, Albert Schweitzer mencionó: «No sé cuál es tu destino, pero sí sé algo: Los únicos entre ustedes que serán felices son aquellos que han buscado y descubierto cómo servir». El servicio debe ser la médula de nuestro trabajo o no tendrá ningún sentido.

Pero, ¿qué es el servicio? En su forma más básica, ¿Qué significa y cómo es?

El servicio es el arte de enfocarse en el interés
de alguien más antes que en el mío.

Esa definición requiere un papel que —para la mayoría de nosotros que vivimos en una cultura motivada por el ego y que desea una atención demandante— es contradictorio. Es muy poco probable que usted gane un Premio Nobel de la Paz, pero cada acto de servicio tiene su propia recompensa.

REDISEÑE SU UNIVERSO

Servir a los demás requiere una revolución copernicana. Antes de 1543, hasta las mentes más brillantes cometieron el error de pensar que la Tierra era el centro del universo, lo que conocemos como la cosmovisión tolemaica. Poniéndose en contra de toda la ciencia aceptada, la tradición y la autoridad, el astrónomo polaco Nicolás Copérnico, dispuso al sol como el centro del universo. Una vez que la idea radical heliocéntrica fue comprobada y finalmente aceptada, cambió el orden de nuestra comprensión de nuestro sistema solar y revolucionó la astronomía.

Cada individuo debe pasar por un reordenamiento copernicano para convertirse en un siervo para toda una vida. Debemos volver a diseñar el universo alrededor de los demás y no de nosotros mismos. Tal como Juan el Bautista dijo refiriéndose a Jesús: «Es necesario que él crezca, pero que yo mengue» (Juan 3.30). Un corazón motivado para servir requiere un cambio de paradigma. La vida no se encuentra en una gratificación personal sino en llenar las necesidades de los demás. Tal como Jesús lo dijo: «Porque todo el que quiera salvar su vida, la perderá» (Mateo 16.25). La mayoría de nosotros se levanta cada día y vivimos para salvar nuestras propias vidas. El trabajo es en pro de mi ego. Sin embargo, un servicio motivado por Cristo, revierte la ecuación.

Joe White, fundador de los nacionalmente conocidos campamentos Kanakuk en Branson, Missouri, lo llama la filosofía de «Yo soy el tercero». Dios es el primero, los demás son el segundo y yo siempre soy el tercero. En Kanakuk, el reconocimiento más alto que se da cada semana en el campamento es el premio «Yo soy el tercero». La mayoría de las oficinas actualmente están dominadas por la competencia para obtener el premio «Yo soy el primero». Que diferente sería si fueran definidas por una filosofía tipo «Yo soy el tercero».

Hace un tiempo, recuerdo que veía una revista que traía un artículo titulado: «Egocéntrico y orgulloso de ello». La ilustración que acompañaba el artículo era de un hombrecito que tenía una cabeza gigantesca que seguía inflándose. El mensaje predominante de nuestra cultura que se arraiga a toda nuestra existencia es: ¿Y qué hay de mí? O ¿qué gano con eso? Cuando alguien obtiene una promoción, lo primero que preguntamos es en que forma eso afecta *nuestros* salarios. Cuando un nuevo plan estratégico es presentado, nos preocupamos con la carga de trabajo que *vamos* a tener a causa de eso. Si la compañía tuvo un mal año y las ganancias han disminuido, buscamos una calculadora para volver a calcular nuestras bonificaciones. El resultado de esta cultura corporativa narcisista es canceroso. «Las consecuencias que acompañan una vida de egocentrismo son reales y peligrosos», observó el psicólogo James Dobson. «Tengo un amigo que suele decir que sólo hay una oportunidad para servirse a uno mismo con alguien más. Después de eso usted se ha marginado y encadenado. La filosofía del «Yo primero» tiene el poder de destrozar nuestro mundo, sea en el matrimonio, los negocios o la política». La reciente década de escándalos de ejecutivos es el resultado directo de los valores «yoístas» de los noventa.

Su trabajo es servir o servirse a sí mismo. La mayoría de los negocios en la actualidad sólo están tratando de inflar sus cabezas tanto como pueden. El servicio al estilo de Cristo es totalmente lo opuesto. Es el arte de impulsar a otra persona que no sea yo. J.B. Phillips explicó el papel de un servicio desinteresado en la ecuación revolucionaria de la vida de esta manera: «Cristo mira el amor a sí mismo, la importancia propia y la búsqueda del ego como la antítesis de la verdadera vida. Sus dos reglas fundamentales en la vida eran que la «energía del amor» debería ir primero a Dios y luego a los demás en vez de encausarla a uno mismo».[1]

¿Cómo sería si nuestra vida laboral fuera reestructurada con ese fundamento? Una cosa es cierta: Nuestros lugares de trabajo no serían iguales.

En la última década, un instrumento de evaluación para los empleados se ha hecho parte de la comunidad de los negocios. Se le llama: «Auditoría del desempeño tipo 360 grados». Básicamente, es la evaluación del desempeño de una persona basado en la reacción y la aportación de las personas que lo rodean: los que están por encima de él, los que están por debajo de él, los que están junto a él, los que compran algo de él y los que le venden algo a él.

Suponga que su compañía inicia una auditoria de servicio tipo 360 grados. ¿Cómo le iría a usted? ¿Qué calificación le darían las otras personas sobre su interés por los demás, más que en sí mismo? ¿Dirían que usted descubrió la revolución copernicana?

AGREGUE EL SERVICIO A SU DESCRIPCIÓN DEL TRABAJO

Sin importar mi ocupación, mi título y mi autoridad, puedo ejemplarizar el servicio al trabajar junto con otras personas. El servicio no es una función de estatus, de poder o de estación. Todos y cada uno de nosotros podemos servir.

- Significa conocer a las personas como personas, no sólo como máquinas de trabajo humanas.
- Significa aprender sus nombres, los de sus cónyuges, los de sus padres, y quizás hasta las edades de sus hijos y sus cumpleaños.
- Significa involucrarse con las personas, no siempre mantener una distancia profesional.
- Significa convertirse en un buen escuchador, no sólo un buen conversador.
- Significa hacer más preguntas y luego mirar a las personas a los ojos y escuchar sus respuestas.
- Significa recordar la conversación.
- Significa dedicar el tiempo para pensar cómo puedo afirmar a alguien más, hacer que alguien obtenga una promoción, ayudar para que el proyecto de alguna persona se inicie, no solamente el mío.

Todos podemos hacer eso. No es un asunto de coeficiente intelectual, educación, capacitación, ni siquiera experiencia en el trabajo. Servir no requiere de una entrevista de trabajo. Es ver la necesidad y satisfacerla. Así de simple.

¿Es el servicio riesgoso? Sí lo es. Las personas son desordenadas. Entre más se acerca uno a ellas, hay más probabilidades de ensuciarse. Su servicio no siempre será notado o apreciado, con frecuencia lo darán por hecho. Le desgastará. Servir literalmente significa gastarse a uno mismo.

Las personas hieren, tienen emociones, necesitan dirección y liderazgo. Sin embargo, en el proceso, nos extenderemos. Al invertir en otros, nos enriquecemos. Como lo sugiere Bob Moawad: «Ayude a los demás a avanzar. Usted siempre será más alto cuando tenga a alguien sobre sus hombros» ¿Cómo sabemos si estamos sirviendo a los demás? Robert Greenleaf en su libro, *On Becoming a*

Servant Leader [Conviértase en un Líder Siervo], observa desde el otro lado del servicio. Él sugiere que nos preguntemos: Las personas a las que sirvo ¿están creciendo como tales? Mientras son servidas, ¿se hacen más sanas, más sabias, más libres, más autónomas, más desean ser siervas?»[2] El verdadero servicio siempre hace que los demás crezcan. Lo más esencial de este debe ser medido en las vidas de aquellos que están a mi alrededor.

Hace unos pocos años nuestro negocio de asesoría estaba creciendo de manera intencional con nuevos empleados y practicantes. Había estado entrevistando personas por varias semanas cuando un currículo llegó a mis manos. El tipo era impresionante, sus credenciales increíbles, su educación fantástica, sus logros inimaginables. La experiencia de su vida sobrepasaba las expectativas.

Cuanto más leía, más me preguntaba si había algo en el currículo que hubiera olvidado poner. Pero entonces me di cuenta de algo. Siempre hay cosas que no se registran en un currículo. Por ejemplo: ¿cómo podría alguien detectar un corazón de siervo y un espíritu de siervo? Eso me hizo pensar un poco más detenidamente. ¿Qué clase de currículo tendríamos si las virtudes y la información que incluyéramos fueran los logros que otros a nuestro alrededor dijeran que les ayudamos a obtener y a desarrollar? Si mi currículo se basara en la habilidad de servir a los demás, ¿qué tan atrayente sería yo en el trabajo? En el béisbol existe lo que se llaman carreras impulsadas ¿cuál sería la estadística de nuestras carreras impulsadas? El número de nuestras carreras impulsadas es nuestro cociente de servicio.

«SIRVA» LAS MEJORES PRÁCTICAS

El servicio está tan alejado de nosotros que difícilmente sabemos cómo es. Es una esas ideas con las cuales nadie puede ser antagonista, pero nadie tiene una idea de lo que realmente significa. ¿Dónde se podría encontrar un caso de alguien que miró el negocio de esa forma?

Afortunadamente, Dios no nos dejó utilizando sólo nuestra imaginación; se arremango las mangas, se agachó al suelo, y dijo: «Yo lo haré primero. Déjame enseñarte cómo se hace. Sólo obsérvame y luego haz lo que yo hago».

Escuche las palabras de la versión de la Biblia llamada El Mensaje que nos da una muestra del trabajo de Jesús, el Siervo de siervos: «Cualquiera que quiere ser grande debe ser un siervo. Cualquiera que desee ser el primero entre ustedes, debe ser su esclavo. Eso es lo que el Hijo del Hombre ha hecho. Él vino para servir, no para ser servido, y luego para dar su vida a cambio de muchos que estaban siendo cautivos» (Marcos 10.43-45). Las palabras de Jesús son poderosas porque son respaldadas por su vida.

Hay dos escenas de la historia de Jesús que muestran lo que significa servir a otros. En la primera, el Director Ejecutivo del universo lava los pies sucios de los que están debajo de Él. Piénselo con calma. Eso sería como si Donald Trump destapara un servicio sanitario en el vestíbulo de las torres Trump. Por alguna razón no puedo visualizar esa imagen. Sería como si Warren Buffet estuviera lustrando zapatos a su personal de limpieza. Dudo que vaya a ver eso en algún salón de juntas directivas en mi vida.

> Sabiendo Jesús que el Padre le había dado todas las cosas en las manos, y que había salido de Dios, y a Dios iba, se levantó de la cena, y se quitó su manto, y tomando una toalla, se la ciñó. Luego puso agua en un lebrillo, y comenzó a lavar los pies de los discípulos, y a enjugarlos con la toalla con que estaba ceñido. Entonces vino a Simón Pedro; y Pedro le dijo: Señor, ¿tú me lavas los pies? Respondió Jesús y le dijo: Lo que yo hago, tú no lo comprendes ahora; mas lo entenderás después. Pedro le dijo: No me lavarás los pies jamás. Jesús le respondió: Si no te lavare, no tendrás parte conmigo. Le dijo Simón Pedro: Señor, no sólo mis pies, sino también las manos y la cabeza. Jesús le dijo: El que está lavado, no necesita sino lavarse los pies, pues está todo limpio; y vosotros limpios estáis, aunque no todos. Porque sabía

quién le iba a entregar; por eso dijo: No estáis limpios todos. Así que, después que les hubo lavado los pies, tomó su manto, volvió a la mesa, y les dijo: ¿Sabéis lo que os he hecho? Vosotros me llamáis Maestro, y Señor; y decís bien, porque lo soy. Pues si yo, el Señor y el Maestro, he lavado vuestros pies, vosotros también debéis lavaros los pies los unos a los otros. Porque ejemplo os he dado, para que como yo os he hecho, vosotros también hagáis. De cierto, de cierto os digo: El siervo no es mayor que su señor, ni el enviado es mayor que el que le envió. Si sabéis estas cosas, bienaventurados seréis si las hiciereis (Juan 13.3-17).

Jesús estaba entrando en las últimas quince o veinte horas de su vida en la tierra. Eso sería semejante a un padre en un hospital llamando a su familia para dar unas pocas palabras de sabiduría antes de morir. ¿Cuál era la lección más importante que Jesús deseaba enfatizar de nuevo en su lecho de muerte? ¿Un repaso rápido a las personalidades del Antiguo Testamento? No. ¿Un repaso rápido de cómo predicar y hacer milagros? No. Ni siquiera fue un repaso de los puntos más importantes de la teología. Fue una lección inolvidable acerca del servicio.

¿Por qué servir? Porque Jesús sabía que si los creyentes aprendían a servirse mutuamente, Su mensaje y Su ministerio serían extendidos efectivamente cuando Él ya no estuviera. No existiría el Libro de los Hechos si no hubiera servicio. No habría la explosión de seguidores de la fe si no hubiera servicio. No habría Nuevo Testamento si no hubiera servicio. No habría iglesias si no hubiera servicio. El reino de Cristo se fundó sobre el servicio: *enfocarse en el interés de los demás, y no en el mío propio.*

Cada persona necesita ser servida. No había pies limpios en los tiempos de Jesús. Espere un momento. Permítame decirlo otra vez: *no* había pies limpios en los tiempos de Jesús. Todos tenían que caminar las calles sucias y los senderos con sus sandalias. Esos caminos con frecuencia estaban sucios, no había salubridad. Es por eso que las personas del mundo antiguo consideraban los pies como la parte del cuerpo más impura, ceremonialmente hablando.

Lavar los pies de alguien era la aplicación más amplia del concepto de servir que se pudiera dar.

Los discípulos habían estado preocupados con la pregunta de quién iba a ser el mayor. Jesús les estaba pidiendo que cambiaran su perspectiva hacia los demás. Todos se ensucian. Todos necesitan un baño. Lo mismo sucede con la vida. Todos tienen necesidades. Para satisfacerlas, los discípulos tenían que quitarse los mantos, quitarse sus prerrogativas, estar dispuestos a ensuciarse un poco, y hacer a un lado su deseo de ser grande en el reino de Dios.

El servicio es una acción, no sólo una idea. Jesús no les dijo acerca del lavado de los pies por medio de un rotafolio o algún manual. ¿Qué fue lo que hizo? Se puso de pie, se quitó el manto, se arrodilló, y tomó los pies sucios y apestosos de sus discípulos y los lavó. Él dijo: «Tomen nota de mi conducta».

Nunca olvidaré la primera vez que escuché al profesor Howard Hendricks decir: «Se capta más de lo que se enseña». No había dudas. Todos sabíamos que era cierto. Era cierto cuando éramos unos niños, y lo sigue siendo ahora que somos adultos. Caso cerrado.

Toda persona puede convertirse en un siervo. Lavar los pies es un acto sencillo que cualquiera puede realizar. No se necesita tener fuerza en los brazos: se necesita la fuerza del corazón. No se necesita brillantez; se necesita humildad. No existe una edad mínima o restricciones, no es necesario un requisito educativo, o linaje especial, sólo se requiere un tazón de agua, una toalla y alguien dispuesto a doblar sus rodillas que se interese por los demás.

Saber acerca del servicio no es lo mismo que hacerlo. Me parece tan interesante lo que Jesús tuvo que decirles a Sus seguidores en la historia: «Ahora que conocen estas cosas, vayan y pónganlas en práctica». Ya sea la oración, usar la fe o servir a los intereses de los demás, tengo que traducir mi conocimiento en un aspecto práctico para la persona que está a mi lado.

La escena en Juan termina con el mandato de Jesús a sus seguidores para que fueran a hacer de la misma forma con lo que aprendieron a través del lavado de los pies. *Saber* y *actuar* no son sinónimos. El gran reformador Martin Lutero dijo: «La vida y el ministerio de Jesús nos invitan a unirlos al ejército para servir a los demás. Se necesita volver a enfocar nuestra vida alrededor de los demás. Es el deber de cada cristiano ser el reflejo de Cristo para su vecino». El lavado de los pies es una práctica obligatoria para tener un diploma de servicio en la «Universidad de Jesús».

EL PARÁMETRO DEL SERVICIO

Jesús era un siervo. Estoy de acuerdo. Yo necesito ser un siervo. También de acuerdo. Pero ¿cómo se vería una actitud de servicio en mis zapatos? Una segunda escena nos lleva a la próxima generación de creyentes que extrajeron las implicaciones del ejemplo de Jesús como siervo para nosotros. Pablo le está explicando las características distintivas de Su maestro a un nuevo grupo de creyentes, los filipenses:

> Por tanto, si hay alguna consolación en Cristo, si algún consuelo de amor, si alguna comunión del Espíritu, si algún afecto entrañable, si alguna misericordia, completad mi gozo, sintiendo lo mismo, teniendo el mismo amor, unánimes, sintiendo una misma cosa. Nada hagáis por contienda o por vanagloria; antes bien con humildad, estimando cada uno a los demás como superiores a él mismo; no mirando cada uno por lo suyo propio, sino cada cual también por lo de los otros. Haya, pues, en vosotros este sentir que hubo también en Cristo Jesús, el cual, siendo en forma de Dios, no estimó el ser igual a Dios como cosa a que aferrarse, sino que se despojó a sí mismo, tomando forma de siervo, hecho semejante a los hombres; y estando en la condición de hombre, se humilló a sí mismo, haciéndose obediente hasta la muerte, y muerte de cruz (Filipenses 2.1-8, énfasis del autor).

No hay otro ejemplo de entrega desinteresada mayor que el que Jesucristo hizo. Este fue uno de los aportes más claras sobre el servicio que se encuentran en la Escritura.

No se apegue demasiado a las cosas que «legalmente» le pertenecen (vea el versículo 6). Técnicamente hablando, la teología enseña que las cosas realmente no pertenecen a nosotros, las pedimos prestadas y nosotros sólo somos sus mayordomos. Todas las cosas realmente le pertenecen a Dios, y se nos ha delegado el cuidado de ellas. Prácticamente hablando, sin embargo, nos sentimos como si esas cosas nos pertenecieran, y nos apegamos a ellas. Nos aferramos firmemente, nos escondemos y atesoramos, maniobramos y manipulamos. Si deseamos soltarnos del egoísmo, tenemos que quitar nuestros dedos de aquello a lo que nos aferramos. Ceder significa sostenerlas con una mano abierta. Usted tiene que ceder de manera voluntaria sus derechos, sus prerrogativas. No existe otro sendero al servicio.

Observe la perspectiva de Aquel a quien usted está tratando de servir (versículos 7-8). Jesús practicó la mejor forma de «ponerse los zapatos de otra persona por un día». La encarnación fue su manera de tomar un manto de humanidad. Cuando se hizo carne, observó mi perspectiva. No existe ninguna parte de mi mundo que Jesús no conozca o comprenda. Él me conoce desde antes que yo naciera, me conoce por experiencia. La gran noticia es, sin embargo, que siente cada dolor y confusión que tengo. «Pues en cuanto él mismo padeció siendo tentado, es poderoso para socorrer a los que son tentados» (Hebreos 2.18). Jesús puede entender, Él ha estado allí, Él escogió ir allí por usted y por mí. El servicio requiere caminar en los zapatos de aquellos a quien usted intenta ayudar.

Debe saber que su acto de servicio puede pasar inadvertido, tal vez sea malentendido o hasta rechazado. Le sucedió a Jesús (Filipenses 2.8) y nos sucederá a nosotros. Caminaremos un paso más y nadie lo agradecerá. De hecho, muchas veces ni siquiera nos verán dar el primer paso, mucho menos el segundo. Servir a otros significa que debo estar satisfecho con vivir de las recompensas que sólo

Dios me puede dar. No es una ceremonia pública de premiación sino un premio privado dentro de nuestros corazones y nuestras mentes. Debemos tener la perspectiva de Séneca: «Mantente en silencio acerca de los servicios que les has dado a otros, pero habla acerca de los favores que has recibido».

No olvide que el servicio será recompensado en el otro mundo, no en este (versículos 9-11). Hay una cosa que une a todos aquellos que sirven: se conmueven hacia una perspectiva mayor de la bondad. Es la mirada en el otro mundo lo que nos provee fuerza y perspectiva para ayudar al prójimo. Vi una calcomanía en un automóvil que decía: «Ven a trabajar para el Señor. El trabajo es muy duro, son muchas horas, y la paga es poca, pero los beneficios de pensión son fuera de este mundo».

LOS PREMIOS DE LA ACADEMIA

Las películas ganan premios. La brillantez gana galardones. Eso no sucede con la mayoría de los actos de servicio. La película que ganó el Oscar en el 2002 se llamaba *Una mente brillante*, la verdadera historia del profesor de Princeton John Nash. Nash era un matemático muy inteligente que revolucionó la economía con su disertación de veinticinco páginas acerca de la «Teoría del juego no cooperativo». Él recibió el premio Nobel en 1994 por ese asombroso logro.

Sin embargo, esa no es la parte más excepcional de la historia. John Nash era esquizofrénico. Mucho tiempo de su vida se la pasó preocupado por conspiraciones ilusorias cuyas complejidades sólo existían en la mente creativa de un genio como él. Para él, sin embargo, eran realidad. La misma intuición que le dio la capacidad de ver los patrones de actividad de un grupo económico trágicamente lo aprisionaron en un mundo oscuro de pesadillas donde veía patrones de mensajes secretos en todo lo que estaba a su alrededor. La persona que una vez fue un erudito prometedor de la facultad de

Princeton, se convirtió en un enfermo mental excéntrico, ermitaño y sin hogar, viviendo en la propia universidad.

Nash hubiera seguido así de no ser por el cuidado amoroso de su ex esposa, Alicia. Aunque ella se había divorciado de él para traer un poco de tranquilidad a su propia vida, nunca lo abandonó. Aun cuando muchas veces era una vergüenza, ella lo defendió. Cuando otros lo abandonaron, ella lo cuidó. Cuando él empezó después a luchar en contra de sus delirios y a salir de su aislamiento, ella estaba a su lado. Le dio un lugar estable donde él pudiera pararse firme. Por años, el servicio de ella hacia él era un servicio de amor.

En ese entonces, mientras ella calladamente cuidaba de él en medio de toda esa locura, no hubo un Oscar o un Premio Nobel que se viera en su horizonte. Lo que ella enfrentaba cada día era la realidad terrible de cuidar de un hombre que era un peligro para sí mismo. La recompensa para ella no era la fama o la fortuna, sino la esperanza de ver que la mente de su ex esposo volviera a resurgir nuevamente. Tal como lo experimentó Alicia Nash en Oslo, Noruega, en la ceremonia en la que John, ahora recuperado, recibía el Premio Nobel de economía, el servicio tuvo su propia recompensa.

CAPÍTULO 13

EL SAMARITANO DIARIO

EXISTE UN GRAN HOMBRE QUE HACE SENTIR A TODOS LOS HOM-
BRES PEQUEÑOS, PERO EL HOMBRE VERDADERAMENTE GRANDE
ES EL QUE HACE QUE TODOS LOS HOMBRES SE SIENTAN GRANDES.

—G.K. CHESTERTON

Estaba cansado y listo para llegar a la casa. Si usted viaja con frecuencia, no necesito decirle acerca de las largas filas y de los vuelos con boletos vendidos más de una vez. El último vuelo de la tarde que salía del aeropuerto más ocupado del mundo no era la excepción. Se había vendido de más, y el agente de la aerolínea, que ahora se había convertido en subastador, comenzaba su concurso habitual: «Damas y caballeros, por ciertos problemas nos encontramos en una situación de venta de boletos de más».

Esto me irritó. «¿Por ciertos problemas?» ¿Cómo puede sorprenderles algo que ellos están dirigiendo? Busco en su sitio web, encuentro uno de sus vuelos que ofrecen al público, pongo mi información e incluyo el pago. Me presento y ellos dicen: «Bien, vendimos su asiento a alguien más al mismo tiempo que a usted». Si McDonald's hiciera lo mismo con las cajitas felices, habría un motín.

«Hemos sido autorizados para ofrecer cincuenta dólares por boleto a cada persona que desee tomar un vuelo más tarde y ceder su asiento», se anunció por el megáfono.

El juego de ajedrez había empezado. Las personas comenzaron a hablar por sus teléfonos celulares y a analizar las posibilidades. Grupos estratégicos se formaron cerca de la entrada.

Un par de minutos más tarde, la oferta continuaba: «Damas y caballeros, no podemos abordar hasta que hayamos resuelto el asunto de la venta duplicada. Se nos ha autorizado para ofrecerles cien dólares por boleto a los viajeros que sean flexibles con su vuelo».

Dos estudiantes que regresaban a la universidad picaron la carnada. Se acercaron al escritorio, como si hubieran ganado un juego de lotería.

Todo parecía que iba a funcionar. Las personas empezaron a abordar el vuelo. Mientras íbamos uno tras otro con nuestros boletos en la mano, como ganado en un pasadizo, recordé que uno nunca le gana a un casino en Las Vegas, ni tampoco a las puertas de entrada de los aeropuertos de Atlanta.

Y en ese momento escuchamos: «¡Detengan el avión. Detengan el avión!» Una familia de cinco corría por la terminal hacia nuestra puerta de entrada. Con las valijas, sudando y gritando trataban de no perder el vuelo. No había ningún peligro de que el avión se hubiera ido, pero había un verdadero peligro, que alguien ocupara sus asientos. Parecía ser el más grande desafío de ese notable vuelo.

El señor sacó los cinco boletos de su bolsillo y se los presentó al agente, mientras pedía que le permitiera a su familia entrar al avión. El agente comenzó a hacer lo que ellos odian más: conversar individualmente con los viajeros traumatizados que están tratando de llegar a su casa.

El hombre dijo muy firmemente: «Tenemos nuestros boletos, hemos estado volando todo el día. Nuestro vuelo de conexión llegó tarde y no fue nuestra culpa. Mi familia y yo estamos tratando de ir a una boda y no podemos perder este vuelo. Hemos estado planeando esto desde hace varios meses».

El agente de la aerolínea trató de resolver el problema. Temiendo que la escena se complicara, anunció por el micrófono: «Damas y caballeros tenemos otra situación nuevamente». Parecía como si otra vez la subasta hubiera comenzado: «Si ustedes tienen planes de viaje flexibles y pueden tomar otro vuelo, necesitamos cinco asientos más en este momento». Nuevamente la guerra del regateo.

El precio de los asientos había subido a doscientos dólares y había varias personas que salían a reclamar su dinero. (Un momento, piense en lo que la persona que había entregado su boleto por cien dólares estaba sintiendo y en lo que pensaba hacer.) Este lugar se estaba poniendo muy feo. Ahora nos estábamos moviendo al mercado de las opciones para obtener boletos de aerolínea con ganancias. Alianzas y tratos se estaban formando. Al final de la primera ronda de intercambios, todavía necesitaban un asiento más. Hice una llamada para asegurarme que no estaba pasando nada urgente y luego cedí mi lugar. Es como si le hubiera dado a esa familia un millón de dólares.

Tres horas más tarde, abordé otro avión y llegué a mi casa sin problemas. Estaba reponiendo la parte amigable en la campaña de la aerolínea que dice: «Vuela los cielos amigables».

A la mañana siguiente, le conté a mi familia lo que había pasado, y recibí diferentes respuestas: «Hubieras esperado hasta que dieran doscientos cincuenta dólares».

«¿Qué es una venta duplicada y cómo lo hacen?» «¿Por qué la familia esperó hasta el último minuto para ir a la boda?» «Yo intercambiaría mi boleto todo el tiempo, papá. Imagínate ¿cuánto dinero haría haciendo eso?» «Eso fue un gesto muy especial papá» «¿Qué vas a hacer con el cupón del boleto? ¿Me lo regalas?»

Jesús contó la historia de un viajero que necesitaba ayuda, pero su necesidad tenía más importancia. Solamente Lucas, el escritor del evangelio, capta la historia que conocemos como «El buen samaritano».

Es la historia de un viajero. No iba en camino a un aeropuerto cercano, sino solamente de un pueblo a otro, a pie. Una rutina muy común en los días del Nuevo Testamento. La parábola da una instantánea excelente de lo que es poner en práctica el servicio.

Este sendero en particular era la única conexión entre Jerusalén y Jericó. Sus diecisiete millas de camino sucio y sin pavimentar tenían mala reputación debido a los bandidos. Por lo general las personas viajaban en grupos para protegerse de los ladrones y de las pandillas, pero a veces no se podía encontrar alguien con quien viajar cuando se necesitaba. Algunas veces usted tenía que arriesgarse e ir solo.

Ese fue el desafortunado caso de la persona de quien Jesús contaba la historia. Mientras iba por el camino, lo atacaron, lo robaron y lo dejaron pensando que había muerto. Poco después, pasaron por allí tres supuestos ayudantes. Cada uno de ellos pudo haberse detenido y haberlo ayudado pero sólo uno de ellos se tomó el tiempo y el esfuerzo para ofrecerle ayuda.

Los tres caminaron y vieron la necesidad pero sólo uno escogió tomar el camino del servicio. Irónicamente, los dos que pasaron de largo eran altos clérigos religiosos judíos. Más paradójicamente aun, aquel que le dio la mano de ayuda era un samaritano, un grupo que la audiencia judía de Jesús no pensaba que ayudaría. Lo que pasa es que los judíos tenían una profunda enemistad con los samaritanos, a quienes llamaban «mestizos» y herejes religiosos.

El uso de la ironía por parte de Jesús siempre tiene un propósito. La fe no es una identidad que uno mismo se atribuye o una simple creencia declarada, sino más bien es acción, es servir a nuestro prójimo, donde sea que esté.

Jesús les dijo a los que lo escuchaban:

> Un hombre descendía de Jerusalén a Jericó, y cayó en manos
> de ladrones, los cuales le despojaron; e hiriéndole, se fueron,
> dejándole medio muerto. Aconteció que descendió un sacerdote
> por aquel camino, y viéndole, pasó de largo. Asimismo un levita,

llegando cerca de aquel lugar, y viéndole, pasó de largo. Pero un samaritano, que iba de camino, vino cerca de él, y viéndole, fue movido a misericordia; y acercándose, vendó sus heridas, echándoles aceite y vino; y poniéndole en su cabalgadura, lo llevó al mesón, y cuidó de él. Otro día al partir, sacó dos denarios, y los dio al mesonero, y le dijo: Cuídamele; y todo lo que gastes de más, yo te lo pagaré cuando regrese. ¿Quién, pues, de estos tres te parece que fue el prójimo del que cayó en manos de los ladrones? Él dijo: El que usó de misericordia con él. Entonces Jesús le dijo: Ve, y haz tú lo mismo (Lucas 10.30-37).

Jesús generalmente tenía un mensaje central que esperaba que la gente entendiera con cada parábola. Él nos lo dice claramente, esta historia es acerca de la pregunta: ¿quién es el prójimo?

Jesús estaba desafiando a su audiencia acerca de la forma en que ellos trataban a las personas. Él quería que Sus seguidores se dieran cuenta que el alcance del servicio de buena voluntad hacia los demás es mucho más amplio que nuestros dos o tres amigos más cercanos. Cada día, nosotros también, nos enfrentamos a la pregunta ¿quién es mi prójimo? Vemos a personas que necesitan ayuda: una familia en crisis, un colega que necesita cumplir la demanda de su cliente a tiempo, un compañero de oficina cuyo auto no funciona, un competidor en un puesto junto al suyo que se enferma el día de la exposición, un cliente que le pide ayuda en algo sin que usted gane una comisión. ¿Quién es exactamente mi prójimo? La pregunta implícita es ¿tengo que ayudarle? La respuesta se encontraba en esa historia del primer siglo, y sigue siendo innegable el día de hoy. Mi prójimo es cualquiera que pasa por mi camino y necesita una ayuda que yo le puedo proveer. Jesús nos llama a usted y a mí a que seamos «samaritanos diarios».

Existen tres elementos para servir a las demás personas como un samaritano diario: ver como un samaritano, sentir como un samaritano y actuar con un samaritano.

VERSE COMO UN SAMARITANO DIARIO

En esa historia, los tres pudieron haber sido ángeles ayudantes cuando vieron al pobre hombre golpeado en las rocas, pero no todos *vieron* la misma cosa.

Los primeros dos eran hipócritas religiosos que vieron solamente unos restos ceremonialmente impuros, que si los tocaban, los harían impuros a ellos también. Tenían un lado ciego a la necesidad que había sido creado por su propia religión egocéntrica. El samaritano vio a un ser humano que estaba en problemas; vio una oportunidad para servir.

Nosotros también tenemos nuestros lados ciegos para los que están a nuestro alrededor, pasamos de largo a personas que vemos diariamente, personas en necesidad, personas a las que podemos servir. Es fácil tener ojos pero no ver. El poder de la observación es algo que debe ser aprendido, no es algo que surge naturalmente.

El doctor William Osler, un profesor médico de principios del siglo pasado, se hizo famoso por la forma en que enseñaba a sus estudiantes a observar. El profesor Osler tomaba un grupo de jóvenes estudiantes de medicina y les daba una asignación para que trabajaran durante todo el día. Le daba a cada uno un microscopio, una plantilla de espécimen, lápiz y papel. Les instruía que su asignación para ese día era estudiar y documentar tantas observaciones como pudieran acerca de ese espécimen microscópico.

No era un ejercicio rápido de quince minutos, para luego pasar a algo más divertido. Ni siquiera una hora y luego otra conferencia. No, era lo que tenían que hacer todo el día. Los estudiantes tenían que observar la plantilla, anotar cada detalle. Se necesitaba enfoque y concentración para poder estar viendo la misma cosa hora tras hora, esperando encontrar algo nuevo y diferente.

El siguiente día de la clase, el profesor Osler les preguntaba para que dieran un reporte de sus tareas. Mientras los alumnos compartían sus descubrimientos, él los anotaba en el pizarrón. Cuando habían acabado, se volvía hacia ellos y los elogiaba por sus aportaciones tan interesantes.

Luego le anunciaba a la clase que su próxima asignación sería igual de vital para su formación como doctores de primera clase. Les prometía con una leve sonrisa que sería tan emocionante y significativa como la del día anterior.

Les pasaba un papel donde les decía que tendrían que dedicar otras ocho horas de tiempo a hacer más observaciones con la misma plantilla que vieron el día anterior. Los estudiantes refunfuñaban. En algunos casos él repetía ese proceso durante toda una semana. Su convicción era que un doctor que tenía una observación aguda sería un mejor profesional.

Edward Bulwer- Lytton estaba convencido de lo mismo. Él creía que «cada persona que observa vigilantemente y resuelve categóricamente, inconscientemente se convierte en un genio». Para ser un genio sirviendo a las personas, usted debe aprender a ver las cosas con otros ojos.

Deténgase hoy y mire alrededor de su oficina. ¿Está realmente viendo lo que hay allí? ¿Ve usted a la madre soltera con los ojos enrojecidos por las largas horas trabajando por sus niños? ¿Ve usted al gerente en el pasillo que tiene un matrimonio destrozado? Cuando usted ve a ese jefe que desprecia, ¿ve también a su hijo adolescente y rebelde que lo hace enojar en su casa?

Ese empleado que lo frustra, ¿ya se dio cuenta de la carga que tiene al criar a ese niño especial?

La habilidad de saber cuáles personas a nuestro alrededor necesitan ayuda es el primer paso para practicar el servicio diariamente. Tres diferentes personas pasaron cerca del viajero vapuleado. Todos lo vieron... pero ¿qué fue lo que realmente vieron?

LAS PERSONAS QUE ESTÁN A NUESTRO ALREDEDOR ESTÁN SUFRIENDO Y TIENEN NECESIDAD

Cuando observamos a través del microscopio una y otra vez, escudriñando intencionalmente al hombre de la parábola del buen samaritano, comenzamos a ver a otras personas en nuestro mundo que son iguales a él. Estamos rodeados por necesidades que deben satisfacerse. El General William Booth compartió la pasión que lo motivó a fundar El Ejército de Salvación al decir: «Mientras las mujeres lloren, como lo hacen ahora, yo lucharé; mientras los niños no tengan que comer, como les sucede ahora, yo lucharé; mientras los hombres vayan a prisión, salgan y vuelvan a entrar, como lo hacen ahora, yo lucharé; mientras haya otra persona ebria; mientras haya otra jovencita en las calles; mientras que haya una alma oscura sin la luz de Dios, yo lucharé; lucharé hasta el final». ¿Está usted luchando por las personas que trabajan a su lado o les pasa de largo en el pasillo?

Debemos afinar nuestro radar ante la gran cantidad de personas necesitadas alrededor del mundo que están buscando un samaritano diario. La jornada a través de nuestra vida y nuestro trabajo es peligrosa a veces. Las condiciones de las personas a nuestro alrededor varían:

LAS PERSONAS ESTÁN DESPOJADAS DE LA AUTOCONFIANZA, LA DIGNIDAD PROPIA, LA ESPERANZA, LA PUREZA, EL SIGNIFICADO Y LA OPORTUNIDAD. En algunas áreas de la vida usamos máscaras instintivamente de una forma u otra, pero tal como John Ortberg lo declaró: «Todos son normales hasta que los llegas a conocer». Su fachada externa siempre le ganara a mi apariencia interna. Siempre ponemos un rostro de que «estamos totalmente bien». No obstante en otras áreas estamos tan desarropados como el hombre en el camino a Jericó. En nuestras áreas vulnerables y expuestas, necesitamos que alguien se detenga y vea nuestra condición, sin pasar de largo.

LAS PERSONAS ESTÁN VAPULEADAS POR LA COMPETENCIA, EL FRACASO, Y LA PRESIÓN PARA ACTUAR BIEN. Existían literalmente cientos de cuevas y grietas escondidas de donde los ladrones podían aparecer y asaltar a los viajeros que iban de Jerusalén a Jericó. En el mundo actual de la *vida en el trabajo*, las amenazas más grandes que enfrentamos no son corporales. Nos golpean otros ladrones llamados competencia, tensión, presión para el desempeño, fracaso, sobrecargas y cosas similares. El resultado es el mismo.

LAS PERSONAS ESTÁN ABANDONADAS, SOLAS, APEGADAS AL TEMOR Y A LA DUDA. No sé si usted ha sido el primero en la escena de un accidente de automóviles, pero uno no puede olvidar la mirada en los ojos de las víctimas. Es un estado confuso de temor e impotencia. Uno puede ver la mirada solitaria, sudorosa y a veces sangrienta de la impresión que han recibido. Es así que el viajero herido debió haber visto al samaritano. Recuerde que este tipo había quedado medio muerto, y sin esperanza. No creo ni por un minuto que los ojos de ese viajero herido mostraran orgullo o autodeterminación, estaba asustado y desesperado. Si usted observa en los Estados Unidos y en las áreas empresariales de muchos otros países, verá muchas personas aterradas de perder su trabajo. Verá incertidumbre en sus ojos, junto con ansiedad y duda acerca del futuro. Estos son los ojos de la necesidad, también son las oportunidades de servir que le miran a los ojos.

PUNTOS CIEGOS PARA VER COMO EL SAMARITANO

Con mucha frecuencia caminamos ciegamente en nuestro día de trabajo, pasando inertes frente a innumerables oportunidades para servir a los demás. ¿Por qué se me van las necesidades que pasan ante mis ojos? ¿Qué es lo que me obstaculiza tener una clara imagen de las personas que están a mi paso y que necesitan que les sirva? Dos estigmas ciegan nuestra posición ventajosa:

ESTOY MUY OCUPADO

Lo he dicho por muchos años y lo seguiré diciendo. Todas las personas que conozco están ocupadas, todos andamos de prisa. Las conveniencias modernas que impulsaron el consumismo después de la Segunda Guerra Mundial como un boleto a una vida más fácil en realidad han hecho que nuestras vidas sean más complejas y agobiadas. La comida rápida y los hornos microondas hacen que ahora no comamos como familia. Los teléfonos celulares hacen que nuestras vidas ya no tengan momentos de privacidad. Los correos electrónicos y la Internet están dondequiera que vayamos. Ya no es solamente una sobrecarga de información, sino una sobrecarga de información sin parar, que nos sigue por todos lados. No sé usted pero yo a veces siento que necesito más memoria en mi computadora para poder seguir adelante.

En tal contexto es particularmente difícil ver a los seres humanos que están a su alrededor. Si no se comunican con nosotros por medio de un correo electrónico, es muy probable que ni siquiera sepamos que están allí. Un estilo de vida de servicio no surge naturalmente en tan frenética existencia. No obstante, no debo permitir que la prisa y el ritmo de mi jornada de la vida en particular, me hagan caminar ciegamente por encima de los viajeros heridos en el camino. El ritmo de los negocios con facilidad nos envuelve. Necesitamos volver a entrenar nuestros ojos para ver las vidas que pasan a nuestro lado.

TENGO UNA VISTA CORTA Y ESTOY CONSUMIDO CONMIGO Y MI MUNDO

Mi querido y divertido suegro tiene ocurrencias que de vez en cuando salen en las conversaciones. Cuando se encuentra con alguien que se cree demasiado, él empieza a decir una frase: «Soy taaaaan súper. Soy taaaaan grande. Cuando voy al cine, me doy la mano a mí mismo». Si ambas manos las tengo sobre mí, no hay ninguna otra para extenderla a los demás que están en necesidad. Esa clase de mentalidad hará que la gente no note la profundidad y la realidad del dolor que los que están a nuestro alrededor llevan sobre sus hombros.

Hace unas semanas, mis hijos y yo estábamos buscando un lugar para estacionar el auto ya que teníamos una reunión con unos amigos e íbamos a comer helados. Habíamos dado dos vueltas, buscando un espacio vacío cuando de pronto vi que alguien estaba saliendo. Puse mis direccionales y me dispuse a esperar a que saliera para yo estacionarme. Súbitamente un auto del tamaño de un crucero se paró en frente del mío. Era una pareja de ancianos. Yo llegué primero y tenía el derecho.

Cuando estaba por meter el carro al espacio vacío, uno de mis hijos me dijo: «Papá, no vas a meterte allí y a quitarle el lugar a esos ancianos. Debes dejar que se estacionen». Eso hicimos.

Mi propio sentido rutinario y egocéntrico me estaba cegando de la oportunidad de ser un samaritano diario. El famoso reformador protestante alemán, Martín Lutero dijo: «Es el deber de cada cristiano ser el reflejo de Cristo para su prójimo». Hasta que cambie mi enfoque para ver los intereses y las necesidades de los demás antes que los míos, el servicio siempre estará ausente de mi portafolio.

SENTIRSE COMO UN SAMARITANO DIARIO

Tres tipos pasaron por el mismo sendero y vieron la misma escena. Un sacerdote, luego un levita, luego un detestable samaritano. Dos pasaron de largo lo suficientemente rápido. Uno se detuvo y ofreció ayuda. ¿Por qué se detuvo?

La historia tal como la dijo Jesús es clara. Cristo dijo que era una compasión profunda la que motivó el corazón del samaritano a ayudar. Una versión dice que fue lástima. Su corazón fue conmovido hasta lo profundo con empatía y cuidado.

Vale la pena explicar la diferencia entre *compasión* y *empatía*. La compasión es dolor o tristeza que uno siente *por* alguien. La palabra clave aquí es *por,* creando una distancia entre uno y la persona que está sufriendo. Por otro lado, la empatía es una emoción que es compartida *con* alguien. Aquí la palabra clave es *con,* haciendo un vínculo entre uno y la otra persona. La empatía requiere que usted se conecte con el interior de su propia vida, no sólo una compasión superficial.

Belle Linda Halpern y Kathy Lubar logran en su libro *Leadership Presence* [Presencia de liderazgo] describir la habilidad de hacer conexiones por medio de la empatía como uno de los cuatro elementos del liderazgo efectivo moderno.[1] Alguien dijo una vez: «Las más grandes hazañas de amor son realizadas por aquellos que han tenido mucha práctica en hacer actos diarios de bondad». Se necesita empatía para hacer eso. La empatía, sin embargo, se desarrolla con el uso. Tal como lo dice una calcomanía en un auto: «Practique actos al azar de bondad y de belleza inconsciente».

ENEMIGOS DE SENTIRSE COMO UN SAMARITANO

La empatía no es una flor fácil de cultivar. Existe mucho en nuestra cultura y en el clima de los negocios actuales que la mitiga. La empatía es una virtud que no se anuncia ni se premia. No trae ninguna bonificación especial al final del año. Dudo que alguna vez oiga un seminario sobre ella. Simplemente, no se encuentra dentro de nuestros valores. Algunos factores pueden atrofiar su desarrollo en nosotros.

LA GENTE ME HA HECHO DAÑO Y HE PERDIDO LA EMPATÍA POR LOS DEMÁS

Cuando mi esposa y yo éramos recién casados, ella trabajaba en la sección de trauma y quemados del hospital Birmingham, Alabama. Las escenas y los olores de la sala de quemados es algo que nunca se olvida. Las historias que me contaba se han quedado en mi mente hasta el día de hoy. Ahora casi nunca paso por alto un artículo en el periódico que hable sobre alguien quemado.

Uno de los efectos secundarios comunes de alguien que se ha quemado es la pérdida de sensibilidad del área cicatrizada. Lo mismo nos sucede a nosotros en el área relacional. Las quemaduras relacionales insensibilizan nuestro sentido del toque emocional y nuestro sentimiento empático hacia los demás, volviéndonos fríos, duros y con una gran callosidad.

El cuidado de la piel es el factor crítico en las víctimas de quemaduras. Ungüentos y antibióticos trabajan para ayudar a la piel a que vuelva a tener buena salud. La empatía requiere que nos esforcemos por mantener el suplemento constante del contacto humano. La disciplina de detenerse y conectarse con la gente, no sólo hablarles, mantiene esa facultad de empatía suave y sensible.

SOY UN INTOLERANTE CON PREJUICIOS

¿Alguna vez se ha sentido denigrado por alguien? Hemos avanzado mucho en esta área, pero todavía nos falta mucho más por andar. Existen muchas áreas sensoriales prejuiciadas y preferencias que afectan nuestras decisiones y nuestra interacción. Recién anoche, mi esposa me contó sobre la hija de un buen amigo que fue rechazada de la fraternidad de su clase. No le dieron ninguna razón, pero es muy probable que fuera porque ella no viene de una familia de dinero ni de influencia. Parece algo simple, pero no es otra cosa más que el prejuicio y la intolerancia actual.

La semana pasada se me pidió que entrevistara a un candidato cuya firma estaba considerándolo para una posición ejecutiva en Arkansas. El caballero que venía de la parte nordeste del país tenía un prejuicio inconmovible contra los sureños. No lo podía creer, no sabía que todavía había gente así. «La mente de un intolerante», decía Oliver Wendell Colmes, «es como la pupila de los ojos. Entre más luz reciba, más se contrae». La intolerancia hace que su mundo sea inevitablemente un lugar más pequeño.

Dos profesionales religiosos pasaron cerca de un prójimo mal herido. De hecho, hasta alteraron su curso de tal forma que eliminaran cualquier contacto o confrontación posible. La ocupación religiosa con frecuencia pisotea la necesidad humana. No podemos evitar el servicio, aun en el nombre de la religión. El formalismo, el ritualismo y el institucionalismo pueden hacer que la maquinaria religiosa pase por encima de la gente necesitada, todo en el nombre de la religión misma.

El año pasado supe de una pequeña compañía emprendedora que realiza una labor sobresaliente como samaritano diario desde una perspectiva empresarial. Ellos han desarrollado una conciencia comercial o una empatía corporativa que requiere que traten a los empleados de manera diferente. Bill es el fundador de la compañía y el director ejecutivo actual. En momentos en que todos se están dirigiendo hacia el exterior para asegurar la manufactura, él está convencido de que todavía se puede competir en los Estados Unidos.

¿Cómo? Él invierte en sistemas de valor a largo plazo y que pueden dar márgenes de valor para muchos años. Él es un gran creyente en la tecnología y piensa que el compañerismo sofisticado con los clientes es algo crucial. Hay algo más, sin embargo, que sobresale de la fórmula de Bill.

El año pasado fue orador principal de una reunión de líderes de negocios de San Francisco. Habló de algo que sacudió los fundamentos de los asistentes. Bill cree en ayudar a sus empleados a ser mejores personas. Su compañía presupuesta y hace gastos concorde a esto. Ellos hacen que el servicio hacia sus empleados sea una prioridad corporativa.

Él emplea a un grupo de personas que no hablan inglés predominantemente y que tienen raíces muy poco profundas en sus comunidades. Le pregunté una vez a Bill: «¿Por qué tú y tu esposa se quedan después del trabajo los lunes por la noche y les enseñan inglés a los empleados?» La respuesta de Bill fue muy convincente: ¿Cómo te sentirías si vivieras en otro país, y estuvieras tratando de ganarte la vida, criando una familia pero sin poder hablar el idioma oficial? ¿Sabes qué se siente? Cuando estos empleados se comunican mejor, todas las áreas de su existencia se elevan».

Eric Hoffer decía que «es más fácil amar a la humanidad por completo que amar a nuestro vecino». Existen muchas compañías e individuos en los negocios hoy en día que hablan solamente de dientes hacia fuera sobre su preocupación por la comunidad. En realidad utilizar tal compromiso para el bienestar de individuos específicos es mucho más inusual. Bill es una gran ilustración porque él es una de esas grandes excepciones.

ACTUAR COMO UN SAMARITANO DIARIO

Sabemos que sólo un viajero paró y proveyó ayuda. El samaritano vio al hombre en necesidad; sintió de manera empática su dolor y se detuvo a ayudar al hombre lesionado. ¿Qué es lo que tuvo que hacer el samaritano para practicar su servicio? Es más, seré más directo. ¿Cómo puedo yo servir prácticamente a los demás en mi trabajo?

EL SERVICIO REQUIERE UNA ACCIÓN DELIBERADA

Los sentimientos no significan nada sin las obras que hacen algo al respecto. Tal servicio a los demás se encuentra en la médula de la vida cristiana. John Stott, uno de los estadistas cristianos más reconocidos de esta época ha dicho: «La responsabilidad social se convierte en un aspecto no sólo de misión cristiana sino de demostración cristiana también. Es imposible estar convertido verdaderamente a Dios y no estar convertido a nuestro prójimo». El apóstol Santiago lo pone de manera muy clara: Si usted ve a alguien hambriento o con frío y solo le dice: «Deseo que se caliente o que se llene», sin hacer nada, usted se está engañando a sí mismo. «¿De qué aprovecha?», escribió, «Así también la fe, si no tiene obras, es muerta en sí misma». La acción requiere de intencionalidad.

SE REQUIERE INICIATIVA. El samaritano utilizó una oportunidad relacional. Él sabía que era despreciado por los judíos y que esta víctima tal vez haría lo mismo, pero se arriesgó de todas maneras. Se detuvo, dio la mano, sin saber cuál sería la respuesta.

SE REQUIERE UN AJUSTE. El samaritano obviamente iba a otro lugar, dudo seriamente que su calendario tuviera espacio para andar dando vueltas por Jericó, buscando víctimas a quien ayudar. Obviamente perdió su cita y su horario seguramente se alteró. El servicio eficaz a veces significa aceptar la inconveniencia.

SE REQUIERE SACRIFICIO. El samaritano dio su tiempo, su dinero y su compasión. Obviamente se ensució las manos al ayudar a limpiar a ese hombre malherido. La historia tal como dice Jesús, afirma que él instruyó al mesonero que guardara la información del costo de la convalecencia del hombre malherido para pagarla luego.

En los negocios hablamos de los bienes cada día, sin embargo con frecuencia olvidamos el papel moral de satisfacer una necesidad. Tal como lo dijo San Clemente de Alejandría: «Los bienes son llamados así porque pueden ser usados para el bien: son instrumentos para el bien, en las manos de aquellos que los usan correctamente». Los bienes son buenos solamente cuando son extraídos de los estantes y puestos en circulación para satisfacer verdaderas necesidades. Servir significa gastar. Hacerlo le costará algunos de sus bienes.

DESVÍOS PARA NO ACTUAR COMO UN SAMARITANO

Dos personas pasaron cerca de la víctima, pero se desviaron con el propósito de evitarla. Todos tenían sus razones. La acción siempre se enfrenta a la resistencia. Todos tenemos un guión interno que nos sugiere excusas de por qué es mejor sólo pasar de largo. Hacer lo correcto siempre tiene un enemigo mental. Nuestro statu quo no quiere ser molestado. Su inercia toma varias formas.

ESTOY ACOSTUMBRADO A MI RUTINA

Otra forma de decir esto es que soy obstinado e inflexible. Las rutinas pueden ser algo bueno, pero también pueden cegar nuestra perspectiva. Tengo algunos amigos que parecen nunca pasar más allá de su viejo círculo de amigotes. Se han acomodado a ese pequeño círculo, no pueden aceptar a otras personas. Usted satisfará sólo unas pocas necesidades y proveerá poco servicio si nunca deja su zona de comodidad.

La tradición puede ser buena, pero solamente si lo lleva a donde debe estar en el futuro. Todos tenemos rutinas mentales, nuestra manera cómoda y rutinaria de ver la vida. Sin embargo, la rutina necesita una alarma que la despierte, cuando se distancia o se insensibiliza de los demás.

TEMO INVOLUCRARME

El samaritano aceptó toda la responsabilidad de ayudar a su amigo. Él le dijo al mesonero que pagaría todos los costos cuando regresara. Él no pensó dos veces en esa situación. En ningún lugar de la historia se nos da una pista de que el samaritano de pronto se hubiera sentido obligado a andar buscando víctimas para servirles. Él no dejó su trabajo para convertirse en un hospital ambulante a tiempo completo. Él vio a alguien herido, tuvo compasión y respondió al instante.

Algunas veces dejamos pasar oportunidades en la vida porque mentalmente las hacemos más complejas de lo que son. La paranoia hace que cada persona en necesidad trate de aprovecharse de usted, y que cada viajero perdido sea un asesino en serie. Cada empleado que tiene un problema personal no es una demanda que está por ocurrir. El samaritano vio la situación como tal.

Un hombre había sido atacado y necesitaba ayuda. Vio un hombre al lado del camino y respondió con los recursos que tenía.

SOY PEREZOSO PARA LAS RELACIONES

Hay muchos que somos muy pasivos en nuestras relaciones. Tales individuos siempre piensan que es deber de la otra persona tomar la iniciativa. Nunca dan el primer paso hacia las demás personas, ni siquiera el segundo o el tercero. Se han acostumbrado a que las personas los busquen, y con excepción de buscar personas de mucha influencia por motivos egoístas, consideran que no pueden tomar la iniciativa con los demás.

Dejar de servir es incompatible con la ociosidad relacional. Siempre es más fácil cruzar al otro lado de la calle. Sin embargo, usted nunca vivirá verdaderamente hasta que no se conecte diariamente con la realidad de su prójimo. La iniciativa significa preguntar: «¿Cómo van las cosas en la casa?» Significa llamar a la persona que fue despedida hace seis meses y preguntar si ha encontrado trabajo. Significa presentarse a alguien que uno ve regularmente, pero que no se han conocido formalmente.

Haddon Robinson, uno de los mejores predicadores estadounidenses, suele decir que hay dos clases de personas en este mundo: gatos y perros. Un «gato», según Robinson, es un tipo de persona «aquí estoy». Los «perros», por otro lado, son personas del tipo «allí estás». Los gatos arquean sus lomos para darse a notar y que los acaricien, ellos hacen que uno vaya donde están. Los perros vienen hacia usted, moviendo la cola, subiéndose en su regazo, y lamiéndolo. No tienen inhibiciones, entran a su mundo y se echan a su lado. El gato siempre está ocupado en enterrar su propio excremento, mientras que el perro vendrá y lamerá sus heridas. Necesitamos más perros en el trabajo y menos gatos. ¿Cuál tipo es usted?

UN EJEMPLO DE ORO

Michael Phelps acababa de ganar otra medalla de oro en la competencia de natación. Su mayor competidor era Ian Crocker, su compañero de equipo que había hecho los mejores tiempos en los cien metros mariposa. De alguna forma, su mano logró tocar el borde de la piscina una centésima de segundo antes conquistando la medalla de oro.

Phelps, de dieciocho años entró a los juegos de Atenas, persiguiendo el récord de Mark Spitz de siete medallas. Pudo haber conseguido la octava. Phelps, sin embargo, nos dio uno de los mejores momentos de las Olimpiadas de 2004, al igual que una gran lección de un samaritano diario.

Después de los resultados del estilo mariposa, Phelps y Crocker se sentaron para una entrevista en televisión. Ambos hablaron acerca del equipo y de lo genuinamente felices que estaban por ellos. A diferencia del egocentrismo que algunos atletas estadounidenses presentaron en otros eventos, estos dos compartieron la gloria sin ninguna pretensión.

Menos de una hora después, un anuncio especial conmovió a los medios. Phelps no nadó para que Crocker participara en la siguiente carrera de cuatrocientos metros de relevo. Phelps dijo que Crocker era mejor que él.

Phelps quería que el equipo tuviera las mejores oportunidades de ganar. Aunque tenía todo el derecho de nadar en esa carrera, decidió darle una oportunidad a Crocker para que ganara su propia medalla de oro. Cuando el silbato sonó, Phelps estaba vitoreando a su equipo mientras ganaban la carrera.

Ese intercambio entre Phelps y Crocker salió en los encabezados ya que el ejemplo de un samaritano diario es algo raro de ver. ¿Por qué los medios no podían dejar pasar esto? Porque la demostración del servicio produce lo que mi amigo Robert Lewis llama una «influencia irresistible».

El servicio tiene un efecto en las personas que las hace reflexionar y con frecuencia las confunde. ¿Cuán irresistible es su influencia últimamente?

Tal vez al mejorar su servicio, usted pueda ganar el juego de la influencia positiva.

EL CARÁCTER EN EL TRABAJO

LAS PERSONAS DE FE DEBEN MOSTRAR EL CARÁCTER EN SU TRABAJO.

El carácter cuenta.

La personalidad ayuda. La motivación y el enfoque marcan la diferencia. La pasión hace su parte. La educación ciertamente da una contribución. Las conexiones abren las puertas. Pero no se atreva a ir a su trabajo sin carácter.

No permita que nadie le diga otra cosa, el carácter cuenta. Usted puede llevarlo al banco. Si lo ignora en usted o en otras personas, lo hace bajo su propio riesgo. Es un hecho del negocio. Llámelo sabiduría, llámelo sentido común, o llámelo un principio del evangelio. El carácter es un asunto vital. Punto.

No contrate a nadie que no tenga un carácter comprobado. No acepte un trabajo de un jefe que no tiene carácter. Ni siquiera piense en asociarse con alguien en negocios que no lo tenga. Sea consciente de los clientes y de los distribuidores que no lo tengan. Sea cauteloso con los colegas que lo comprometen. Siempre mantenga un ojo en el cociente del carácter. ¿Por qué?

Porque el carácter importa.

CARÁCTER

*Es la suma de mi comportamiento,
público y privado, ordenado de manera
coherente a través de todo el espectro de mi vida.*

CAPÍTULO 14

EL ARTE DEL CARÁCTER FORJADO

LOS MEJORES TRABAJADORES EN PIEDRA NO SON LAS HERRAMIENTAS DE COBRE O DE ACERO, SINO LOS TOQUES GENTILES DE AIRE Y AGUA QUE TRABAJAN A SU PROPIO PASO CON EL PERMISO DEL TIEMPO.
—HENRY DAVID THOREAU

Mi hijo y yo nos encontrábamos en el centro de la rotonda de los EE.UU., mirando hacia arriba al domo que estaba encima de nosotros. El aire estaba lleno de historia y de los días del pasado.

Nuestra joven guía nos hablaba mientras sus frases memorizadas hacían eco en las paredes de mármol: «La rotonda ha sido el sitio donde los cuerpos de las principales personalidades han sido honrados después de muertos. El más reciente fue el presidente número cuarenta de los Estados Unidos, Ronald Reagan. Más de cien mil personas hicieron fila todo el día para presentarle sus últimos respetos».

Después de eso levantó su mano y nos dirigió al pasillo, hacia el siguiente hito memorial de nuestro recorrido de treinta minutos. Pensé: *¿Eso es todo? ¿El recorrido de la rotonda terminó?* Sólo había un problema: yo no estaba listo para irme. El fresco del techo del domo se fijaba en mí como diciendo: *Quédate un poco más y escucha a estas paredes hablar.* Necesitaba degustar este lugar un poco más de lo que ese recorrido permitía.

Habían pasado sólo unas pocas semanas desde el fallecimiento del presidente Reagan. Me quedé allí, reflexionando en el legado de su vida.

Las banderas todavía estaban colgadas a media asta por ese hombre. Al igual que muchos, había visto en televisión su última aparición en ese lugar, su funeral y, finalmente, su último vuelo en el avión *Air Force One*, para ser enterrado en su nativa California.

¿Por qué necesitaba hacer una pausa en medio de esa rotonda? Por la misma razón por la que todo el país se detuvo para tener una semana de duelo y reflexión. Habíamos perdido a un líder poco común, un hombre de carácter.

Parado allí, pensé en el libro de Peggy Noonan sobre Ronald Reagan, el cual había vuelto a leer. El título lo dice todo: *When Character was King* [Cuando el carácter reina] (New York, Penguin Publishers, 2002).

Los estadounidenses hicieron duelo por Reagan sin importar su persuasión política, porque ellos sabían que era un gran hombre. Una encuesta Gallup de CNN/USA Today del año 2001 mostró que la mayoría de los estadounidenses consideraron a Ronald Reagan como el mejor presidente de los Estados Unidos, por encima de John F. Kennedy y Abraham Lincoln. Una de las razones es que Reagan fue una persona de integridad.

Haya estado usted o no de acuerdo con él, usted sabía cuáles eran sus valores. Cuando fue a la puerta de Brandemburgo en Berlín y dijo: «Señor Gorbachev, destruya este muro», su voz tenía una autoridad moral. Esta no fue sólo una frase extraída por un grupo de investigación. Era su convicción acerca de la libertad y la democracia por la cual Reagan era reconocido mucho antes de que fuera elegido presidente.

Parado allí, pensando en Reagan, miré hacia el techo de la rotonda. La parte interna del domo es un fresco llamado *La apoteosis de Washington*. Es una escena de Washington ascendiendo al cielo. Refleja a Washington como un gobernador ejemplar, un César que gobierna con un carácter incorruptible.

Este tema del carácter continúa por todas las paredes de la rotonda. Rodeándonos se encuentran las estatuas de algunos de los más estimados estadounidenses: Abraham Lincoln, Martin Luther King, y Susan B. Anthony.

¿Cómo puede usted desarrollar la clase de carácter recordado aquí? ¿Cómo puedo desarrollarlo en mi campo de trabajo y mi realidad diaria? Rodeado de todos estos héroes históricos, recordé el comentario del general H. Norman Schwarskopf: «El liderazgo es una combinación potente de estrategia y carácter. Pero si debe quedarse sin alguno de ellos, quédese sin la estrategia». Mi hijo y yo nos detuvimos, marcados por el momento, y reflexionamos. El carácter es difícil de encontrar en estos días.

En la Biblia, uno de los estudios más famosos del carácter es la vida de David. El Salmo 78.72 resume el carácter de David con las palabras: «Integridad de corazón». El corazón de David era uno con su vida. La gente conocía los valores de David. Su carácter hablaba por sí mismo.

El concepto del Antiguo Testamento de la integridad es una persona «completa», lo opuesto a un hipócrita de dos caras. Es una persona de autenticidad y transparencia. Una persona que practica la acción que cree en su corazón y en su mente. Lo que ve es lo que hay. Don Galer definió la integridad de esta forma: «Lo que hacemos, lo que decimos y lo que decimos que hacemos». La clave entre las tres frases es la coherencia. Mi carácter es una composición de mi vida, que todos pueden detenerse y examinar. Es un fresco visible como el que aparece en el domo de la Casa Blanca.

LAS MARCAS DE NUESTRAS VIDAS

La palabra que usa la Biblia para «carácter» viene del término griego que describe un instrumento para esculpir. La imagen es la de un artista que realiza un surco en una placa de metal al ir golpeando en el mismo lugar con una herramienta filosa. Después de varios golpes, una imagen comienza a tomar forma.

Mi carácter es forjado como un conjunto de marcas distintivas que cuando se unen, realizan un retrato de quien soy. Todos tenemos carácter, y puede ser descrito: bueno o malo, voluble o firme, miserable o valioso.

La conducta y el carácter están relacionados, pero no son la misma cosa. La conducta es lo que hago, el carácter es la persona que mi comportamiento ha creado. La conducta es sólo una acción. «Me comporté mal en esa situación».

El carácter es la suma de mi comportamiento, público y privado, ordenado de manera coherente a través de todo el espectro de mi vida. Cualquier comportamiento que se duplica y se vuelve a repetir forma una parte de mi carácter.

Los patrones de comportamiento repetidos realizan una serie de surcos que forman un retrato de mí como persona. Las líneas de mi comportamiento con el tiempo crean una imagen de carácter. Algunas veces ese retrato es convincente y atractivo, en otros casos es feo y repelente. Por lo general es una combinación de los dos. Hasta los rostros más fabulosos tienen sus imperfecciones.

Hace unos meses estaba en medio de un río. Pescar dentro de un río hasta la altura de mi cintura, es mi forma de liberar tensión. Allí puedo aclarar mi mente y mi corazón.

Había una roca en el centro del río, era un gran lugar para tomar un descanso y mi almuerzo. Subí a ella y me estiré como si fuera una tortuga tomando el sol. Pasando mi mano por la gastada superficie, me embebí en su calidez causada por el sol.

Al mirar de cerca, noté los contornos. No eran características pertenecientes a la roca en sí, eran surcos que habían sido hechos por el agua. Año tras año el agua pasa por ese obstáculo. Las olas golpean contra ella, tratando de sobrepasarla. Aunque las olas que veía pasar por allí en ese momento parecían no hacer ninguna diferencia, con el tiempo dejarían su marca. Lo mismo sucede con el carácter. Todo lo que hacemos, cada pensamiento, cada elección, es una ola con efectos secundarios. Es más fácil ver su efecto inmediato en los demás que ver la consecuencia en la médula de la roca de su propio carácter. No obstante si usted ve los contornos de su vida, verá claramente los surcos formados por el patrón de su pasado.

Cada vez que tomamos una decisión, realizamos un surco. Cada vez que reaccionamos ante una crisis, realizamos un surco. Cuando nos mordemos la lengua y practicamos el autocontrol o cuando la dejamos libre para decir lo que pensamos, estamos esculpiendo nuestro carácter. Cuando decimos si o no a una tentación, estamos firmando nuestros nombres. Cuando usted se mantiene ante la presión de sus amigos, mantiene la línea de la verdad, o devuelve bien por mal, usted está grabando un patrón en su carácter. El autor Anthony Robbins dio en el blanco cuando dijo: «Es en esos momentos decisivos que se forma su destino».

CONECTE EL CORAZÓN

Los surcos del carácter que nos marcan más profundamente, sin embargo, son los que hacemos cuando nadie está mirando. Esas movidas de nuestras mentes y nuestros corazones tienden a hacer las raíces más profundas, para bien o para mal. Es por eso que el mensaje de Jesús para sus seguidores casi siempre se enfocaba en conectar la actitud interna con la acción externa.

Después que Jesús reclutó a esos doce hombres comunes para que dejaran sus carreras y lo siguieran en una experiencia para cambiar al mundo, los juntó para darles un curso sobre cómo caminar con una nueva fe.

Los llevó a una montaña a una reunión ejecutiva. Uno de los presentes grabó lo que sucedió en el Evangelio de Mateo, en los capítulos cinco al siete, un pasaje que conocemos como el «Sermón del Monte».

Existe un tema central que surge rápidamente. Jesús quiere que sus nuevos seguidores comprendan y acepten la vida de la espiritualidad interna. Seis veces Jesús enfatiza su tema central. Se refiere a una acción externa como matar y sujeta la actitud interna de la ira incontrolable y la venganza al juicio del pecado. Él vincula la cuestión del adulterio al espíritu de la fidelidad. Seis veces les pide a sus seguidores que vuelvan a enfocar sus lentes espirituales y pasen por encima de la acción externa a la actitud interna.

Si vamos a desarrollar una vida de carácter saludable, debemos conectar los asuntos al corazón.

EL CARÁCTER A LA VISTA DE TODOS

Recientemente me encontré con un amigo en un viaje de negocios. Teníamos muy poco tiempo, así que nos apuramos por las calles de la ciudad. Como sucede con frecuencia en un distrito de tiendas «históricas», pasamos por una galería de arte local. A mi amigo le encanta el arte, y yo soy un curioso incurable, así que entramos. Inmediatamente mi amigo divisó un grupo de pinturas cerca de la pared del fondo. Me dijo: «Reconocería el trabajo de este artista en cualquier lugar». Él y su esposa habían estado coleccionando las obras de ese artista por un buen tiempo. Me dijo: «Es tan fácil divisar la obra de este tipo, especialmente cuando está a la vista de todos».

Todos pintamos nuestro carácter en los lienzos de nuestras vidas, y pronto está *abierto al público* para ser reconocido. Las personas pasan por nuestras vidas día tras día, viendo quiénes somos, captando constantemente vistazos de nuestro carácter. Está abierto al público, sólo los ingenuos piensan que el carácter es un asunto privado. Es tan público como el fresco en el techo del domo del Capitolio, no se puede esconder. Podemos tener éxito ocultando ciertas conductas, pero nuestro carácter en general siempre muestra quién es al final. Sin excepciones.

El carácter es como la tinta de un lapicero derramándose en su bolsillo, siempre encuentra la forma de esparcirse. En la medida que haya vivido una vida comprometedora, en algún momento quedaré expuesto. Si, por otro lado, me he esforzado por ser fiel e íntegro, entonces algún día necesitaré ese historial para vindicarme, tal como le pasó a un amigo mío cuando fue acusado falsamente.

Recibir una demanda no es nada agradable, y mucho menos es bueno para la reputación. Cuando la demanda es por acoso sexual y usted es un pastor reconocido, *no es nada bueno*.

Todo empezó cuando recibí una llamada un fin de semana por parte de un amigo de la universidad. Lo llamaré Jim. Nos habíamos mantenido en contacto por veinte años, así que pensaba que era sólo otra llamada más. El tono de su voz, no obstante, me hizo saber que no era una llamada de rutina.

Me dijo: «Voy de camino a Colorado a ver a mis padres. Acabo de darme cuenta que he sido demandado. La historia pronto saldrá al público y deseo que mis padres lo oigan de mis propios labios en vez de un chisme». Lo habían acusado de acoso sexual sin que él hubiera actuado así. ¿Quién creería las declaraciones de inocencia de un pastor hoy en día cuando las historias de acoso sexual son una situación diaria?

Me contó toda la historia. Una hora y media después colgué el teléfono y me prometió mantenerme informado.

Una o dos semanas después, me llamó para contarme las noticias más recientes. Le pregunté: «Jim ¿qué dijeron tus padres? «Me dijeron: Hijo, hemos observado tu vida, sabemos quién eres y lo que eres. Tu vida ha estado abierta al público. Sabemos que no lo hiciste, porque eso no está en tu carácter. No tiene sentido con respecto a lo que conocemos de ti».

También fue a la costa oeste a hablar con el cuerpo eclesiástico donde había servido anteriormente y donde el incidente supuestamente había ocurrido. «¿Qué dijeron?», le pregunté.

«Me dijeron que me conocían y sabían qué clase de persona era. Que ellos no creían en ese rumor».

Fue a sus antiguos miembros del personal y del liderazgo, que también respondieron de la misma forma. Le dijeron: «Conocemos tu carácter. Te ayudaremos a luchar contra esto, porque sabemos que eres inocente». Uno por uno, el círculo de amigos y socios lo apoyó y testificó de esta imagen de su vida.

Hay pocas ocasiones en la vida cuando lo único que uno puede usar para defender su vida es su carácter. Tal como lo dice Proverbios 11.6: «La justicia de los rectos los librará».

Cuando la demanda llegó al tribunal, la persona que lo acusó no tenía ninguna evidencia y trató de pintar un patrón de un hombre infiel. La defensa de mi amigo era muy sencilla. Lo único que tenía que hacer era sacar el lienzo de sus veinticinco años y decir: «Observemos». Él pudo abrir los patrones de su vida privados y públicos para el escrutinio público, porque no tenía nada que esconder. Durante sus veinticinco años de liderazgo y de vida privada, mi amigo nunca había sido acusado de nada de esa clase. Nunca había sido infiel. Sus surcos eran constantes.

Ese era su carácter. Y fue exonerado.

Tal como lo dice la sabiduría de los Proverbios: «Aun el muchacho es conocido por sus hechos, si su conducta fuere limpia y recta» (20.11). Uno de los muchachos de nuestro barrio, lo llamaré Travis, tiene fama de mentiroso con sus padres. Hará lo que sea para poder salirse con la suya, lo he visto una y otra vez. Cuando lo confronté una vez por algo inapropiado que mis hijos me dijeron que él había hecho en nuestra casa, lo negó rápidamente. Le dije: «Travis, no confío en ti. Sé que mientes, no me puedes engañar. Lo hiciste, lo sé. No lo vuelvas a hacer». Él estaba asombrado. No estaba acostumbrado a que alguien lo confrontara. Su desafío acabó y se disculpó. Lo triste es que Travis crecerá sin aprender que el carácter de una persona, para bien o para mal, no se puede esconder. Johann Wolfgang von Goethe lo puso de esta manera: «La conducta es un espejo en el cual todos muestran su propia imagen». Lo mismo sucede con el carácter.

BROCHAZOS ERRANTES

El carácter no se trata de perfección, ni significa tener un historial perfecto. Ninguno de nosotros es perfecto. No es la perfección, sino el patrón en general. Nunca ha existido un pintor que no haya tenido una mala pincelada en el lienzo. No ha habido un escritor que no haya gastado botellitas de corrector hasta que alguien inventó la tecla de suprimir.

Nuestro amigo el rey David no fue la excepción, él necesitaba corrector al igual que nosotros. Él tuvo un mal brochazo en su lienzo del carácter.

Existen dos informes opuestos que hacen que haya un serio conflicto en lo que respecta a la vida de David. Uno de ellos es el comentario «conforme al corazón de Dios». El otro es el hecho de que David cometió adulterio con Betzabé y mató a su esposo para encubrir el acto. ¿Cómo podría David ser caracterizado como un hombre conforme al corazón de Dios cuando fue un adúltero asesino?

David tenía aproximadamente cincuenta años y había sido rey de Israel por casi veinte cuando un día sucumbió ante la lujuria de sus ojos. El pincel se le resbaló de sus manos y una mancha cayó en su lienzo. Luego hizo las cosas peores al tratar de cubrirlas añadiendo el asesinato a sus antecedentes penales.

David no pensaba meter las patas, tampoco ninguno de nosotros lo quiere hacer. Una tarde se estaba relajando en el techo de su palacio después de un largo día de trabajo. La fatiga casi siempre es un factor en el fracaso moral.

Mientras observaba a Jerusalén su vista se cruzó con una mujer que se bañaba en uno de los techos más abajo. A él le gustó lo que vio y la deseó.

Supo que su nombre era Betzabé. Ella estaba casada con Urías, uno de los soldados de David que se encontraba en una batalla. Abusando de su autoridad como rey, mandó a llamar a Betzabé. Cuando ella llegó, David se acostó con ella y ella quedó embarazada.

Para cubrir el hecho, David hizo que trajeran a Urías de la batalla para que así estuviera con su esposa, pero Urías rehusó acostarse con su esposa mientras sus compañeros estaban en la batalla. David entonces embriagó a Urías pensando que tal vez así olvidaría su firmeza y haría el amor con su esposa cubriendo de esa manera las huellas de David. Aun embriagado, Urías rehusó las comodidades de su hogar mientras los soldados estaban en la batalla. Tal como lo dijo el comentador Stuart Briscoe: «Un Urías ebrio era mucho mejor hombre que un David sobrio».

David tuvo pánico y orquestó un plan para que Urías estuviera en una posición en la batalla donde lo mataran. Urías sin saberlo obedeció y fue, y ciertamente murió. David ahora podía casarse con Betzabé. Unos meses después el bebé nació y todo volvió a la normalidad. David pensó que se había salvado de las consecuencias. Sólo había una cosa que andaba mal: David no había resuelto su pecado y su corazón estaba roto. Existe una tendencia en nosotros a camuflar nuestro pecado. Finalmente, Dios envió a Natán a confrontar a David. Cara a cara ante su pecado, David se dolió por lo que había hecho y se arrepintió.

Creo que todos estamos de acuerdo que David manchó su lienzo, tropezó y fracasó terriblemente. Sin embargo, cuando leemos de David en el libro de Hechos, no es recordado por su fracaso. En el capítulo trece se nos dice:

«He hallado a David, hijo de Isaí, varón conforme a mi corazón» (v. 22). En el versículo treinta y seis se dice que David «sirvió al propósito de Dios en su generación». ¿Cuál es mi punto? Cuando la vida de David se expuso para que lo recordaran las generaciones, no fue su brochazo de adulterio lo que se registró en el libro de los Hechos. Es cierto, él pecó y es verdad que tropezó, pero un tropiezo no es un surco y mi carácter es más grande que un resbalón y una caída. Es el patrón de mi vida. Porque el patrón general de David fue el de un hombre que buscó el corazón de Dios.

¿Estoy excusando o ignorando los manchones del carácter de David? No. Le tomó casi un año poder recuperarse. Tuvo que enfrentar algunas de las consecuencias de su pecado por el resto de su vida, pero hay una diferencia entre resbalarse una vez y repetir la conducta una y otra vez, creando entonces un surco en su carácter.

Tal como lo dijo la columnista Marilyn vos Savant: «Un traspié se convierte en un error cuando rehusamos admitirlo». Proverbios 24.16 lo dice así: «Siete veces cae el justo y vuelve a levantarse». David se levantó. El carácter no es perfecto, pero cuando cae, se vuelve a levantar.

ARREPENTIRSE PARA OBTENER UN MEJOR CARÁCTER

¿Cómo desarrollo un carácter mejor y más fuerte? La lección número uno de David es, aprenda cómo practicar un arrepentimiento genuino y acepte el perdón genuino. Ese comentario es más fácil decirlo que hacerlo. En el Salmo 51, escuchamos la oración de David confesando su pecado con Betzabé y su ruego por el perdón: «Ten piedad de mí, oh Dios, conforme a tu misericordia; conforme a la multitud de tus piedades borra mis rebeliones. Lávame más y más de mi maldad, y límpiame de mi pecado» (vv. 1-2).

Debemos darnos cuenta que *vamos* a equivocarnos. Es lo que hacemos después de equivocarnos lo que forma el surco de nuestro carácter. Abraham Lincoln dijo una vez: «Mi gran preocupación no es si usted ha fallado, sino si está contento con su fracaso». El fracaso no es tanto lo que forma el carácter, sino lo que hacemos después de fracasar. ¿Lo cubrimos, lo ignoramos, lo negamos o lo admitimos, caminamos de frente y buscamos un cambio personal?

Oswald Sanders señaló que: «La forma en que reacciona el hombre *después* de que ha sido engañado por Satanás es una revelación de su verdadero carácter. Por más de un año, David se mantuvo sin confesar su pecado, pero al final la enormidad de su pecado fue socavada por la profundidad de su arrepentimiento».[1] David se acercó a Dios y dijo: «He echado a perder mi retrato y necesito desmancharlo. No estoy negando lo que he hecho, pero quiero seguir adelante si es posible. ¿Limpiarías los errores y me permitirías comenzar de nuevo? Dios lo hizo y la historia termina con un David recuperado y con corazón limpio.

David es un buen ejemplo de cómo tener y elevar el parámetro del carácter. A pesar de su serio pecado con Betzabé y su esposo, la forma en que lidió con su relación con Dios, con los demás y con su propio pecado nos da una imagen de un hombre conforme al corazón de Dios.

OBSERVE EL TALÓN DE AQUILES

Muchos en el mundo de los negocios actualmente son como Aquiles.

Aquiles era uno de los guerreros más famosos de la mitología griega. Él podía conquistar cualquier cosa. Aquiles debía sus conquistas a su madre. Cuando nació, ella intentó hacerlo inmortal sumergiéndolo en el agua del río Styx, ya que cualquier cosa que tocaba el río se hacía invulnerable. Ese era el secreto del éxito de Aquiles.

Aquiles también tenía debilidades secretas. El talón con el cual su madre lo sostuvo mientras lo zambullía en el agua se mantuvo seco y como resultado no tenía protección; era su punto débil. Al final murió como resultado de una flecha enemiga que le dio en la parte trasera de su pie. Abrió una herida que no sanaba y que al fin lo mató. El talón de Aquiles fue su perdición.

Todos tenemos un talón de Aquiles. Es crucial para nuestro carácter saber cuál es y cómo protegernos de esa debilidad. Mi observación es que todos luchamos con uno o dos pecados del corazón que son distintivos de nuestro diseño. Aunque somos teóricamente vulnerables a todos los pecados, casi siempre existe un pecado del corazón que siempre nos asedia.

Ese pecado es diferente para cada persona. Tal como lo observó Oswald Sanders: «La sensibilidad de David y su naturaleza artística lo dejaron abierto a la tentación que tal vez para otra persona no hubiera sido problema».[2]

Ese era el talón de Aquiles de David. ¿Cuál es el suyo?

Hemos estado guiando y entrenando a ejecutivos por más de veinticinco años.

Hemos notado que muchas veces existe algo que los ejecutivos necesitan enfrentar y dominar. Hablo de conocer su talón de Aquiles y luego supervisarlo. Desarrolle límites que lo protejan de sus propias debilidades.

NUESTROS PATRONES COMIENZAN TEMPRANO PERO SE QUEDAN POR MUCHO TIEMPO

El mentiroso comienza a mentir desde muy temprano. El matón comienza a amenazar desde muy temprano y el manipulador comienza a manipular desde muy temprano. Los educadores y los consejeros lo han sabido desde hace mucho tiempo. El resto de los otros hasta ahora lo está entendiendo.

Un antiguo proverbio chino dice: «Siembra un pensamiento y cosecharás un acto. Siembra un acto y cosecharás un hábito. Siembra un hábito y cosecharás un carácter. Siembra un carácter y cosecharás un destino». Esa es una verdad que la Biblia secunda: «No os engañéis; Dios no puede ser burlado: pues todo lo que el hombre sembrare, eso también segará» (Gálatas 6.7).

Piense en el joven adolescente David preparándose para luchar con el gigante. Al final vemos una instantánea de la motivación de su corazón, de lo que realmente lo estaba motivando. Después que el gigante cayera al suelo, él no se puso a fanfarronear como el boxeador que acaba de ganara un campeonato. Sencillamente dijo: «Ahora todos conocerán que hay un Dios en Israel». Eso es carácter.

¿Cuándo se convirtió David en un asesino de gigantes? Mucho tiempo antes, cuando se enfrentó a los desafíos más pequeños. Cuando le tocaba cuidar los rebaños y sus hermanos mayores no querían hacerlo, él obedeció a su padre aunque no le pareciera justo. Estando sentado en el campo con las ovejas toda la noche, eligió adorar a Dios durante su soledad y temor. Ahora adelante la historia hasta cuando fue confrontado por su adulterio y su asesinato. Ese día mató a un gigante mucho más grande que Goliat. Se enfrentó a su propio fracaso y lo derribó. Quizás su acto más valiente fue admitir su propio pecado y ponerse a cuentas.

Ordene esas piezas y tendrá una imagen de la vida. David como adulto fue un hombre humilde, leal, valiente, responsable y con un corazón tierno y suave. Una cronología de su vida presenta sus rasgos de carácter desde sus años mozos.

ES MI CARÁCTER LO QUE TENGO QUE DESARROLLAR Y MANTENER

Gobernar mi carácter es muy diferente de conocer mis talentos y mi diseño interno. Ellos fueron puestos en mí por Dios que me creó. Estoy diseñado y tengo talentos para poder hacer ciertas cosas muy bien. Me atraen ciertas tareas y repelo otras. Sin importar cuánto me esfuerzo para mejorar mi habilidad en ciertas áreas, jamás podré hacerlas tan bien como las hace alguien que esté dotado y diseñado para hacer eso mejor.

No obstante, sí tengo control sobre mi carácter. Puedo mejorarlo, modificarlo o comprometerlo. En un mundo donde parece que no tenemos mucho control, podemos decidir si nuestro carácter aumenta o disminuye.

Job les dijo a sus amigos con respecto al carácter: «...hasta que muera, no quitaré de mí mi integridad. Mi justicia tengo asida, y no la cederé; no me reprochará mi corazón en todos mis días» (27.5-6).

Si mi carácter se va al suelo, a nadie más puedo culpar. Nadie más que yo permite que mi carácter se comprometa. La primera vez que leí este pasaje de Job, me impactó. No puedo culpar a nadie más por la erosión del carácter.

Usted no me lo puede quitar, sólo yo puedo ceder mi carácter.

UNA PINCELADA A LA VEZ

La primera década del siglo veintiuno sin duda será recordada por los escándalos en los negocios. Los directores ejecutivos aconsejando sobre el mercado de valores mientras vendían sus propias acciones por debajo de la mesa. Dinero utilizado para pagar fiestas de cumpleaños de miembros de la familia.

Compañías manipulando las ganancias mintiendo en los libros de contabilidad.

En contraste con la era Reagan, los últimos diez años probablemente serán recordados en la historia como una época donde la corrupción y no el carácter dominaba.

En medio de ese caos, *USA Today* presentó un artículo analizando las firmas de los ejecutivos acusados. Trajeron grafólogos para estudiar los autógrafos de los acusados corporativos como Sam Waksal, Jeff Skilling y Ken Lay. Según los expertos, los trazos deliberados de Sam Waksal demostraban su intencionalidad. La letra grande «D» de Dennis Kozlowski mostraba la arrogancia que lo llevó a su perdición. La firma ilegible de Andrew Fastows muestra una disparidad desviada.[3]

Aunque el análisis de una firma es tan científico como leer las cartas del Tarot, lo que sí es cierto es que cada trazo de nuestras vidas forma nuestro carácter. Todos firmamos nuestros nombres día tras día mientras vivimos.

Nuestro carácter se forja con un renglón por vez. Lo que debo entender es que estoy formando surcos lo quiera o no. Estoy poniendo una firma de alguna clase. ¿Cuál es la firma de mi vida y de mi carácter? ¿Cuál es su firma?

El carácter no surge de un día para otro

Era un lunes por la tarde y yo estaba ocupado con mis quehaceres. La secretaria me dijo que mi esposa me estaba llamando. En nuestra oficina las llamadas de la familia tienen prioridad, sin importar el caso. Esa llamada me impactó hasta la médula. Bill, uno de mis amigos cercanos, había sido diagnosticado con mieloma múltiple, un tipo de cáncer óseo que no tiene cura.

Bill es de mi edad y tiene cuatro hijos, es un hombre conforme al corazón de Dios. Vamos a la misma iglesia y nuestros hijos van a la escuela juntos. Apenas el viernes pasado estábamos viendo un juego de fútbol americano juntos.

Después de esa llamada telefónica, he dedicado mucho tiempo a estar con él, pensando en que podía *ayudarlo* durante esta jornada difícil. Después de pocas semanas, sin embargo me di cuenta que era *yo* el que me estaba beneficiando de esa relación, no mi amigo. Estaba sorprendido de cómo respondió a la amenaza de su salud. Estaba anonadado de cómo esa tormenta no lo había golpeado o al menos sacado de su curso. Él se mantuvo con la frente en alto. Claro, tuvo sus momentos de dificultad, pero su familia no resbaló. Ellos siguieron adelante.

Estaban lidiando con ello mejor que yo y él era el que estaba enfermo. ¿Cómo podía sobrepasar eso tan bien? Era una cuestión de naturaleza, conocía bien a mi amigo y la respuesta era clara. Él se apoyaba en el carácter que había estado desarrollando firmemente desde que lo conocí. Para mí era una lección de carácter.

Él había desarrollado su carácter día a día, decisión tras decisión, durante todos esos años. Ahora estaba allí para que se apoyara en eso. No hay emergencias cuando uno desarrolla el carácter; sólo las hay cuando se ha gastado lo que tenemos. Para el momento en que uno se da cuenta que lo necesita ya es muy tarde. Enfrentarme a esa demostración de carácter de mi amigo con cáncer me hizo preguntarme: «¿De dónde viene esta clase de carácter?»

Comencé a reflexionar más que antes cerca del hombre y su carácter.

¿Cuándo y cómo Bill y su familia desarrollaron ese carácter firme y fuerte?

¿De dónde surge el buen carácter? Caminar con mi amigo a través de esa dificultad se convirtió en el desarrollo de mi propio carácter y no el de él.

LA MÉDULA DEL CARÁCTER

Para empezar, el buen carácter se desarrolla en un buen corazón. Bill tenía una relación vibrante con Dios que cambió su corazón. Allí estaba el centro de su carácter. El factor más sobresaliente de las circunstancias de Bill no eran los detalles específicos de su cáncer. No, era su profundo caminar con Dios.

Cuando Jesús estaba desarrollando su equipo de líderes y preparándolos para la adversidad que les vendría, les explicó el carácter de la siguiente forma: «No es buen árbol el que da malos frutos, ni árbol malo el que da buen fruto. El hombre bueno, del buen tesoro de su corazón saca lo bueno; y el hombre malo, del mal tesoro de su corazón saca lo malo; porque de la abundancia del corazón habla la boca» (Lucas 6.43, 45). El carácter es un fruto del corazón.

¿De dónde surge un buen corazón? Es allí donde la sabiduría convencional acerca del liderazgo queda corta. Representa al carácter como un músculo del liderazgo, cuando en realidad, el carácter es un músculo del corazón.

Nuestra cultura está enamorada del liderazgo, en vez de enamorarse del carácter.

Aunque todas las encuestas legítimas de los últimos años muestran de manera constante que la integridad, la honestidad y la credibilidad son características comunes de los líderes superiores, muy pocos unen la condición del corazón con una muestra estelar del carácter.

Nuestra cultura, sin embargo, intenta erróneamente y en vano desarrollar un buen corazón lejos de Dios. Eso es como tratar de crear un arco iris sin utilizar la belleza, las dos cosas son sinónimas, una es sustancia de la otra. Dios es la fuente de toda bondad. Uno no puede adquirir el carácter sin estar conectado al de Él. Solo Él tiene poder para purificar nuestros corazones. La fe es crucial para el carácter y para el liderazgo, porque la fe es la puerta a un corazón renovado.

No podemos adquirir estas cualidades simplemente con leer un libro sobre la «virtud» o escuchar otra conferencia sobre «Cómo ser un líder exitoso». Los buenos líderes tienen un carácter que se ha cosechado de un buen corazón. Lo que tenemos se nota en «la vida en el trabajo» que llevamos.

Lejos de la intervención espiritual de Dios en nuestras vidas, lo más que podemos guardar en el corazón es una villa Potemkin de moralidad.

Gregory Aleksandrovich Potemkim era un ministro ruso del siglo XVIII que trabajaba para Catalina la Grande.

En 1789 Catalina decidió hacer un recorrido por su imperio desde el río Dneiper, a través de Ucrania hasta Crimea. Para impresionar a Catalina con su administración de la región, Potemkin ordenó que se crearan nuevas aldeas con fachadas de cartón. Todo era un fraude, una ilusión.

¿Es su moralidad una villa de Potemkin?

Sin la regeneración espiritual del Espíritu de Dios, nuestras mejores intenciones de moralidad y bondad no son realmente buenas. Pueden engañar a los que están a su alrededor por un tiempo, pero no son la sustancia real del carácter. Sólo son imitaciones débiles. La base de nuestro corazón para desarrollar el carácter surge sólo después que Dios lo haya tocado y lo haya transformado completamente.

EL PROCESO DEL DESARROLLO DEL CARÁCTER

Si el carácter es lo que más cuenta, entonces es vital que desarrollemos y protejamos un corazón fuerte y puro. El corazón es el centro del ser interno. Se compone de sentimientos, deseos, afecto, motivos, voluntad, intelecto y principios. En el corazón:

- Iniciamos la toma de decisiones
- Se procesa la vida
- Se reflexiona acerca de la eternidad
- Se filtran las emociones negativas
- Se conquistan los ciclos del pecado
- Se tejen amistades verdaderas
- Se confirma el significado personal
- Se da una verdadera adoración
- Se transmite la herencia a nuestros hijos
- Se comunica con Dios

En resumen, tal como lo dice el libro de Proverbios: «Porque cual es su pensamiento en su corazón, tal es él» (Proverbios 23.7). El carácter se forja en el corazón. Una vez que Dios nos da un nuevo corazón, es nuestra decisión regarlo y cuidarlo. Existen cuatro factores que fomentan un buen corazón y que como resultado darán una cosecha de buen carácter:

PENSAR CORRECTAMENTE + TIEMPO + PRESIÓN + BUENAS DECISIONES = BUEN CARÁCTER

Los cuatro ingredientes son necesarios. No hay atajo. Si uno pasa por alto uno de esos ingredientes, el carácter tendrá problemas. Mi amigo podía mostrar su carácter cuando lo necesitaba porque no le debía nada a nadie. Examinemos cada uno de esos componentes.

PENSAR CORRECTAMENTE

El cambio tecnológico y económico ha transformado el mundo de nuestro trabajo. El auge de los noventa se movió de esa forma, parecía como si todo el mundo estaba en la cima. Los salarios aumentaban de manera constante. Todo se encontraba en el modo de «comprar». Las compañías, los consumidores, los fondos de inversión también. Nuestros beneficios laborales de jubilación seguían aumentando en valor. Las posibilidades de una «nueva economía» parecían ilimitadas. Los clientes parecían como caídos de los árboles. Los especuladores abundaban. La tecnología lo había cambiado todo. Los negocios competían para mantenerse al tanto de las nuevas fronteras de la era de la información.

Y luego un aumento súbito. La burbuja se rompió. No sólo la bolsa tecnológica se derrumbó. Ni tampoco era una crisis de cifras de desempleados, o de déficit aumentando. El hecho de que en las fábricas faltaba trabajo no fue lo peor de todo.

Aunque todas esas cosas dominaban las noticias, un evento impactó las oficinas en todo el país. El fracaso más fundamental era la bancarrota moral del trabajo estadounidense. Esa era de negocios había perdido su soporte moral. No existe el carácter sin una brújula moral para pensar correctamente.

Durante el mismo periodo de gran prosperidad en los noventa, una revolución tecnológica estaba volviendo a moldear el mundo de la navegación también.

Era el desarrolló del sistema de navegación satelital llamado GPS por sus siglas en inglés, que podían señalar un lugar en cualquier lugar del globo con un error mínimo.

El GPS fundamentalmente cambió la forma en que los barcos se dirigían evitando que se perdieran por primera vez desde la invención de la brújula magnética y de los sextantes. Con un GPS un capitán podía instantáneamente saber dónde estaba exactamente, la dirección precisa hacia dónde se dirigía su barco y la velocidad de su avance.

Poco después que el GPS se convirtiera en un instrumento de uso común, algo extraño sucedió.

Las compañías de seguros marítimas comenzaron a notar un incremento en los reclamos debido a accidentes. Un número poco común de barcos estaba sufriendo accidentes. ¿Cómo podía suceder eso? La navegación nunca pudo haber sido más fácil ni más precisa. Nunca antes existía tanta información para navegar de manera tan fácilmente accesible. ¿De qué manera una revolución tecnológica que removió tantas barreras para la seguridad llevó a tales fracasos catastróficos?

La razón, como nos dimos cuenta después, fue elemental. El problema tenía que ver con los mapas. Muchos capitanes dejaron de ver los mapas, ponían las coordenadas de destino en los GPS y ponían al barco en piloto automático. De la misma forma que creyó el mundo de los negocios, pensaron que la tecnología les daría un pase fácil. Los GPS hicieron su trabajo, llevaban a los barcos en una línea recta del punto A al punto B, tal como se les habían dicho. El único problema era que los GPS no podían leer mapas. Nadie pensó en ello.

Cuando un capitán escribía las coordenadas de su próximo puerto en su GPS y bajaba a trabajar en algo más, su barco daba en el blanco, literalmente pegaba en el blanco. El GPS lo llevaba directamente a la bahía correcta y seguía hasta entrar en tierra. El comandante de otro barco utilizaba las coordenadas de una boya de navegación a donde necesitaba ir. Muchos barcos encallaban porque nadie notó que la línea recta de la navegación electrónica cruzaba por peligrosos claramente marcados en un mapa de papel: rocas, marea baja, hasta embarcaderos. Sin la referencia de un mapa, la navegación electrónica frecuentemente fracasaba.

El estilo estadounidense del trabajo y los negocios ha encallado de manera similar. La fundación ética de tantas compañías e individuos está por el suelo. No es de sorprender cuando las personas pueden navegar libremente, seguir los vientos de la promoción, las ganancias y el precio de la bolsa sin importar el mapa moral de lo correcto y lo inmoral. Sabíamos dónde estaba, a dónde quería ir y cómo llegar allí. Pensamos que eso era suficiente. Chocamos contra peligros en el camino porque no sabíamos que estaban allí, ya que íbamos a toda velocidad sin un mapa.

Trabajar sin la fe es como usar un GPS sin un mapa. Puede que usted vaya en movimiento, y hasta es probable que sienta que va hacia algún lugar. Pero prepárese para un despertar rudo cuando el curso en el que está golpee la realidad moral del cosmos. Si usted opera de manera descuidada en los detalles legales, no se sorprenda si su socio le hace trampa. Si usted les miente a los clientes, no se sorprenda si sus distribuidores hacen lo mismo.

No se queje con el árbitro si la forma en que estaba jugando demostraba que cualquier cosa era aceptable.

Muchas personas vuelven a definir lo bueno y lo malo en un trabajo dependiendo de sus necesidades actuales. Y luego se preguntan por qué encallaron cuando estas se vuelven y los atacan. Se esfuerzan mucho por una definición fallida de la honestidad o la integridad o la diligencia o la lealtad. El problema es su falta de pensar correctamente.

La fe provee un mapa moral vital a nuestro trabajo. Nos dice cómo pensar correctamente acerca de lo que estamos haciendo. Hablaremos más profundamente en los próximos capítulos de cómo hacerlo mediante el desarrollo de una bodega moral de pensamientos correctos.

TIEMPO

Desarrollar el carácter también requiere tiempo. El día que mi amigo fue diagnosticado con cáncer no destruyó su mundo, porque su carácter tenía un ímpetu desarrollado con el tiempo. No era fácil de detener. El tiempo puede ser su amigo o su enemigo, dependiendo de cómo lo ocupe. El tiempo es el enemigo de una vida desperdiciada, pero es el amigo de una vida como la de mi amigo que ha sido bien invertida.

El carácter viene en pedacitos, no como un paquete completo. El carácter de David fue forjado por muchos años y con al menos cuatro carreras. Al principio de su carrera, poco necesitaba para desear tomar venganza y ofender. Cuando Nabal rehusó alimentar a David y a sus hombres en 1 Samuel 25, la respuesta iracunda de David hacia sus cuatrocientos hombres fue: «Cíñase cada uno su espada» (v. 13). Nabal hubiera muerto si no hubiera sido por su esposa, Abigail, que intervino y rogó que no dañara a su esposo.

Ahora contraste ese evento con otro que sucedió mucho después durante su reinado, cuando un hombre llamado Simei maldijo a David mientras subía del palacio a la ciudad de Jerusalén. ¿De qué manera respondió David gracias al beneficio de algunas canas?

> Y dijo David a Abisai y a todos sus siervos: He aquí, mi hijo que ha salido de mis entrañas, acecha mi vida; ¿cuánto más ahora un hijo de Benjamín?

Dejadle que maldiga, pues Jehová se lo ha dicho. Quizá mirará Jehová mi aflicción, y me dará Jehová bien por sus maldiciones de hoy. Y mientras David y los suyos iban por el camino, Simei iba por el lado del monte delante de él, andando y maldiciendo, y arrojando piedras delante de él, y esparciendo polvo (2 Samuel 16.11-13).

David se había desarrollado con los años. Desarrollar el carácter es un compromiso diario de por vida. Al permitir al Espíritu Santo trabajar en nuestras vidas y que moldee una pieza a la vez, cambiaremos con el tiempo pues nuestro carácter mejorará. El carácter de David no se veía igual que años después.

En el área donde vivo, los terrenos constantemente son limpiados para hacer nuevas subdivisiones. Se cortan los árboles, haciendo que la tierra quede baldía; luego se construyen las casas; finalmente, se pone una nueva jardinería y árboles. Los árboles de tienda y almacenados que se emplean, no obstante, son patéticos al lado de los especimenes maduros que estaban allí antes. Se necesitan muchos años para tener un roble frondoso, y se necesitan también muchos años para que el carácter maduro se desarrolle. Tal como lo dijo Samuel Johnson: «La excelencia, en cualquier área, puede ser obtenida solamente por el trabajo de toda una vida. No se puede comprar por un precio más bajo».

El tiempo desarrolla el carácter y también lo prueba.

Mi socio y yo hemos estado juntos en el negocio por más de una década. Al principio de nuestra asociación, presentamos nuestros valores centrales comunes para ayudar a definir nuestra relación mutua y la conducta de nuestra organización. Esos valores incluyen declaraciones tales como: «Nos ayudaremos a progresar mutuamente» y «Acabaremos bien». Somos hombres muy diferentes hoy de lo que éramos hace doce años. Nuestro carácter ha sido probado, ha sido mejorado. En el contexto de nuestro mundo laboral, hemos confrontado y seguimos confrontando asuntos tales como controlar la ira, mantener las promesas, tratar a los colegas como grandes valores y decir la verdad. Lidiamos con nuestro ego y nuestra posición defensiva, con nuestra ambición y nuestra tensión. Nuestro mundo laboral es un laboratorio para el progreso de nuestro carácter. Cada situación laboral lo es. No siempre es fácil; pero siempre es valioso. Tal como la famosa soprano de ópera Beverly Sills lo dijo una vez: «No existen atajos para los buenos lugares».

Cada día de nuestra vida laboral, realizamos cientos de acciones. Tomamos decisiones de conducta gran cantidad de veces. Si sumamos todas las conductas individuales en una hora, luego en un día, luego en un mes, luego en una década, tendremos patrones de conducta.

Esos patrones forman nuestro carácter.

A nosotros los estadounidenses nos gustan las cosas rápido. Charles Swindoll dijo: «Nos encanta promover un espíritu independiente sin considerar el valor del carácter formado por el tiempo. Dios nunca promueve de esa forma, Él se toma su tiempo. Cuando Dios planea usarnos, lo hace por pasos».[1] Nuestra sociedad tiene que aprender que no se puede pasar el carácter por un microondas. No existe sustituto para el tiempo.

PRESIÓN

Una de las fuerzas que moldea el carácter con el tiempo es la presión del sufrimiento. Generalmente se necesitan muchos años para que el curso natural de un río cambie. Año tras año, la erosión hace su parte, creando una nueva senda diferente. Sin embargo, si usted toma el mismo río y aplica una presión sostenida, su curso podría cambiar en un día. Siete días de inundación alterarían el curso de un río. Si usted vuela sobre el Mississippi, podrá ver señales permanentes de ese cambio catastrófico.

Cuando las lluvias vienen y el agua sube, siempre existe un nuevo paisaje una vez que el agua vuelve a sus cauces. La dificultad lo cambia para bien o para mal.

Mi amigo Bill ha enfrentado de manera exitosa muchas dificultades en su vida. Cada una de ellas lo preparó para la batalla de su vida. Así como el carbón no se vuelve diamante sin la presión, el carácter de la misma manera nunca se forma totalmente sin las tormentas de la vida.

Cuando era niño, teníamos una cosa de plástico que uno insertaba en el centro de la naranja. Tenía una pajilla que uno podía usar para absorber el jugo. Yo exprimía las naranjas lo más que podía para poder sacarles todo ese suculento jugo. Sorbía las naranjas hasta que mis labios se quemaban con el ácido cítrico. Uno de mis mentores solía decir, que cuando uno es exprimido, lo que tenga en la voluntad sale a relucir. Bill estaba siendo exprimido, y muy fuertemente, pero lo que salió fue un 100% de carácter puro. Tenga la seguridad que el contenido de nuestros corazones va a ser probado. El carácter siempre es probado.

El trabajo tiene una forma de exprimirnos a todos. De esos puntos de presión surgen nuestros reflejos y nuestras reacciones. Son nuestras respuestas a las circunstancias lo que le dan publicidad a lo que está en nuestros corazones. El lugar de trabajo en la actualidad es mucho menos estable y más incierto de lo que solía ser. En los últimos dos años, he observado una cantidad de personas que reciben las malas noticias de que han perdido sus trabajos. Siempre, sin embargo, su carácter ha salido a relucir.

Era la semana antes de la Navidad, créalo o no, cuando Robert —otro amigo mío— supo que el viernes iba a ser su último día de trabajo. Este hombre había estado con esa compañía por largo tiempo, había vertido sus talentos en la compañía y había sido bien recompensado. De pronto, los que estaban en la cima sintieron que sería una buena estrategia financiera disolver dos departamentos: «Robert, hemos prescindido de tu trabajo. Que tengas feliz Navidad».

Me llamó y fuimos a comer mientras me contaba la historia. Recuerdo que le dije: «Y entonces Robert, ¿qué vas a hacer?» Lo pensó y me dijo: «Voy a tomarme una semana para hacer algo de "trabajo en mi corazón"».

Le pregunté: «¿Qué quieres decir con eso?»

Él me dijo: «Quiero asegurarme de aprender lo que necesito saber de esta situación. Quiero asegurarme que esta situación me haga un mejor hombre y no un amargado. No quiero racionalizar la situación, ni quiero construir un muro de resentimiento y venganza hacia mi compañía y mi jefe. Y sobre todo, quiero asegurarme de no seguir el rápido reflejo de: Tengo que reparar este problema. Quiero asegurarme de que esté confiando genuinamente en Dios cuando desempolve mi currículum, lo cual no he hecho por casi veinte años, y empiece a tocar puertas». Robert estaba utilizando la adversidad para exprimir cada gota de su desarrollo personal de las circunstancias. Ese es un reflejo del carácter. Surge de un corazón comprometido con lo bueno.

Alguien, no recuerdo quién, dijo una vez: «La forma en que un hombre juega un partido muestra algo de su carácter; la forma en que lo pierde muestra todo». Todos reaccionamos cuando el sufrimiento nos golpea, para bien o para mal. Algunas personas reaccionan en negación: «Esto no puede estar pasándome a mí», dicen mientras entierran sus cabezas en la arena. Otras reaccionan con una clase de escape: «Me iré de pesca todo el fin de semana, o iré al bar dos horas antes, o me perderé en un buen libro».

Otros son pesimistas de nacimiento, todos conocemos a alguien así. Cada vez que los ves, están cantando la canción: «Nadie conoce el problema que yo he visto». Y también otros responden con una clase de optimismo: «Bien, supongo que tengo que sonreír y aguantar».

Mis amigos Bill y Robert aceptaron sus pruebas sobriamente. La Epístola de Santiago lo dice de esta forma: «Hermanos míos, tened por sumo gozo cuando os halléis en diversas pruebas, sabiendo que la prueba de vuestra fe produce paciencia. Mas tenga la paciencia su obra completa, para que seáis perfectos y cabales, sin que os falte cosa alguna». Tiempos difíciles nos vienen a todos. De diferentes formas, tamaños, peso, pero eso sí, siempre llegan. La Biblia reconoce que eso es un hecho de la vida. La forma en que recibimos y digerimos el sufrimiento puede convertirse en uno de los afiladores más grandes del carácter.

Algunas cosas surgen de la presión del sufrimiento que no pueden y no vendrán de ninguna otra forma. El apóstol Pablo explicó cómo sobrellevó las tragedias de su vida. «Y no sólo esto, sino que también nos gloriamos en las tribulaciones, sabiendo que la tribulación produce paciencia; y la paciencia, prueba; y la prueba, esperanza» (Romanos 5.3-4). Robert Browning lo pone de esta manera:

> Caminé una milla con Placer, me habló todo el camino, pero
> de todo lo que dijo, nada me hizo más sabio.
> Caminé una milla con Dolor, y nunca dijo una palabra, pero
> las cosas que aprendí, cuando Dolor caminaba conmigo.[2]

No nos gusta la tensión de la crisis. Nadie pide más presión en su vida, pero cuando llega, es una oportunidad estratégica para fortalecer su carácter.

BUENAS DECISIONES

Puedo hacer que pensar correctamente, el tiempo y la presión hagan su parte, pero son las decisiones que tomo en el momento lo que importa al final. Mi desarrollo del carácter muchas veces se reduce a una simple decisión. Es el instante cuando tengo que escoger lo bueno sobre lo malo, lo correcto o lo equivocado, y la verdad o la mentira. Tengo que actuar. Algo se tiene que hacer pero, ¿qué es ese algo?

La habilidad para tomar buenas decisiones es llamada «sabiduría». La sabiduría es el conocimiento correctamente aplicado. El carácter resultará de una serie de decisiones sabias. Escoger sabiamente requiere no sólo el conocimiento de lo bueno y lo malo y de una evaluación correcta de la situación, sino de un discernimiento de cuáles principios utilizar y de sus conclusiones. Se requiere también fortaleza para hacer lo que necesita ser hecho, sin importar que tan difícil sea.

El clima de los negocios hoy en día prospera con una sabiduría que realmente no lo es. Se alimenta de la sabiduría de la calle, la sabiduría prevaleciente, lo que también llamamos sabiduría convencional. La sabiduría de la muchedumbre no es sabiduría en realidad, sino solamente un consenso, una opinión de encuestas. Lo único que te dice es hacia dónde va el viento. La mayoría de lo que la gente llama decisiones en la actualidad realmente no son decisiones, sino lecturas del tiempo. La verdadera sabiduría al tomar decisiones va más allá de lo que la gente suele pensar: busca lo correcto, lo mejor, lo bueno, sin importar las consecuencias o la oposición. Una buena decisión debe ser sabia para continuar, pero también necesita una ejecución a tiempo. En béisbol el arbitro sólo tiene unos segundos desde el momento en que la bola pasa por la base hasta que él dice que fue. Cualquier retraso en su decisión puede ser fatal. Sólo hay una cosa peor para los fanáticos que una mala decisión, una bola incierta. Una que no fue decidida rápidamente.

Tome la decisión.

El general George Patton mantuvo una lista de los principios que utilizaba al dirigir. Los coleccionaba en un panfleto llamado «Los principios de Patton». Uno de ellos dice que existe un momento en una decisión en el que una mayor deliberación es contraproducente y una decisión tiene que tomarse. La información adicional siempre tiene una curva de rendimiento decreciente. Siempre hay un punto donde el beneficio de un mayor análisis es vencido por la oportunidad del costo del retraso.[3]

No tomar una decisión es tomar una decisión. Sí, comprometerse con una opción le cierra la puerta de las demás. Titubear es un hábito de un mal carácter, la toma de decisiones es un músculo y se atrofia si no se usa. Debe convertirse en un instinto. La voluntad para actuar y hacerlo sabiamente se encuentra en la médula de lo que el carácter significa. Leo J. Muir lo afirmaba cuando escribió: «El carácter es algo sutil. Sus orígenes son oscuros, sus raíces delicadas e invisibles. Lo conocemos cuando lo vemos y siempre nos hace admirarlo y la ausencia de él nos causa lástima, pero mayormente es un asunto de voluntad». No existe carácter cuando no hay voluntad para actuar.

¿PUEDE MANDÁRMELO POR FEDEX?

Cuando suena el timbre, después del sonido de un camión alejándose, sabemos que un paquete misterioso ha llegado y que está en la puerta, esperando que lo recojamos.

La entrega inmediata es asombrosa. ¿No le parece? Puedo ordenar un programa de computadora hoy que está al otro lado del país y estará en la puerta de mi casa el día siguiente. El carácter no es así, no se aparece en nuestra casa envuelto en un lindo paquete. El carácter no aparece en los catálogos, uno no lo puede ordenar en línea. Tampoco es una de esas propuestas que vienen por correo. El carácter, sin embargo, llega. Surge de un corazón cambiado por Dios que ha sido fertilizado con cuatro nutrientes esenciales: Pensar correctamente, tiempo, presión y buenas decisiones.

CAPÍTULO 16

CONSTRUYA UNA BODEGA MORAL

LA EFECTIVIDAD SIN VALORES ES UN INSTRUMENTO SIN PROPÓSITO.

—EDWARD DE BONO

Sam Walton desafió las probabilidades. Cuando otras compañías de ventas masivas como K-Mart, Montgomery Ward y Rose se encontraban en la cima financiera, Walton construyó el imperio Wal-Mart, la cadena más grande del mundo de tiendas de supermercado. Las tiendas descuidadas de sus competidores se sentían sucias, apretadas y hostiles, tal como se siente uno cuando entra a la oficina de licencias. Uno tiene que esperar en fila para comprar cosas a sobreprecio de gente gruñona. Walton sabía que él podía hacerlo mejor.

Las tiendas de Walton eran grandes, amplias y limpias, con personas sonrientes saludando cuando uno entraba allí. Sus precios de descuento no eran una excepción a la regla, más bien, todo en la tienda se vendía al costo más bajo posible.

Uno no puede apreciar lo que Sam Walton hizo a menos que haya estado en un país del tercer mundo y haya experimentado la pobreza, para luego regresar a casa y caminar por los pasillos de Wal-Mart. Pasillo tras pasillo de estantes con muchas cosas. La plétora de productos que esperan a ser comprados es abrumadora. Es más, hay una tienda Wal-Mart a una distancia corta sin importar en que lugar del país viva. Walton logró lo que ningún otro comercio hubiera podido hacer tan bien: ofrecerle a usted lo que necesita, al alcance de sus manos y con sus «precios bajos todos los días».

Sería difícil decir qué sucedió más rápido: las otras tiendas cerrando o las tiendas de Walton subiendo. Iban decayendo mientras los supercentros de Wal-Mart aparecían en todo lugar. Wal-Mart venció a la competencia en forma avasalladora. De una tienda en Rogers, Arkansas, en 1962, ha crecido a más de 4,300 instalaciones asociadas de Wal-Mart alrededor del mundo. En el año 2003, Wal-Mart se convirtió en la compañía número uno de Fortune 500. En el año 2004, obtuvo el primer lugar como la más admirada de los Estados Unidos.

Debe estar haciendo algo bien. Hay un secreto en el éxito de Wal-Mart que nunca verá en sus tiendas. Es, sorprendentemente, la bodega de Wal-Mart. Walton sabía que una de las claves para lograr el éxito en el comercio se encontraba en cómo mantener y distribuir las existencias. No puede existir una tienda si no tiene un sistema exitoso de distribución.

Dos hechos contradictorios han perseguido por largo tiempo al comercio. Por un lado, usted no puede vender un producto que no tenga en existencia. Mantener la mercancía en los estantes es vital. Por otro lado, el inventario le cuesta a usted cada día que no se mueve. Wal-Mart resolvió ese dilema desarrollando un sistema de bodega de alta tecnología y uno de distribución que resultaba en una entrega a tiempo.

Usted nunca verá un estante vacío en Wal-Mart. Sin embargo, si usted se quedara y viera uno de sus estantes, ya sea en las tiendas o en las bodegas, nunca vería una mercancía por mucho tiempo allí.

Los centros de distribución Wal-Mart alrededor del país son una de las claves de sus bajos precios. Wal-Mart ha aprendido a comprar, vender y mover la mercancía mejor que cualquier otro comercio en el mundo.

Una bodega Wal-Mart y el centro de distribución es algo digno de admirar.

Cincuenta acres de tierra se necesitan para sus ochocientos mil pies cuadrados de espacio para la bodega, uno de los almacenes cubiertos más grandes que existen. Los camiones con productos nunca cesan de llegar o salir de sus más de cuarenta y cinco puntos de embarque. Seiscientos empleados trabajan noche y día recibiendo la carga, registrándola y despachándola para poder llenar los estantes. En un día común, manejan unos $10 millones en inventario. Al año las bodegas Wal-Mart envían más de $244,000 millones en mercancía al mundo entero.

Wal-Mart invierte $55 millones de dólares para construir cada uno de sus centros de distribución por una sola razón: uno tiene que almacenar antes de poder vender. Uno no puede vender al público lo que no ha invertido en pagos al por mayor.

El principio es igual para nuestras vidas laborales. El carácter tiene una bodega moral de donde podemos extraer los valores. Construir una bodega moral es una infraestructura vital para la *vida en el trabajo* que Dios diseñó para nosotros. ¿Está usted invirtiendo cada día en su bodega moral?

Si no hemos puesto los sistemas en su lugar para mantener nuestras almas bien almacenadas, no deberíamos sorprendernos cuando lleguemos a nuestras tiendas un día y veamos nuestros estantes vacíos.

Una bodega moral no es sólo una virtud estática. No es suficiente ser una buena persona actualmente. El solo hecho de pensar que sabe el bien y el mal no lo llevará muy lejos. Más bien, al igual que el almacenamiento y la distribución, el carácter depende de un proceso continuo. Debe ser llenado constantemente. Su inventario necesita una administración continua.

Con frecuencia aquellos que discuten sobre el carácter moral solamente hablan de las virtudes, la honestidad, la lealtad, la perseverancia, el valor, etc.

Lo que puede ser ignorado es el proceso por el cual tales fortalezas personales se adquieren y se desarrollan en la vida de una persona. Walton sabía que si construía la infraestructura, los beneficios fluirían.

Similarmente, forjar una bodega moral tiene que ver más con los hábitos de la vida que almacenan el carácter que con las cualidades específicas del carácter por sí mismas. La vida es como en la película *El campo de los sueños*: «Si lo construye, ellos vendrán».

Cuatro actividades son útiles en la construcción, la utilización y el reabastecimiento de la bodega moral: establecer las convicciones personales, captar los momentos inspiradores, memorizar la Escritura, y comunicarse con personas de carácter.

CONSTRUYA CONVICCIONES PERSONALES

Se ha dicho que una opinión es algo que uno sostiene, mientras que una convicción es algo que lo sostiene a uno. Una de las maneras más evidentes de cómo se expresa el carácter en la vida de la persona comienza con tener principios personales, sólidos y buenos por los cuales vivir. A eso le llamamos convicciones. ¿Qué es una convicción? *Una convicción es una categoría del pensamiento de Dios sobre un área en particular o un asunto que yo acepto totalmente y realizo con determinación.*

Nuestra bodega necesita estar almacenada con axiomas eternos y valores que no cambien. Sólo hay un lugar donde se puede obtener una perspectiva imparcial que no está sujeta al capricho humano. Tal origen es Dios.

Desarrollar una convicción comienza con descubrir exactamente lo que Dios piensa y ha tenido que decir acerca de un tema o un asunto con el cual yo esté lidiando; y para eso tenemos buenas noticias. No necesito sentarme a pensar qué es lo que Dios está pensando, porque ya ha sido registrado en el libro llamado la Biblia.

Abraham Lincoln habló con sabiduría cuando dijo: «El mejor regalo que Dios le ha dado a la humanidad es la Biblia».

En lo que respecta a la Biblia como el fundamento de la vida práctica moderna, dos directrices llevan la conversación. Primero, debemos recordar que no hay un verso específico para cada situación de la vida que me dé una guía en blanco y negro de mi jornada. Pero segundo, casi cada área principal de la vida es impactada por un principio, un proverbio; o una ilustración que se encuentra en algún lugar de la Biblia.

No hay tal cosa como una convicción inactiva. El carácter nunca es pasivo. Cada convicción personal necesita salir a luchar. Cada principio personal al final será llamado y probado. Los desafíos morales son siempre batallas ganadas o perdidas por la voluntad.

Quizás no existe un ejemplo bíblico más claro acerca del concepto de vivir con convicciones que Daniel. En algún lugar, de alguna forma, cuando era joven, desarrolló un sistema de creencias. No sabemos nada de sus padres, pero ellos debieron haber hecho un buen trabajo. Daniel, al igual que nosotros, sin embargo, tuvo que pararse sobre sus propios pies. Ya entrado en sus años de adolescente, sus convicciones fueron probadas a un nivel que hubiera descalificado a muchos cristianos adultos.

I. A VECES LA PRUEBA MÁS GRANDE DE NUESTRAS CONVICCIONES SURGE CUANDO ESTAMOS FUERA DE NUESTRA CÓMODA SUBCULTURA CRISTIANA. Daniel fue un judío tomado cautivo, secuestrado en un país extranjero y forzado a trabajar para un reino extranjero. Daniel había sido desarraigado de su tierra nativa y trasplantado a un ambiente foráneo. Había sido despojado de todas sus anclas externas. Sin embargo, se mantuvo firme en sus propias convicciones y carácter. El primer capítulo de Daniel registra su resolución: «Y Daniel propuso en su corazón no contaminarse con la porción de la comida del rey, ni con el vino que él bebía». Daniel no comprometería su fe comiendo alimentos ilegales, ni siquiera para obtener el favor de sus captores.

Los cristianos actualmente enfrentan un reto similar. La vida dominical en los confines de un templo es más fácil que la vida laboral de un lunes.

Trabajamos en una cultura laboral como extranjeros. Lo que hacemos allí y las elecciones que tomamos, no lo que decimos, es lo que nos define. Al igual que Daniel, nuestra fe se prueba diariamente con los dilemas morales de una cultura pagana. Para aquellos que viajan por sus empleos, conocen las tentaciones particulares y los desafíos que enfrentan en una cultura que no tiene límites morales. Si usted no se conoce bien, siempre estará confundido con las decisiones que enfrenta. Daniel sabía que era judío, para él eso significaba que no había muchas decisiones que tomar; su identidad ya las había tomado antes.

2. LA CULTURA DESAFIARÁ NUESTRA CONVICCIÓN CRISTIANA. El joven Daniel tenía frente a sí alimentos que como judío se suponía que no debía comer. Recibió una nueva educación, y sus gobernantes cambiaron su nombre. El ambiente en el que estaba había hecho todo lo posible para suavizar su firme posición en cuanto a lo bueno y lo malo, pero nada lo sacudió. De hecho, ni siquiera lo tocó.

Una creencia debe ser probada para poder ser consagrada como una convicción. Todo el inventario de nuestra bodega moral al fin pasará por un control de calidad. Si no es genuino, no pasará. Si existe algo que una cultura laboral incrédula puede percibir, es la falta de autenticidad.

Usted mostrará quién es en realidad lo quiera o no. Usted no puede esconder su carácter: sus convicciones, buenas, malas o indiferentes, van a relucir. Todas las decisiones que enfrenta cada día se asegurarán de ello.

3. LA DEMOSTRACIÓN DE LAS CONVICCIONES CRISTIANAS FIRMES NO TIENE QUE SER REPUGNANTE O DETESTABLE. Daniel no dijo: «Soy judío, idiota; yo no puedo comer esa comida». Más bien, equilibró sus convicciones con el deseo de ejercer una influencia y tener un impacto positivo. Esta es una verdad difícil de aceptar por muchos cristianos. La convicción no requiere solamente de audacia, sino también de mansedumbre y discreción. La convicción se defiende no porque lo quiera hacer sino porque lo tiene que hacer. Lo intenta hacer de manera silenciosa, no trata de llamar la atención. Habla más con sus acciones que con sus palabras. Si Daniel no hubiera tenido esa clase de testimonio encantador, no habría podido sobrevivir a cuatro administraciones diferentes.

En nuestro libro *The Power of One* [El poder de uno].[1] tratamos el tema de ser un «poder de uno» en un capítulo titulado «Defenderse sin sobresalir». Los cristianos cometen un error fatal cuando piensan que su extraña moralidad significa que deben vivir y trabajar como excéntricos.

Puede que seamos moralmente forasteros, pero es un error táctico dejar que esa plantilla nos defina socialmente en la oficina. Integrar su fe y su trabajo no significa golpear a los compañeros de trabajo con una Biblia de cinco kilos. No hay nada que pueda ser más dañino espiritualmente que un cristiano desafiante en la oficina, armado con la verdad pero despistado acerca de la humildad y del amor. Esto me recuerda lo que dijo Adlai Swing Stevenson: «Es más fácil pelear por los principios que vivirlos».

4. TENER CONVICCIONES BÍBLICAS CLARAS SIEMPRE TRAE CONSECUENCIAS. Una muestra de carácter comienza con un hombre o una mujer que sabe lo que es bueno y lo que es malo. Usted desarrolla el marco de un carácter firme y sano, y una toma de decisiones coherente en base a una verdad personalizada y profundamente arraigada. Eso termina con alguna clase de consecuencia. El resultado puede pasar inadvertido para el público masivo. O puede ser visible para que todos vean el resultado de mis convicciones.

He aprendido que algunas personas empeoran entre más los conocemos; otros se abren más y más. En cuanto separamos una capa, encontramos más cosas que nos impresionan. Uno de mis colegas conoció a un caballero en una cumbre de planeación estratégica que nuestra compañía estaba dirigiendo para uno de nuestros clientes. Mi socio me comentaba: «Este es un tipo increíble. Necesitamos pasar más tiempo con él». Este hombre estaba mostrando claramente un carácter profundo.

Pocos meses después tuvimos la ocasión de pasar un tiempo con él en la costa oriental. A través de la conversación esa mañana, supimos que el hombre había sido muy exitoso económicamente, pero cuando el mercado cambió, perdió todo y terminó debiéndoles a los bancos más de sesenta millones de dólares. Aunque sabía que le iba a costar recuperarse, también sabía que tenía que devolver cada dólar. Así que desarrolló un plan de pago, contactó a todos, y les prometió que les pagaría.

El año pasado hizo su último pago de veinte mil dólares a un pequeño banco en el sureste del país. Personalmente viajó al banco y le entregó el cheque al banquero, quien le dijo: «Yo pensé que usted nunca haría esto». Este Daniel moderno dijo: «No tenía elección, era lo correcto. Lo sabía desde hace años y nunca lo he olvidado». Sus convicciones tuvieron consecuencias. La circunstancia de la bancarrota las hizo surgir; o pagaba lo que debía o no lo hacía. De cualquier forma él mostraría su carácter.

¿Ha desarrollado convicciones que moldeen y guíen su vida laboral? ¿Cuáles son? Tome un lápiz y papel y escriba las diez convicciones más activas que aplica en su vida laboral. Asegúrese que estén arraigadas en la Escritura. Sin ellas, seremos lo que Santiago describe como «el que duda es semejante a la onda del mar, que es arrastrada por el viento y echada de una parte a otra» (Santiago 1.6).

CAPTAR LOS MOMENTOS EDIFICANTES DE LA VIDA

Hay momentos en la vida que están llenos de significado. Hay momentos que nos golpean inesperadamente; el nacimiento de un niño, las graduaciones, las bodas, los funerales, las promociones, los despidos, los logros o quizás los fracasos. Estoy hablando de momentos trascendentales en la vida. Es generalmente cuando algo externo nos hace buscar lo interno para una reflexión. Hacemos una pausa y tomamos de la vida más lentamente de lo usual. Le llamamos a esos los *momentos transformadores*.

Los momentos significativos de la vida son oportunidades que no se deben perder. Nos dan la oportunidad de hacer un inventario de nuestras bodegas morales. Puede ser sentado en la terraza mirando el atardecer. Puede ser un accidente. Puede ser un susto o una emoción. Se pueda adherir a un día o a toda una temporada vacacional. Una canción lo puede hacer. Un paisaje puede iniciarlo. Un recuerdo. Una revisión anual.

Este país tuvo un momento de alarma el 11 de septiembre de 2001. La tragedia nacional de los ataques terroristas al Centro de Comercio Mundial nos hizo detenernos inmediatamente. Hicimos lo que yo llamo un repaso 9-11.

Ese día, algo repentino invadió nuestra rutina y nos despertó del sueño de nuestra vida laboral. Lo efímero se evaporó. Lo superfluo cayó al suelo. Lo único que quedaba es lo que realmente importaba. Fue uno de esos momentos cuando lo que realmente vale la pena salió a relucir. La sustancia real de la vida es tan clara que uno casi la puede tocar. El 11 de septiembre fue un momento transformador.

Los momentos transformadores no siempre son trágicos. Pueden ser también triunfos personales. El punto no es el drama, sino la lección que la vida nos provee.

Hacemos una pausa, inhalamos y contemplamos. Es un momento cuando volvemos a ordenar nuestros mundos privados, un momento cuando alineamos nuevamente nuestros sistemas de creencia con nuestra conducta. Es en esos momentos de la vida en que hacemos nuestro mejor repaso y alineamiento del carácter.

MEMORIZAR LA ESCRITURA

La disciplina en la práctica de memorizar la Escritura se ha perdido en mi generación. No creo que sea una exageración sugerir que ahora tenemos toda una cohorte creciendo sin un conocimiento de primera mano de la Escritura. Me encanta la adoración actual y las iglesias progresistas. Prefiero los sermones prácticos y estimulantes, creativos y narrativos, pero quiero hacerle una observación personal: ya no nos involucramos directamente en la Escritura.

Memorizar la Escritura no es difícil. Al igual que hacer ejercicios, requiere la inversión de unos pocos minutos cada día. Hay muchos recursos diseñados para ayudarle a empezar, pero usted también puede aprender por sí mismo. Deténgase y hágase una lista de las preocupaciones actuales que tienen su vida, las que sean: quizás un jefe difícil, las malas calificaciones de su hijo, un conflicto con su cónyuge por las finanzas, un reporte médico que diagnosticó cáncer, la incertidumbre de una transición de empleo. Ahora lleve estas preocupaciones a la Escritura.

Me sigue asombrando descubrir que la Biblia tiene tanto que decir al respecto acerca de muchos temas. En esta familia nos divertimos con el hecho de que la Biblia nos dice hasta cómo cuidar a nuestras mascotas. Proverbios 27.23 dice: «Sé diligente conociendo el estado de tus ovejas, y mira con cuidado por tus rebaños». Le sorprenderá encontrar que la Biblia tiene mucho que decir especialmente acerca de lo que usted está enfrentando.

Desafortunadamente, muchas personas todavía ven la Biblia como un libro que los predicadores utilizan para el sermón del domingo, o una colección de superhéroes cristianos para niños. Puede que sea eso, pero la intención original de Dios en la colección de este libro tan magnífico era proveernos de sabiduría, de guía y de estímulo cada día en los detalles de la vida.

CONECTARSE CON PERSONAS DE CARÁCTER

El buen carácter mantiene una buena compañía.

Sabemos que esto es cierto cuando somos jóvenes; pero olvidamos que sigue siendo cierto cuando llegamos a adultos. Recuerdo a mi mamá instruyéndome que me alejará de Jimmy, el que vivía calle abajo: «Es una manzana podrida», me decía. (Por supuesto que nos preguntamos cuantas mamás decían lo mismo de nosotros.) Todos sabemos lo que eso significa. Significa lo mismo que Pablo quiso decir cuando afirmó: «No erréis; las malas conversaciones corrompen las buenas costumbres» (1 Corintios 15.33), pero ¿quién nos previene de las manzanas podridas cuando estamos en nuestros veintes, treintas, cuarentas, etc.?

El otro día me puse a analizar todas las relaciones de mi mundo, en honor a mi madre. Las dividí en cuatro categorías de manzana. Estaban las saludables, las golpeadas, las podridas y las venenosas.

Walter tenía su trabajo propio. Desde que era pequeño, las personas notaban su capacidad empresarial. Su última carrera fue iniciar su propia compañía de comunicaciones y publicidad. Había logrado su primera gran cuenta que lo llevó adelante. Empezar fuerte no era un problema para Walter.

Poco después del cuarto año su esposa le preguntó por qué estaba cambiando lentamente y convirtiéndose en alguien diferente al hombre con el que ella se había casado. Su respuesta refleja que ella estaba inventando cosas y que ambos estaban envejeciendo. Luego, también los niños comenzaron a hacer comentarios. Finalmente, unos amigos comenzaron a investigar.

Al aclararse la historia, la manzana podrida fue expuesta. Walter había experimentado un aumento de crecimiento en su tercer año del negocio y, siempre, el crecimiento de un negocio requiere capitalización. Walter no tenía los fondos suficientes para enfrentar las oportunidades que tenía frente a él, y al igual que cualquier emprendedor arriesgado, hizo un «trato» para atraer inversionistas foráneos.

Evidentemente su único criterio para elegir un inversionista era «cualquiera que le diera mucho dinero». Pero como resultado, se asoció con un hombre que no tenía los valores ni las convicciones de Walter. Finalmente alguien iba a afectar a alguien y a la larga Walter fue el que resultó afectado. Como solía decir un amigo mío: «Si usted se acuesta con un perro, no se sorprenda si se despierta con pulgas».

Walter comenzó a usar un lenguaje que su familia nunca había oído en él. Empezó a abandonar lentamente muchas de sus mejores cualidades: la paciencia, la amabilidad y hasta la honestidad. Llegó hasta una confrontación con su esposa cuando uno de sus empleados clave le llamó la atención a Walter por la forma en que estaba manejando los impuestos de la compañía. Estaba haciendo trampa y mintiendo para cubrirlo.

Las relaciones saludables refuerzan el carácter fuerte, las insanas lo destruyen.

MANTENER LOS SIGNOS VITALES EN RITMO

El sur de California es un verdadero paraíso. Su clima templado y sus colinas con vista al Océano Pacífico han atraído a muchas personas de todas partes del país. Vecindarios pomposos con sus pastos verdes irrigados y sus zonas verdes exuberantes son una tentación para que las personas se muden.

Si usted maneja al área de Los Ángeles desde Arizona, la transición visual de marrón a hojas verdes sin duda le indica que está entrando a un oasis en el desierto. Las nuevas villas de estuco en las colinas con sus techos de terracota continúan mientras la arena se convierte en calle, acera y pasto.

El crecimiento de Los Ángeles, sin embargo, ha tenido un problema principal desde el principio: el agua. Su cantidad de lluvia anual es insuficiente para sus necesidades. Las sequías significan que la lluvia no es suficiente, no existe una reserva dentro de sus límites para saciar la sed del crecimiento suburbano.

Hace cien años sus ciudadanos y sus líderes cívicos se dieron cuenta de que necesitaban una distribución foránea y confiable de agua. Existía mucha agua en las cuencas del oeste estadounidense, pero no fluía al sur de California.

Para que llegara allí requería una infraestructura artificial. Los californianos comenzaron a comprar derechos de agua y a desarrollar canales y tuberías que llevaban el líquido que necesitaban de la montaña a su metrópolis urbana. Finalmente construyeron tres acueductos principales. El acueducto del río Colorado recorre más de trescientas millas, trayendo agua de las montañas nevadas de Wyoming y Colorado a la costa de California. Los dos acueductos de Los Ángeles extraen agua a más de trescientos sesenta millas de la Sierra del norte de California.

Estos acueductos son líneas vitales para el sur de California. Entregan más de cuatro y medio billones de galones de agua anualmente. Los oficiales del gobierno predicen, no obstante, que si su población continúa creciendo a ese paso, no alcanzarán los suministros y para el año 2010 habrá una falta de uno a dos billones de agua anualmente.

Es un principio sencillo que no puede crecer lo que no se riega. Es más, uno no puede regar donde no hay sistemas de irrigación. Lo mismo sucede con el carácter, la integridad necesita una infraestructura que debe ser cuidada y reabastecida constantemente. Hacerlo así requiere de una inversión deliberada de toda la vida, significa desarrollar hábitos que sostengan el carácter. No existe un atajo ni hay un punto de llegada. El crecimiento personal siempre requiere una reserva más profunda.

El sur de California no puede crecer si no tiene una infraestructura que le supla de agua. Wal-Mart no puede vender sin un sistema de distribución.

Usted nunca tendrá un carácter que mostrar si no tiene primero una bodega moral. Comience a desarrollar la suya ahora.

LA IGLESI@ EN EL TRABAJO

YO CREO QUE UNO DE LOS SIGUIENTES MOVIMIENTOS MÁS GRANDES
DE DIOS SUCEDERÁ POR MEDIO DE LOS CREYENTES EN EL TRABAJO.
— DR. BILLY GRAHAM

Apenas ayer, me llegó un informe de nuestro viejo amigo Charlie Bordini III. Ha pasado un año y medio desde aquella reunión de directiva en la que dijo que quería saber cómo «meter a dos Charlies» en un mismo traje terrenal. Me da gusto contarle que sigue viento en popa. Sigue siendo muy comercial, muy en el reino, todavía es muy Charlie, pero ahora vive una vida plena. Charlie es uno de una creciente legión de cristianos que vemos por todo el país y que están volviendo a descubrir el doble filo de la *vida en el trabajo* que Dios diseñó para ellos.

CHARLIE ENCONTRÓ UN PODEROSA VIDA EN EL TRABAJO

Al igual que Charlie, debemos ver y dividir correctamente los cuatro escenarios de nuestra vida eclesiástica, nuestra vida en familia, nuestra vida cívica y nuestra vida laboral. ¿Por qué? Si creo que el mundo comercial está allí solamente para apoyar, abastecer y servir de plataforma para el ministerio profesional de la iglesia, rebajaré mi llamado y no tendré un incentivo que mantenga mi habilidad afinada. Si veo mi trabajo como el enemigo de mi iglesia y mi familia, siempre operaré con un déficit vocacional. Si todo lo que veo en mi trabajo es un cheque quincenal, no lo veré como parte de una participación mayor en la comunidad. Si no defino bien lo que es el trabajo y lo que debe hacer para mí, se infiltrará descuidadamente a las otras áreas de mi *Vida en el trabajo*. Es imposible sostener la *vida en el trabajo* exitosa y balanceada sin hacer que la iglesia, la familia y el trabajo queden en el lugar adecuado.

Tal como lo aprendió Charlie, el trabajo mismo debe ser forjado nuevamente, integrando mi compromiso con el reino y mi llamado comercial. Para hacer eso debo comprender, apreciar y mirar el trabajo correctamente. Era en el mundo laboral donde Charlie enfrentaba una brecha dolorosa. Fue allí donde tuvo que navegar por los mitos y los errores comunes que siempre desvían a los seguidores de Jesús más comprometidos.

Después de haber tenido una cirugía láser correctiva en esos puntos ciegos de la visión, Charlie finalmente estaba preparado para comenzar el proceso de reconstruir la *vida en el trabajo* que le correspondía. Por medio de la comprensión y el uso de los cuatro instrumentos, de *utilizar la habilidad, evidenciar el llamado, ejemplarizar el servicio* y *demostrar el carácter*, Charlie pudo ponerles pies y cabeza a las ideas de integración e impacto. Para él esos cuatro instrumentos abrieron de par en par la puerta a una realización interna óptima, un impacto externo máximo y un placer apasionado en Dios.

«MUY, MUY»

La reunión en Washington D.C. atrajo alrededor de treinta seguidores de Cristo, que también eran líderes empresariales de alto nivel. Había un salón completo de Charlies de todo el país. Habían venido hasta aquí buscando una mayor comprensión del liderazgo de siervo.

Entre tanto que la reunión se daba, se desarrolló un patrón interesante. Cuando la reunión se enfocaba en el negocio, estos líderes conversaban con conocimiento y gran autoridad. Hablaron de ganancias y pérdidas, estrategias de mercado, teorías de administración, tendencias del mercado, marcas y análisis estratégicos. Presentaban información y estadísticas de la manera en que un fanático del béisbol mencionaría los promedios de bateo de sus jugadores favoritos.

Sin embargo, cuando la charla cambió a asuntos de teología o de la Escritura, estos sabios expertos en negocios invariablemente expresaban una disculpa: «No soy teólogo, pero pienso que…» o «No soy pastor, pero me parece que…» Cuando era momento de hablar de negocios, estaban muy deseosos de explicar lo que *sabían*, pero cuando llegó la hora de hablar de Dios, titubearon antes de decir lo que *pensaban*.

¿Por qué los que de otra manera serían líderes empresariales con mucha confianza, limitarían sus declaraciones acerca del área más importante de la vida? Para la mayoría de ellos, no era un asunto de conocimiento bíblico sino de confianza en sí mismos. Los líderes empresariales no se sienten capacitados para hacer alguna afirmación acerca de sus trabajos. Son llamados a ser sacerdotes en su vida laboral, sin embargo tartamudean al momento de decir: «Esto dice el Señor…» acerca de los negocios.

¿Alguna vez ha visitado a un quiropráctico o a un terapeuta físico que le ha hecho una prueba de resistencia a su brazo? Le hacen que mantenga sus brazos lateralmente y rectos. Luego empujan su brazo hacia abajo mientras usted lo presiona hacia arriba. Si uno de los brazos es más débil que el otro, eso indica que tiene una espina dorsal desalineada.

Estos líderes de negocios tenían un brazo más débil en lo que respecta a su fe. También eso es un problema de alineamiento. Si vieran que su fe y su trabajo están alineados, eso significaría que ambos lados mantienen la misma confianza.

La Escritura nos llama a ser «muy, muy» hombres y mujeres. Nuestro privilegio y responsabilidad está con la Biblia y con los negocios.

Muchas personas que conocemos están «muy metidos en los negocios, con algo de Biblia» o «algo de negocios con mucha Biblia». Una persona «muy, muy» es una que desarrolla de manera constante una pericia creciente en ambos lados: la Biblia y los negocios. Mi éxito en la *vida en el trabajo* se da al explorar y comprender un mundo «muy, muy» y convertirse en un «muy, muy» discípulo que tiene confianza y credibilidad.

Los nuevos creyentes son las únicas personas que tiene el derecho de decir: «Yo no conozco la Biblia muy bien». Cualquiera que haya vivido en la fe por varios años debe conocer la Biblia, sin importar si recibe o no un salario o ha asistido a un seminario. El contador debe conocer el libro de Números al igual que conoce de números. El abogado debe conocer el libro de los Jueces tanto como conoce a los jueces de la corte. Y el político debe conocer los libros de 1 y 2 Reyes tanto como su personal favorito de legislación.

Como seguidores del Hijo encarnado de Dios e Hijo del Hombre, ¿cómo podríamos aceptar algo menos? Jesús era «muy, muy». Él era el Dios hombre, muy humano y muy divino. Cuando las personas intentan hacerlo otra cosa, no sólo profanan una buena teología bíblica, sino que también terminan creando un tipo de Jesús esquizoide.

El Señor no era «algo humano y muy Dios» o «muy humano y algo Dios». La espiritualidad de Dios y Su humanidad eran perfectas. Es por eso que Jesús no podía ser sólo un «gran rabí» o un «buen carpintero». No, Marcos describe a Jesús como un *tekton*, un «técnico», un experto en su arte; Jesús sabía cómo entregar un producto de excelencia, y sabía sacarle ganancia a ello. Para Él todo era parte de trabajar como un siervo de Dios en el lugar de trabajo. Era «muy, muy» y por eso nosotros también debemos serlo.

No piense que estamos denigrando a los líderes empresariales que se reúnen en Washington D.C. No es así. Vaya a cualquier conferencia de pastores en el país, evalúe al clero y descubrirá el lado opuesto de la moneda. Usted encontrará hombres y mujeres que hablan con pasión y autoridad de la Biblia, pero que les cuesta moverse con facilidad en el mundo de los negocios. El mundo de la iglesia debe darse a conocer con el mundo laboral, pero es aquí donde quizás está más distanciada.

Vivimos en una nueva economía. Sus realidades constantemente cambiantes han creado un elevado sentido de inseguridad e incertidumbre en toda la fuerza laboral. La alfombra de comodidad de los ochenta de la prosperidad consumista ilimitada se acabó. Hoy, las personas se aventuran en aguas de un océano infestado de tiburones. La intersección del siglo veintiuno de un hambre cultural y de un mandato bíblico ha creado una oportunidad sin precedentes para el ministerio. Explotarla, sin embargo, requiere el punto fulcro de la *vida en el trabajo* otorgada por Dios. Para ser verdadera sal y luz en este contexto caótico cambiante, el seguidor de Cristo necesita personificar una mentalidad «muy, muy» y un estilo de vida «muy, muy»; una persona plantada firmemente en la excelencia profesional y profundamente arraigada a la verdad bíblica.

El lugar de trabajo es donde se dan muchos de los concursos sobre los asuntos de la vida actual. Cuando nos toca ir a batear, es mejor que sepamos cómo hacerlo. Es mejor que le peguemos duro a la pelota y que sepamos correr rápido. Como hombres y mujeres que deseamos caminar con Cristo y representarlo ante el mundo, debemos esforzarnos por ser personas «muy, muy». La iglesia viene a ser el banquillo de jugadores en un partido de béisbol, pero el trabajo es el campo de juego donde se encuentran fanáticos mirándonos en la posición que Dios nos puso a jugar.

UN CORDERO RUGIENDO EN UNA CUEVA DE LEONES

Bob Briner, nuestro finado amigo y presidente por muchos años de ProServ Televisión, se tuvo que enfrentar cara a cara con la naturaleza difícil de su tarea. Desde sus humildes inicios, Bob se abrió camino en el mundo de los deportes profesionales, trabajando en las oficinas de los Miami Dolphins [Delfines de Miami], antes de convertirse en agente y luego en un productor de televisión. Viajó por todo el mundo, mezclándose con las personas más ricas del planeta. Era «jugador» y estaba jugando, pero se dio cuenta que estaba terriblemente mal preparado para integrar su fe en Jesús con el trabajo.

«Buscaba ayuda para combinar la vida cristiana con mi mundo profesional de los deportes y la televisión, pero no vino de mi iglesia o denominación». Briner escribió en su libro *Roaring Lambs* [Corderos Rugientes], un libro vanguardista que desafía a los cristianos a impactar la cultura por medio de sus empleos: «Siendo justo con este gran grupo de creyentes no he encontrado mucha ayuda en esta área de ningún otro grupo de evangélicos tradicionales».[1]

Briner, que muriera en 1999 a los sesenta y tres años, se propuso ser una persona «muy, muy» infiltrándose en la cultura de los medios a través de su trabajo. Como una fuerza influyente en el mundo de los deportes profesionales, la televisión y los negocios, combinó el mundo de la Escritura con el de la vida diaria, y lo hizo en una profesión que no se le conoce por su aceptación de creyentes en Jesús.

Su pasión incluía una verdadera preocupación porque los incrédulos vieran a Jesús en lo que hacemos, especialmente la habilidad y la excelencia de nuestro trabajo. Cuando conoció al Shah de Irán, quiso evidenciar a Cristo. Cuando negoció con Akio Morita, el legendario fundador de la Sony, quería representar a Cristo. Bob le llamaba a eso «Un cordero rugiente».

PASTOREAR CORDEROS RUGIENTES

Bob se dio cuenta que su iglesia no estaba capacitada para enfrentar el reto. Aunque las escuelas y los socios profesionales lo entrenaron bien para exceder en su trabajo, no encontró mucha capacitación para ser un seguidor de Cristo, a menos que se convirtiera en pastor o en misionero. Aun más, si quería aprovechar esos recursos de capacitación bíblica, tendría que mudarse a lo que llamaba el «ghetto cristiano». Y ni siquiera la mejor educación en un seminario evangélico, le enseñaría mucho de lo que significa encarnar a Cristo en el trabajo.

La iglesia, como la conocemos actualmente, no estaba diseñada para capacitar creyentes como Charlie o Bob para manejar sus vidas en el trabajo. Por mucho tiempo la iglesia ha operado como una casa de ancianos y no como un campo de entrenamiento. En una casa de ancianos, las personas se mudan allí pero nunca se van de allí. En un campo de entrenamiento, uno es entrenado para salir, para enfrentar lo que sea.

La razón por la cual la gente nunca sale de la iglesia es que en nuestra subcultura nos hemos dado por vencidos con respecto a nuestra cultura. Ya no valoramos ni le damos prioridad a las contribuciones cristianas del esfuerzo humano. La iglesia, tal como lo notó Briner: «Casi no existe en lo que respecta a moldear la cultura». En las artes, el entretenimiento, los medios, la educación y otras áreas que moldean la cultura de nuestro país, la iglesia ha abdicado a su papel como sal y luz».[2]

Los resultados degenerativos de la casi total falta de una presencia cristiana en estas áreas son trágicamente muy obvios.

Los vientos de cambio, sin embargo, están aflorando. Ya no se trata del fulano o la fulana incrédula; ahora tiene que ver con el Charlie que no se siente conectado o realizado. Alcanzar y capacitar a Charlie es el transformador de la iglesia del mañana. Un movimiento de Dios se está dando en el lugar de trabajo. Henry Blackaby lo ha dicho: «Nunca he visto la actividad de Dios en la comunidad de los negocios tan profundamente como ahora». Billy Graham dijo algo similar: «Creo que Dios se va a mover de manera especial a través de los creyentes en el lugar de trabajo». Después de treinta años de mirar la veleta del pronóstico espiritual del mundo corporativo, estoy de acuerdo. Un movimiento espiritual en el mundo entero se está dando en el lugar de trabajo. No comenzó en la iglesia sino en lo que el Nuevo Testamento llama el *ágora,* el lugar de trabajo. Fue en el lugar de trabajo donde la vida se daba en el siglo primero y es en el *ágora* donde la vida se cruza hoy.

Existen iniciativas formales e informales del reino que sobresalen en las comunidades de todo el país, y en el mundo. Yo creo que hay cuatro o cinco indicadores de que el movimiento del reino está ocurriendo. Una de las señales más claras es lo que llamo «empresa espiritual». Aunque esas iniciativas varían en forma, tamaño o color cuando se toman en cuenta de manera integral demuestran el Espíritu de Dios realizando un trabajo especial en este momento por medio de hombres y mujeres de fe en el trabajo.

Hace diecisiete años participé en un estudio bíblico de hombres en mi pueblo. Por lo que sé eso era lo único que se estaba dando en ese momento en el norte de Arkansas que tuviera que ver con los negocios.

Increíble. Las cosas han cambiado, es sorprendente poner en una lista las iniciativas específicas de nuestra pequeña comunidad enfocándose en nuestra *vida en el trabajo:*

- La reunión de negocios.
- Asuntos de trabajo.
- Docenas de estudios bíblicos formales.
- Reuniones informales semanales de grupos pequeños de hombres y mujeres en el trabajo.
- Estudio sobre los influyentes.
- Estudio bíblico del viernes por la mañana con el líder del equipo de vendedores de Wal-Mart.
- Fraternidad de hombres.
- Fines de semana Salvajes de Corazón.
- Estudio de los miércoles por la mañana con jóvenes profesionales de negocios.
- Esfuerzos profesionales de negocios con Campus Cruzade.
- Probablemente dos docenas de diferentes negocios que respalden un estudio bíblico y un tiempo de oración para sus empleados.

- Un simposio de liderazgo dirigido al reino.
- Dos docenas de estudios bíblicos respaldados por la iglesia Campeones de desarrollo AAO.
- Capellanes empresariales en docenas de compañías diferentes.
- Centro de ética empresarial Soderquist.
- Jóvenes líderes de negocios de la escuela de negocios de la Universidad de Arkansas.
- Almuerzo los viernes en NorthStar.

Estas son algunas de las que conozco. Quizás haya otra cantidad con las cuales no estoy familiarizado.

El ministerio dentro y hacia la comunidad de negocios no es algo nuevo. Lo que es nuevo sin embargo, es la adopción del ministerio de la vida laboral como una función central de la iglesia local. El visionario cristiano George Barna predijo que «el ministerio en el lugar de trabajo será una de las innovaciones futuras del ministerio de la iglesia».[3] Un nuevo paradigma del ministerio está en desarrollo. Se trata de una iglesia que hace que el discipulado de la vida laboral y el evangelismo sean parte de su misión y su estrategia intencional.

La iglesia del futuro debe adoptar una nueva estructura que se enfoque en el aspecto de la vida de lunes a viernes, una nueva estrategia que ayude a juntar a Charlie Amor y a Charlie Dinero. La iglesia del lugar de trabajo se enfocará en el lugar donde las personas realmente se mueven, donde realmente son sal y luz. Sus pastores interactuarán normalmente con sus congregaciones durante la semana laboral, no sólo en la cama del hospital, sino en la mesa de juntas y el piso de la ensambladora.

En el alba de este concepto, muchos pastores actualmente están cambiando para hacer un ministerio más efectivo en el lugar de trabajo. Anteriormente, los pastores que predicaban sermones acerca del trabajo lo hacían refiriéndose a los comités de la iglesia, oficinas, o servicio del personal de la iglesia. Los pastores actualmente están ampliando sus ministerios y sus mensajes para hacerlos más apropiados al trabajador común que está allá afuera. Un cambio de paradigma se está desarrollando en todo el país y el mundo entero. Es un cambio del programa de la iglesia tradicional que fomentaba las vidas de las personas en la iglesia a un paradigma ministerial de trabajo laboral que fomenta la *vida en el trabajo.*

Considere las diferencias entre las dos mentalidades:

PARADIGMA DE LA IGLESIA TRADICIONAL

- La organización de la iglesia es la misión.
- Los sermones hablan en idioma «eclesiástico» acerca de categorías y temas de la iglesia.
- Las historias de la Biblia se dicen a través de un lente ministerial.
- Las ilustraciones son primordialmente del mundo personal del pastor.
- Los miembros son presionados para hacer que la iglesia sea una mayor prioridad que el trabajo.
- La salud de la iglesia se mide en asistencia y en edificios.
- Se espera que todos vengan a un lugar físico de la iglesia para ser ministrados.
- La formación espiritual se enfoca en la asimilación de la iglesia.
- El desarrollo de la movilización se enfoca en motivar y mantener el programa de la iglesia.

LA NUEVA IGLESIA ENFOCADA EN LA VIDA LABORAL

- Las vidas diarias de aquellos en la iglesia son su misión.
- Los sermones hablan en un idioma que los trabajadores entienden acerca de ser sal y luz en el trabajo.
- Los personajes bíblicos se muestran en toda su humanidad y su vida diaria.
- Las ilustraciones son del mundo laboral diario de las personas.

- La estructura de la iglesia se simplifica para liberar líderes que realicen sus llamados.
- La salud se mide por el impacto de la huella de la iglesia en la comunidad.
- La iglesia inicia la capacitación, las relaciones y los programas hacia el lugar de trabajo.
- La formación espiritual incluye asuntos de vida laboral sobre el llamado, el servicio, la habilidad y el desarrollo del carácter.
- La capacitación y la movilización incluyen la facilitación de la empresa espiritual.

La curva de aprendizaje, sin embargo, requiere tiempo. Mantener una vida balanceada e integrada es difícil y más aun sin un pastor o una iglesia que lo apoye. Con frecuencia sin saberlo, la iglesia puede opacar un asunto, aun las que tienen un gran aprecio por el lugar de trabajo.

UNA SEGUNDA REFORMA

La Reforma protestante se considera ampliamente como uno de los sucesos religiosos más importantes del segundo milenio. Sus raíces se originan en Alemania, donde Johann Gutenberg inventó y desarrolló la imprenta a mediados del siglo quince. La impresión masiva de Biblias permitió algo que nunca había sido antes posible, un conocimiento masivo de la Biblia. Pronto la Biblia, que alguna vez había estado escondida en la oscuridad del latín, se empezaba a estudiar en el idioma vernáculo. La información siempre efectúa un cambio. Las diferencias entre el estado actual de la iglesia, sus enseñanzas y la Escritura rápidamente aparecieron.

Estos desarrollos históricos rápidos fueron motivados en parte por la economía. Para levantar fondos, el papa León X había estado vendiendo «indulgencias». ¿Necesita sacar a su primo Ed del purgatorio? No hay problema.

¿Le preocupan los pecados futuros? No hay problema. Randy Alcorn, en su libro *Money, Possesions and Eternity* [Dinero, posesiones y eternidad], señala que cuando Johann Tetzel llegó al pueblo «vendiendo el perdón como si fuera un saco de papas o un par de zapatos»[4] en nombre del papa, un sacerdote de la localidad se hastió del sistema. Ese sacerdote se llamaba Martín Lutero.

En 1517 Lutero clavó sus noventa y cinco tesis pidiendo una reforma en la puerta de la Iglesia de Wittemberg.

La Reforma había empezado. Lutero, Juan Calvino y otros proveyeron el mensaje, y Gutenberg proveyó los medios para distribuirlo. El mundo nunca sería igual.

La Reforma fue un factor significativo de todo el desarrollo que le siguió: el progreso de la ciencia, la medicina, la educación, la teología, las artes y el desarrollo de la democracia. Estos cambios se hicieron realidad principalmente por el interés insaciable en la Escritura. Gracias a la imprenta de Gutenberg, la Biblia finalmente se hizo accesible a la persona promedio. La persona común podía leerla y comprenderla; ese cambio se convirtió en el catalizador de la vida en formas casi incomprensibles para nosotros hoy.

Piense en ello. Las personas viviendo en el «oscurantismo» de la civilización. Vivían en ignorancia, con poca o ninguna autoridad, libertad, autonomía o permiso para desarrollar una relación personal con Jesucristo basada en el contenido de su revelación de la Escritura. Después alguien les da una Biblia en sus manos y les dice: «¡Véanlo por sí mismos!» La Biblia se convirtió en el instrumento que todas las personas de todas las naciones podía tener en sus manos y decir: «Esto tiene una conexión con mi mundo».

Las personas buscaban a Dios, y la cultura, toda la humanidad, cosechó los beneficios. Siento disgustar a los defensores de la Nueva Era y a los espiritualistas orientales de la actualidad, pero ese cambio tan dramático no sucedió en el siglo diecisiete cuando las personas adoraban los cristales; sucedió cuando la verdad comenzó a impregnar todas las áreas de la vida. Cuando la verdad y la vida de Dios no se confinan a una caja, suceden cosas grandes; el mundo cambia más allá de toda explicación humana.

Aunque la creatividad, la innovación y el descubrimiento sigan siendo una parte de nuestro mundo, en muchas áreas, el hombre ha vuelto a poner a Dios en una caja. Las personas parecen estar determinadas a ir solas, a usar únicamente su propio intelecto y su habilidad humana cuando trabajan en la tubería de la casa, venden juguetes, administran los equipos de proyectos, operan al enfermo, esculpen una estatua, buscan la cura de una enfermedad, o dibujan un diseño de un edificio de oficinas. Pero cuando incluimos a Dios, cuando vivimos una vida «muy, muy», lo que es grande se hace más grande, lo que es inmenso se hace más inmenso, lo imposible se hace posible.

Una segunda reforma puede traer el mismo cambio dramático.

Nuevamente, vemos un interés insaciable en la Escritura, pero esta vez con un ojo hacia su aplicación en nuestra vida laboral profesional, una frontera donde el conocimiento bíblico y la influencia han estado haciendo falta. Lo nuevo no es la disponibilidad de la Escritura entre el ciudadano común, sino la aplicación de ella a la vida común, en todas sus áreas. Tenemos una nueva oportunidad para sacar a Dios de la caja (como si nosotros los mortales pudiéramos tenerlo allí) y experimentar sus maravillas en el trabajo.

No es antes de tiempo, tal como lo lamentaba la escritora británica, Dorothy Sayers: «No hay nada en que la iglesia haya perdido su concepto de la realidad como en su fracaso por comprender y respetar la vocación secular. Ha permitido que el trabajo y la religión se conviertan en dos departamentos separados... ha olvidado que la vocación secular es sagrada». Y si la iglesia ya no considera más el trabajo como algo sagrado, ¿no es de sorprenderse que muchos trabajadores tampoco vean la fe como algo sagrado?

Sayers decía: «¿Cómo puede alguien mantenerse interesado en una religión que parece no tener ninguna preocupación con el noventa por ciento de la vida?»

Existen muchos otros Charlies allá afuera que no han encontrado el poder radical de Cristo que cambia la vida. Es por ellos que, nosotros como individuos y como cuerpo de Cristo, debemos comprometernos nuevamente con una nueva reforma para explicar la relevancia de Dios en la vida diaria. Ya no es aceptable dejar en nuestras mesas de noche las Biblias que fueron traídas a nosotros gracias a Gutenberg y a Lutero. Debemos entrar en la oficina con la Palabra escrita en nuestras vidas laborales, debemos reintegrar nuestra fe y nuestra carrera.

La iglesia, sin embargo, debe ser reestructurada para cuidar de manera sistemática e intencional esos cambios que se necesitan. Finalmente, no habrá cambios duraderos en nuestra *vida en el trabajo* hasta que no haya cambios duraderos en nuestra *Iglesia en el trabajo*. Si no cambiamos la iglesia internamente, alguien clavará las evidencias de nuestras deficiencias en nuestras puertas también.

Sin importar lo que hagamos, sabemos esto con seguridad: nuestro enemigo tiene ya un ministerio activo en el lugar de trabajo, y en mi pueblo, enfocándose en las vidas laborales de mis vecinos con su plan sistemático de muerte y devastación. Al igual que David, nuestra nación está siendo atacada por un Goliat que roba las vidas laborales diariamente. ¿Quién se enfrentará a él? ¿Quién se atreverá a usar las piedras que tiene, caminar al campo de batalla, y reclamarlo en el nombre del Señor? ¿Dónde marcamos el límite? Si no es en nuestros lugares de trabajo, ¿entonces dónde? Si no es mi iglesia, ¿entonces quién? Si no es ahora, ¿entonces cuándo?

En muchas maneras nuestra *vida en el trabajo* es la firma más distintiva en la que podemos escribir nuestros legados. Todos dejaremos una marca. No se embarque en esta jornada sin las cuatro discretas pero poderosas armas del llamado, el servicio, el carácter y la habilidad. La expedición es muy demandante, y lo que está de por medio es mucho. Verdaderamente, cuando las personas de fe y las iglesias de visión activen el llamado, el carácter, la habilidad y el servicio, el lugar de trabajo refulgirá en una transformación espiritual que no han visto los que viven ahora. Tome en serio su *vida en el trabajo*.

Notas

CAPÍTULO 2
1. Darrel Collins, citado en el artículo de Donald Patterson, "First in Flight Count-down to Takeoff" [Primeros en el conteo regresivo para el despegue], *News and Record*, 8-22-99, www.news-record.com.

CAPÍTULO 3
1. George Orwell, *Animal Farm* [Granja animal], (New York: Signet Classic, 1996), p. 133. La cita completa: «Todos los animales son iguales pero la justicia no es la misma para todos».
2. William Barclay, *The Mind of Jesus* [La mente de Jesús], (New York: Harper and Row, 1960), p. 9.

CAPÍTULO 5
1. Marcus Buckingham and Donald O. Clifton, *Now, Discover Your Strengths* [Ahora, descubra sus puntos fuertes], (New York: Free Press, 2001), p. 6.
2. *Ibid.*, p. 19.

CAPÍTULO 6
1. Os Guinness, *The Call* [El llamado], (Nashville: Word Publishing, 1998), p. 29.

CAPÍTULO 9
1. M. Easton, *Easton's Bible Dictionary* (1996, c1897).
2. www.quotationspage.com/quotes/W._Somerset_Maugham/.

CAPÍTULO 10
1. Jim Collins, *Good to Great* [De bueno a grandioso], (New York: Harper Collins, 2001).
2. Richard Bolles, *What Color is Your Parachute?* [¿De qué color es tu paracaídas?], (Berkeley, CA: Ten Speed Press, 2001).

CAPÍTULO 11
1. C. S. Lewis, *The Collected Works of C. S. Lewis* [Las obras coleccionadas de C. S. Lewis], (Inspirational, 1996), p. 223.
2. Stephen R. Graves and Thomas Addington, *The Fourth Frontier* [La cuarta fron-tera], (Nashville: Word Publishing, 2000), p. 32.

CAPÍTULO 12

1. Edythe Draper, *Draper's Book of Quotations for the Christian World* [Libro de Draper de citas para el mundo cristiano], (Wheaton: Tyndale, 1992), p. 555.
2. Robert K. Greenleaf, *On Becoming a Servant-Leader* [Conviértase en un líder siervo], ed. Don M. Frick and Larry C. Spears, (New York: Paulist Press, 1977), p. 31.

CAPÍTULO 13

1. Belle Linda Halpern and Kathy Lubar, *Leadership Presence* [Presencia del liderazgo], (New York: Gotham, 2003).

CAPÍTULO 14

1. Oswald Sanders, *Bible Men of Faith* [Hombres de fe de la Biblia], (Chicago: Moody, 1965), p. 123.
2. *Ibid.*, p. 121.
3. Del Jones, "Was the Writing on The Wall, ... or on Their Annual Reports?" [¿Estaba la escritura en la pared o en los reportes anuales?], *USA Today*, 29 marzo 2004, 3B.

CAPÍTULO 15

1. Charles Swindoll, *Paul, A Man of Grit and Grace* [Pablo, un hombre de agallas y de gracia], (Nashville: W Publishing, 2002), p. 65.
2. Robert Browning, "Understanding Suffering" [Entender el sufrimiento].
3. George Patton, *Patton's Principles* [Los principios de Patton].

CAPÍTULO 16

1. John C. Maxwell con Stephen Graves y Thomas Addington, *The Power of One* [El poder de uno], (Nashville: Thomas Nelson, 2004).

CONCLUSIÓN

1. Bob Briner, *Roaring Lambs* [Corderos rugientes], (Grand Rapids: Zondervan, 1993), p. 15.
2. *Ibid.*, p. 28.
3. George Barna and Mark Hatch, *Boiling Point* [Punto de ebullición], (Ventura, CA: Regal Publishing, 2003).
4. Randy Alcorn, *Money, Possessions and Eternity* [El dinero, las posesiones y la eternidad], (Wheaton: Tyndale, 1989).

Parte de la información que no se refirió específicamente fue encontrada en los siguientes cuatro sitios de la Internet:

www.creativequoatations.com
www.famousquotes.com
www.quotationpage.com
www.psalm121.ca

Acerca de los autores

JOHN C. MAXWELL, conocido como experto en liderazgo de los Estados Unidos, habla en persona a cientos de miles de personas cada año. Ha comunicado sus principios a las compañías que pertenecen a Fortune 500, la Academia Militar de los Estados Unidos en West Point, organizaciones internacionales de mercadeo, la NCAA y grupos deportivos profesionales como la NFL. Maxwell es fundador de varias organizaciones de liderazgo, incluyendo Maximum Impact, que ayuda a las personas para que alcancen su potencial personal y de liderazgo. Como autor de éxitos de librería de la lista del New York Times, Maxwell ha escrito más de treinta libros entre los cuales están: *Desarrolle el líder que está en usted, El líder de 360°* y *Las 21 leyes irrefutables del liderazgo,* que ha vendido más de un millón de ejemplares.

STEPHEN R. GRAVES y THOMAS G. ADDINGTON han sido socios y grandes amigos por casi dos décadas. En los últimos quince años, han estado explorando de qué manera se puede mezclar la excelencia en los negocios con la sabiduría bíblica mediante la asesoría, la enseñanza, la guía, y la escritura y publicación de libros y artículos sobre el tema. La declaración de su misión fue escrita originalmente en una servilleta una mañana, hace doce años, y nunca han «perdido el sistema» entre tanto que experimentan o realizan varios esfuerzos empresariales.

Fundaron el grupo asesor Cornerstone y la revista Life@Work [*Vida en el trabajo*]; realizan conferencias en ambientes de negocios, ministeriales o académicos; sus artículos son publicados con frecuencia; sirven en juntas nacionales; y se mantienen activos capacitando líderes para que alcancen sus metas. Ambos tienen doctorados, una devoción total a su familia y disfrutan el interminable desafío de mezclar la vida real con el mensaje de Jesús. Juntos han escrito quince libros o folletos.

LIBROS DEL DOCTOR JOHN C. MAXWELL QUE LE PUEDEN ENSEÑAR A TRIUNFAR

(Los siguientes son títulos publicados por Grupo Nelson)

RELACIONES
Seamos personas de influencia
El poder de una alianza en la iglesia
Relaciones 101
El tesoro de un amigo
Cómo ganarse a la gente

CAPACITACIÓN
Desarrolle los líderes que están alrededor de usted
Capacitación 101
Compañeros de oración
El mapa para alcanzar el éxito
Éxito día por día
Las 17 leyes incuestionables del trabajo en equipo
Las 17 cualidades esenciales de un jugador de equipo

ACTITUD
El lado positivo del fracaso
Actitud de vencedor
Actitud 101

LIDERAZGO
Las 21 cualidades indispensables de un líder
Las 21 leyes irrefutables del liderazgo
Los 21 minutos más poderosos en el día de un líder
Desarrolle el líder que está en usted
Paquete de entrenamiento de Desarrolle el líder que está en usted
Liderazgo 101
Líder de 360°

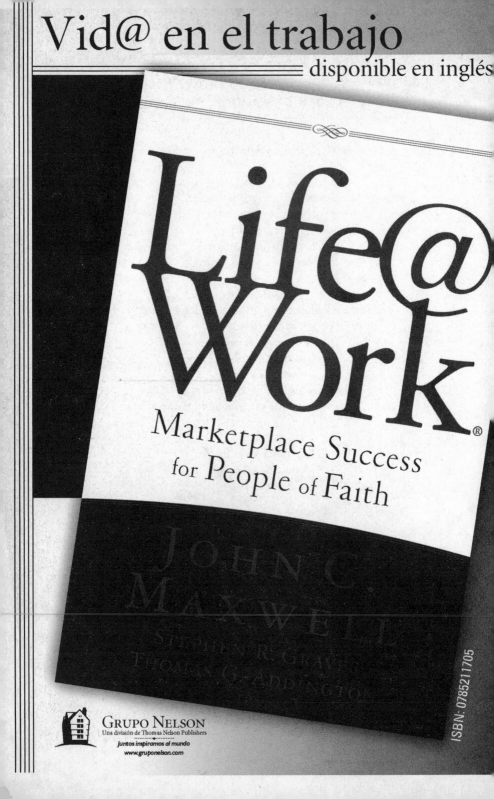

CÓMO SU ACTITUD PUEDE MARCAR LA DIFERENCIA

AUTOR DEL ÉXITO DE LIBRERÍA
Las 21 leyes irrefutables del liderazgo según EL New York Time

JOHN C. MAXWELL

LO QUE MARCA LA Diferencia

CONVIERTA SU ACTITUD EN
SU POSESIÓN MÁS VALIOSA

ISBN: 0881133108

GRUPO NELSON
Una división de Thomas Nelson Publishers
Juntos inspiramos al mundo
www.gruponelson.com

BIBLIOTECA ELECTRÓNICA
DE LIDERAZGO
con
John C. Maxwe

Se parece y
funciona como
su página de
Internet favorita

JOHN C. MAXWELL

clic

La mejor biblioteca de liderazgo
del mercado ahora en CD-ROM.

EDICIÓN DE LIDERAZGO

Biblioteca Electrónica Caribe
[B . E . C . A]

GRUPO NELSON
Una división de Thomas Nelson Publishers
Juntos inspiramos al mundo

La Biblioteca Electrónica de Liderazgo con «Tecnología Un Clic»
puede crearle estudios de palabras, informes, listas y mucho más. Lo
que solía tomar minutos de búsqueda de información precisa en el libro
preciso, recortes, organización y anotación de referencia ahora sucede
ante sus ojos... con un simple clic.

gruponelson.com

Más de un millón de ejemplares vendidos

JOHN C. MAXWELL

LAS 21 LEYES IRREFUTABLES DEL LIDERAZGO

Siga estas leyes, y la gente lo segui a usted

PRÓLOGO POR ZIG Z

ISBN: 0881139319

Conviértase en un mejor líder con *Las 21 leyes irrefutables del liderazgo*

JOHN C. MAXWELL

LAS 21 LEYES IRREFUTABLES DEL LIDERAZGO

LIBRO DE TRABAJO

Autor del éxito de librería Las 21 leyes irrefutables del liderazgo del New York Times

ISBN: 0881139394

JOHN C. MAXWELL

LAS 21 LEYES IRREFUTABLES DEL LIDERAZGO

Siga estas leyes, y la gente lo seguirá a usted

JOHN C. MAXWELL

ISBN: 0881139983

GRUPO NELSON
Una división de Thomas Nelson Publishers
Juntos inspiramos al mundo
www.gruponelson.com